2020年春季学期
SISU线上教学论集

主　编：姜智彬
副主编：王祥兴　王雪梅

吉林大学出版社
·长春·

图书在版编目（CIP）数据

2020 年春季学期 SISU 线上教学论集 / 姜智彬主编 . —
长春 : 吉林大学出版社，2020.7
ISBN 978-7-5692-6722-8

Ⅰ . ① 2… Ⅱ . ①姜… Ⅲ . ①网络教学—教学研究—
高等学校—文集 Ⅳ . ① G642.3-53

中国版本图书馆 CIP 数据核字（2020）第 123334 号

书　　名	2020 年春季学期 SISU 线上教学论集	
	2020 NIAN CHUNJI XUEQI SISU XIANSHANG JIAOXUE LUNJI	
作　　者	姜智彬　主编	
策划编辑	李承章	
责任编辑	安　斌	
责任校对	赵雪君	
装帧设计	中正书业	
出版发行	吉林大学出版社	
社　　址	长春市人民大街 4059 号	
邮政编码	130021	
发行电话	0431-89580028/29/21	
网　　址	http://www.jlup.com.cn	
邮　　箱	jdcbs@jlu.edu.cn	
印　　刷	河北盛世彩捷印刷有限公司	
开　　本	787mm×1092mm　1/16	
印　　张	15.5	
字　　数	280 千字	
版　　次	2020 年 7 月　第 1 版	
印　　次	2020 年 7 月　第 1 次	
书　　号	ISBN 978-7-5692-6722-8	
定　　价	62.00 元	

前　言

2020年疫情汹涌，阻挡了我们如期重返校园的脚步，也影响了新学期正常教学的开展，但为贯彻落实教育部"停课不停学、停课不停教"的精神，在校党政领导的高度重视和关心下，校教务处精心策划、周密安排，各院系认真组织，全面落实，从个人到专业、到学院，全校中外师生齐心协力，克服困难，相聚"云"端，共同战"疫"，取得了良好的线上教学效果。

本战"疫"线上教学论集即以聚焦立德树人、打造一流本科为目标，展现面对规模史无前例的教学新尝试——线上教学所带来的困难与挑战，上外师生如何攻坚克难，积极开展教学改革与创新，同守云舟，学海共济。论集共分六个篇章：督导论教、师者论教、外教论教、学子谈学、课程思政、院系教学。

·督导论教：教学督导献言献策献智慧，为"督学"，为"导向"，总结、反思、分享，探讨疫情之下教育何为。

·师者论教：精心准备，用心辅导，云间开启云课堂，教学平台不熟悉，我们学；教学技术掌握不够，我们补……如何教，如何学，不一样的讲台，一样的尽心竭力。

·外教论教：世界各地，万水千山，你朝我暮，外教们克服时差等困难，与学子们隔屏不隔心，同心协力保教学。

·学子谈学：面对线上学习的新环境、新方法，上外学子用自律助力青春战"疫"，更加自主、自觉地开展学习，逆水行舟，不负韶华。

·课程思政：结合疫情开展思政课程和课程思政相结合的教学模式，抓住育人核心，将思政引领融入教学与抗"疫"工作，探索"三全育人"的创造性落实。

·院系教学：引领促进，交流分享，体会收获。各院系深挖典型教学经验案例，转思路，保效果，助力全体教师线上教学的成功。

学生，教师，学院，整个学校，每一个小我都在积跬步，汇涓流，以致千里，成江河，汇入全民战"疫"的巨大洪流中。理想、信念、使命、担当，上外人的生命之花在教学战"疫"最需要的地方绚烂绽放！只因，我们对这个国家，对这所学校爱得浓烈而深沉……

编者

2020 年 5 月 20 日

目　　录

督导论教篇

师者论教篇

外教论教篇

学子谈学篇

课程思政篇

院系教学篇

督导论教篇

编者按： 根据教育部和上海市有关会议文件精神，结合疫情防控和教学实际情况，保障"停课不停学、停课不停教"，经前期精心准备和严格测试，我校于 2020 年 3 月 2 日正式开始线上授课。线上授课期间，我们邀请教学督导、任课教师和学生就线上教学的心得体会撰写文章，通过"SISU 论教"栏目报道推出，与广大师生交流分享，本篇为督导论教篇。

阿拉伯语精读第一课——ClassIn 平台直播有感

史 月

2020 年 3 月 2 日是线上授课第一天，虽然没能走进教室，但学校提供的直播平台 ClassIn 也让我有了在教室上课的感觉，可以说，第一次正式直播，效果还是非常理想的，同学们的反映也不错。

疫情的爆发令人始料未及，阿拉伯语教研室一直注重采用线上沟通辅导的方式，作为线下教学的有益补充。当所有的日常教学活动都不得不改为线上时，过渡得也还比较顺利。疫情虽然让我们不得不采用线上教学的方式，但从长远看，这也是一种促进，倒逼我们更新教学手段。教育信息技术越来越发达，我们应该充分利用技术手段远程传授知识，有效利用碎片化时间，让学生的学习更方便和自由。

在学校推广 Blackboard 平台和 ClassIn 之前，阿拉伯语教研室的老师就已经开始组织学生测试一些线上平台，在假期里测试了腾讯会议、腾讯课堂、钉钉等平台。我也和其他高校的一些同行讨论了线上教学手段，对比了一些平台，例如钉钉、Zoom、瞩目、雨课堂等，最后决定选用钉钉作为备选，因为这一款 App 可以比较方便地进行班级管理，也可以比较流畅地直播。

学校专门成立了 Blackboard 平台的培训群进行在线培训，国际教育学院也分享了特别多有价值的推送，为我们使用平台提供了很好的技术支持。因此，在正式开课前我们选择了 ClassIn，并在规定时间内完成了建课，教研室也排好了线上教学总方案和各科目直播表，以便按部就班地开展测试和教学。

今天上午我完成了第一次直播教学，心情和测试时候略有不同，尽管经过一周的压力测试，但还是担心会有网络不顺畅的情况，也做好了随时切换到钉钉的准备。虽然居家直播，但还是换上了外出穿的衣服，因为居家服虽然舒服，但容易让人没了精气神。为了避免网络卡顿，我和同学们都关闭了摄像头，但尽管如此，在互动方面还是达到了令人满意的效果。之前的录课我也采用了 ClassIn 的方式，并向几位同事做了推广。录课与直播方式类似，在正式上课之前，我对整个界面已经可以进行熟练操作。录课时也想象自己在面对学生讲解，也会留出学生思考的时间，以便学生在自行学习时不只是被动听课，而能够主动思考。

在上课之前，我先利用钉钉进行课堂前的签到。这也是一种比较好的方法，可以提前提醒学生进入状态。

ClassIn 的界面基本还原了课堂，我们能看到的是一面黑板，这和课堂非常相似。在上课之前，我先把讲义导入平台云盘里，然后就可以随时调出显示在界面。右边一列工具栏使用也非常方便，可以对讲义进行不同颜色的标注。我提前购买了写字板，边讲解，边打字或者手写进行讲课。在与学生互动方面，我请学生回答问题，学生回答的声音也十分清晰，此外，我还可以授权给学生，让他也有同样的工具栏对界面进行操作。类似于请同学上前做板书，我也尝试了请两位同学同时上台进行对话，操作也十分简单，只要将选定的同学拖曳至主界面即可。对于需要大家一起回答的问题，用课堂的留言板就可以实现，他们可以在留言板上打字，也可以采用工具箱小黑板的方式进行发放答题，并利用定时器进行计时以便回收批阅。投屏也比较方便，苹果手机可以直接投屏，而其他手机则可以扫描后上传手机里预存的图片。可以说，这款直播软件使用起来还是相当方便的。课上演示后的板书可以保存在云盘上，也可以自行截屏，直播还可以生成回看链接。具体方法我已经分享至钉钉的网盘，供同学们能正确学会平台的使用。

Blackboard 平台可以让教师对界面进行个性化的设置，也可以发布公告和作业等。作业发布比较方便，但在线批改方面似乎还是略有不足。不知是否是我的网络问题，在作业加载预览方面非常慢，打开后也只能做批注，教师无法用手写笔直接对其进行各种批改，也无法直接用语音进行评论。这一点不如我之前使用的平台，比如钉钉，它可以向班群分享优秀作业。再如小黑板，对学生的语音打卡能够进行五分钟的语音评论，而且发布成绩也十分方便，也可以做到保护学生的隐私。我采用的方法是打包下载，然后在电脑里对其进行编辑，再上传至平台，而 Blackboard 只用来登记平时分。关于测试，暂时还没有使用，但看了介绍，应该操作起来也会比较容易。

总的说来，Blackboard 平台在线录课、直播都是比较方便的。即使疫情过后恢复线下课堂教学时，线上课堂也是非常有效的补充。现在当务之急是要培养同学们养成及时登录平台的习惯，不能让平台只在疫情时期使用，而要充分发挥线上和线下互为补充的优势。

（作者系上海外国语大学本科教学督导、东方语学院副教授史月）

在线教学的几点体会

李雪莲

一场疫情，让本该在这春暖花开、嫩柳拂堤之际回到校园的师生走进了在线直播间。"停课不停教，停课不停学"，新的教学环境，新的教学手段，不确定的困难和挑战，让每一位教师从假期就开始努力学习和适应，并在正式开学后不断调整和改进，从而更好地指导和帮助学生在在线教学情境中开展有效学习。

兵贵神速，粮草先行

早在一月末，在学校正式将在线平台开放给全校师生之前，国际教育学院教育技术学专业的师生就已经开始"备战"和"复工复产"，陆续开发并推出一系列指导教师如何在线建课，帮助学生如何进行在线学习的培训微视频，有针对性地对在线学与教的关键问题进行讲解和说明。这些充足的"粮草"帮助很多教师快速上手，从在线教学"小白"迅速地成长为"高手"。而我也和同学们一起在做中学，遵照在线教学规律，精心设计相关教学资源，认真组织同学们进行在线平台教学功能测试，为正式开始的在线教学做好资源和心理上的准备。

教研结合，反思提升

作为教育技术学专业教师的一员，我有意识地在技术促进学习的过程中，用自己所掌握的学习和教学理论指导在线教学实践。同时，在实践过程中，不断反思和总结，认真思考如何应用互联网思维创新在线教学方式、重塑教学内容，再构教学评价，进而在疫情防控的特殊时期达到既定的教学目标。

例如，为了更好地了解同学们的在线学习需求，我在教学第一周便进行了一项"在线课程学习需求"调查，针对"你愿意参与的教学方式或教学手段有哪些？"排在前三位的是：观看视 / 音频学习材料（87.5%），做选择题（87.5%）和做抢答题（62.5%）。这些调研信息可以对后续如何设计教学活动和激发学生学习动机提供很好的借鉴与参考。

当然，不同专业、年级的学生在学习需求和居家学习规律等方面也会存在一定差别。但通过在自己授课班级进行一些范围虽小，但却有针对性的调查研究，对于我们更好地了解学生的学习偏好和自主管理能力，加强对学生的指导和关爱，以及为学生在线学习提供个性化支持都是助益良多的。

节奏变化，适应调整

在线教学不是简单的"互联网＋传统教学方式"，面对不同以往的学习情境和初为"主播"可能略显紧张的老师们，学生也会有一定的焦虑和不安。我们可以适当地调整教学节奏，在确保所有学生都能够听得清楚、看得明白的基础上，设计多元的认知参与活动，并注意信息量的适当提供，不给学生造成认知超负荷。同时，准备丰富的在线学习资源供学生课下自主学习，提供及时的在线答疑也应成为教学节奏调整之后的必要补充。

教学最优化一直是我们追求的目标，但我们所强调的最优化不仅是以最小代价取得最好的教学效果，更是注重不以牺牲学生和教师身体为代价的相对优化。例如，考虑到长时间注视电脑或手机屏幕会给学生造成眼睛和身体上的疲劳与不适，我一般会在一段时间的直播后，放一些轻松活泼的音乐，提醒同学们休息一下，去喝点水，做做眼保健操，5~10分钟的放松和休息后，同学们似乎又都"满血复活"，神清气爽地回到直播教室。

另外，我也建议条件允许的学生尽量使用电脑而非手机来上课，一方面较大些的屏幕可在一定程度上减少眼睛疲劳，另一方面也不会因为手机的一些功能限制影响学生正常学习活动的参与。

互动多元，内容为王

在网络教学空间里，原本需要学生付出意志努力的"认真听讲"转变成需要教师付出更多努力让学生"听我来讲"，这就需要老师们认真思考，你的课堂如何才能吸引住不坐在你面前，而是"藏"在摄像头后面的学生。

不可否认，在线直播虽然克服了地域空间的限制，但有时却也不比教室面授来得生动和鲜活。例如，在教室里，老师讲授过程中丰富的肢体语言可以成为提示学生思考的线索，甚至在教室里的来回走动也会对学生的课堂投入产生影响。但在直播间，虽然有板书和PPT等资源辅助教学，但只有头像和声音的老师对学生能够施加的影响仍然受限很多。因此，通过多种方式的互动激发学生认知参与，"刷一刷"师生彼此的"存在感"就显得很有必要了。知识抢答，选择题设计，掷骰子提问，学生在线 Pre 分享等互动方式，都可以在一定程度上有效活跃直播间的氛围，激发同学们在线学习的投入热情。

诚然，无论多么丰富的互动形式，都要依托于精心设计的教学内容，我们始终秉持的教学原则还是以内容为主。在需求分析的基础上，精心设计教学内容，根据学生特点，合理切割和划分教学单元，适当增加教学互动环节，同时鼓励在线的小组合作学习，构建在线学习共同体，师生共同传递知识，分享知识，生成知识，让二维的电脑屏幕从此"立体"起来。

新的事物总会带来新的困难和挑战，但在互联网高度发达的今天，"线上＋线下"的混合式教学已成为主流的教学模式。老师们可利用当下环境的倒逼，做好在线教学理论、实践和技能等方面的储备，为日后在线教学"从战时转向平时"的顺利过渡厉兵秣马。

几点体会，与奋战在线教学一线的老师们共勉。期待早日与大家重逢在校园静谧的图文、飘香的餐厅和草坪间的小径。

（作者系上海外国语大学本科教学督导、国际教育学院副教授李雪莲）

老教师的新挑战——抗击疫情网络授课心得

曲 政

一场突如其来的疫情打乱了人们的日常生活，学校也因此无法正常开学。为贯彻落实教育部"停课不停教、停课不停学"的精神，学校于3月2日正式开始在线教学。在整个网上授课准备过程中，我作为英语教师积累了一点心得体会，在这里与大家分享。

我们二年级课程组的三位老师都是老教师，网络授课对于我们来说是第一次，有很多新东西需要学习、摸索和尝试。记得刚刚接到通知需要我们网络授课时，大家都觉得压力很大，担心自己做不好这项工作，有的老师甚至紧张得夜里梦中都在上网课，有的老师也希望申请延期开课。

然而我们还是克服了心理障碍，相互鼓励，认真参加在线培训，搞不懂的地方就相互提示，相互帮助解决。作为一线教师，二年级课程组的三位老师本学期教学任务比较繁重，需要教授两门课，每周有12个学时的教学任务。经过紧锣密鼓的准备工作，我们顺利完成了网络课程的在线建设工作，同时，不断完善网络授课过程中的每个细节，最终按照学校统一安排开始了网上授课。回顾一下整个准备过程，我们还是学习到了不少新东西，也丰富了人生的阅历。真可谓世上无难事，只怕有心人。

最后，希望大家继续配合做好居家教学工作和居家隔离。但愿疫情早日结束，让师生们能够早日回到教室上课，让校园恢复往日的繁华。

（作者系上海外国语大学本科教学督导、国际工商管理学院副教授曲政）

两周线上教学的反馈与体会

郭晓梅

两周线上教学以来，老师和同学们的教学和学习情况如何，是否顺利？有哪些值得推广的经验，还有哪些方面需要改进？为此，我对国际教育学院教师和我本人所教的综合英语两个班级学生开展调查，包括教学内容、教学模式、教学方法、个人成就感和面临的挑战等方面，其中，52 名教师中有 37 位提交问卷，64 名学生中有 49 名提交问卷。现将调查结果和个人体会汇报给大家。

教师篇

线上教学之前学校组织建课，教务处、研究生院和信息技术中心等部门协调组织培训，国际教育学院陆续发布相关软件平台的操作方法和使用教程，在技术层面上提供了许多帮助。本次调查的教师以中年教师为主，平均年龄为 42.5 岁，具有一定的线上教学经验，其中 29 位表示建课顺利，占比 78%。我所在的二年级双语组集体互助，分工合作，组长和负责第一单元的老师带头完成 Blackboard 平台前四周的课程建课。接下来就是选择平台上的授课方式，绝大多数老师（31 位）都采用了直播方式授课，线上答疑，确保同学们能够与教师保持互动和联系。

在教学内容的组织和选择上，由于教材在学校办公室等原因，客观上有一定限制。但学院得到出版社的帮助，解决了大部分教材问题。大多数教师（23 位）增加了教学的深度和广度，33 位教师通过平台给学生提供大量的阅读和参考资料，布置思考题。四分之三的教师在线上课堂中提问，或者以小组为单位完成项目的形式促进学生的深度学习。

教师虽然采取线上教学、网上见面的教学形式，但教师们结合实际情况不断改进和调整教学方法与安排，减少同学们的焦虑感，不让一名同学掉队。超过一半的教师（22 位）能够通过不同方式保持足够的互动，如平台上的口头或笔头讨论，微信或钉钉上的交流。

疫情把我们推进了线上教学的快车道，教师们认为与正常课堂教学相比，线上教学的工作时间和精力投入明显增加。但线上教学最大的优势就是丰富了学习方式，超过一半的教师认为这种方式增加了学生学习内容。目前，仍然有35%的老师认为平台操作还不够熟练，少数教师仍然需要技术上的支持。但广大教师愿意学习，摸索规律，希望把线上教学作为日常课堂教学的有效补充。

学生篇

新学期伊始，同学们开启了新的学习模式，虽然身处不同地区，但都能按时进入教学平台。有四分之一的同学认为网络还不够给力，但值得高兴的是绝大多数同学有独立安静的上网学习环境。

大多数同学对网上学习有积极性，67%的同学愿意参加网课，三分之二的同学对线上学习满意。我教的两个二年级双语班（第一外语非英语），同学们学习了第三册第5单元 *The Real Truth of Lie*，这个话题比较应景。所有同学认为教师翻译、解释、讲解重点段落，进行重要的词语辨析，理清语法点能够有效促进学习。同学们非常看重教师对作业的反馈和评讲，92%(46 名)同学都认为教师反馈可以促进学习。同时，教师提供课前预习的阅读和视频材料，以及相关教学 PPT，含有词汇、语法、翻译的前测和后测练习题均能够促进学习。

当问到同学们的最大收获时，绝大多数同学（43/49 名）认为在网上学习有效果，主要分为以下几类：

1. 学习方便，提升了效率，方便资料获得和反复学习（10 名）；

2. 增强了自主学习的能力（6 名）；

3. 在与小组同学和课堂互动中有收获（8 名）；

4. 网上教学使他们掌握了计算机和平台操作的知识技能（5 名）；

5. 更多的同学提到掌握了第五单元的学习内容，学到了新的知识（14 名）。

同时 46 名同学都从不同角度提出了学习过程中遇到的问题：

1. 同学提到时间管理和主动性的缺乏（10 名）；

2. 长时间看屏幕，视力受影响（8 名）；

3. 课上发言效率比较低，有等待时间（5 名）；

4. 小组协调完成作业效率比较低（7 名）；

5. 少数同学操作不熟练（3 名）；

6. 作业稍多（3 名）；

7. 网络嘈杂，有时不清晰（2 名）；

8. 需要时间调整适应（4 名）；

9. 缺乏纸质书籍，网上学习影响交流，需要教师更多地讲解课文（3 名）；

10. 感到身体疲惫，对教学效果有质疑（1 名）。

疫情期间，笔者结合线上教学实践，将调查结果与大家分享，希望能够有所启发，不断改进在线教学。我们共同的心愿是春暖花开之际，早日重返校园，进入课堂。同时，有效利用线上平台资源为教学和学习服务。

感谢国际教育学院教师和二年级双语同学参加问卷调查，同时，感谢硕士研究生杨晨协助学生的问卷调查。

（作者系上海外国语大学本科教学督导、国际教育学院副教授郭晓梅）

抗疫期间线上教学的几点感悟

冯　超

突如其来的疫情给我们每个人的生活都带来了冲击，新学期开学的打开方式让我们对线上教学有了全新的体验和认识。从校领导的一线指挥，教务处、研究生院等职能部门的悉心指导，到各个院系的强力执行，还有云端技术服务中心的老师在后台默默无闻地辛勤付出，全校上下共同努力有效保障了广大师生线上的教学和学习，这些实实在在的台前幕后工作无不令人备受鼓舞。下面我也分享一下开课两周来关于线上教学的几点感悟。

本学期的越南文学史课程是我第一次开设，由于该课程是高年级专业选修课，学习门槛较高，不太适合让学生做在线课堂发表，于是我就采取了ClassIn在线讲座＋课堂提问的直播授课形式，尽量将备课内容做得丰富、有趣、图文并茂。除了梳理文学史的脉络外，还讲解了重点作家、作品，详细介绍越南汉文学、喃字文学以及国语字文学等内容，并教授学生识读、书写和输入喃字。

在这个特殊时期，为了上好新学期第一课，我在开课前做了充分准备，建立了相应的课程微信群，并向同学们发布课程公告，通知线上课程的具体开课方式等信息。为了让在线教学更加顺利，我发布了在线学习"攻略"，帮助同学们顺利开启在线学习之旅。虽然从事教学工作也有十几年了，但在线上教学方面并无太多经验而言，作为初上路的"新手主播"，心里并不是很有底，为了上好线上课程，我利用备课时间在镜头前摆pose做"试讲"训练，以求达到满意的授课效果。

通过开学前一周的在线压力测试，感觉整个教学过程的网络播放和信号传输都还算流畅，与同学们在线交流互动轻松愉快。在压力测试环节我还向同学们了解毕业论文的写作情况，通过微信语音等联系方式跟同学们定期沟通，指导他们顺利做好论文撰写、就业经验分享等毕业准备。同时，我向他们寄语，希望同学们将不出门、不聚会的抗疫期变成难得的专注学习契机，认真上好网络课程，多读几本好书、多进行一些深度思考，尽可能充实和提升自我。或许是同学们担心网络卡顿，或许是第一次在网上与老师见面显得有些矜持，大多数学生只开麦克风，关闭了摄像头，但我仍然坚持开启了视频对话，跟学生沟通，我觉得这样做能够让学生在屏幕上见到老师上课的一举一动，更显亲切，增加现场授课感。课间休息中了解到，在抗疫期间班上不少同学主动报名参加了翻译志愿者服务，用所学知识为疫情防控做出了贡献，着实令人感动。

3 月 2 日按照校历课表，准时与同学们在云端见面。通过 "Blackboard+ClassIn" 相结合的视频直播教学模式，用微信群进行辅助，我和大四毕业生顺利实现了空中 "连线互动"，开启新学期忙碌的一天。首播开课和第二周线上实务操作的顺利开展，让我心里越来越笃定。我继续采用了课堂直播方式给学生做了两场越南文学史的线上讲座。目前客观存在的问题还需要更加贴合在线教学的规律并尽快适应。比如，在平时的课堂上，我可以及时敏锐地捕捉学生的听课反应，随之调整自己的授课节奏，而现在的授课方式难以复制以往的习惯做法，需要教师在课堂上讲授内容更为充实、连贯。而由于网络延时等原因，课堂问答和在线讨论不能自如运用。不过，目前这种带入感较强的直播方式使我深刻体验到线上教学的便利，如果同时借助课程中心、微信等辅助教学平台收集学生们的反馈信息，与同学们互动交流，进行线上答疑，可以弥补线上师生交流不足的缺憾。

在与教研室老师的交流中，了解到卢珏璇老师和外教开设的网课越南语口译还加入了《习近平谈治国理政》的内容和每周时政听译，深受同学们的喜爱。大家也普遍感受到在线教学带给习惯传统课堂的老师很多启迪，也许只有了解更多的教学方法，有了对比之后，才能对教学的本质、对什么是好的教学有更深刻的理解。作为 "新手主播"，大多数老师都是第一次与同学们在线上的虚拟教室上课，挑战与机遇并存，通过努力摸索和改进在线教学模式，使自己熟悉和掌握信息化时代的教育技术，推动教学理念、教学内容和教学方法的改革。同时大家也认识到，网上教学资源还有待深入挖掘，离修炼成 "网络上课达人" 还有不小距离。希望在不远的将来，线上和线下的教学内容和教学方法能更加相得益彰，课程从内容到形式达到一个质的提升。这次大规模线上教学实践虽然缺乏了现场教学具备情景带入感等优势，但虚拟、交互式教学倒逼我们今后采用线上线下混合课程的趋势。在与同事们的交流中，我还了解到不少教研室的老师还主动向学生询问居家学习、生活情况，努力践行有温度的教学理念。

苏轼说，"人生如逆旅，我亦是行人"。对于一名高校工作者来说，肆虐的疫情更像是一场大考，在这个不平凡的寒假里，也让我们可以有更多时间冷静思考未来课程建设的方向。其中，网络课堂或将成为未来教育发展的重要方向。

　　虽然还不知道何时能重返校园走上令人熟悉的三尺讲台，与学生面对面地开展教学工作，不过不妨试想，如果我们每个高校师生都把搞好线上教与学看作是加入全民抗疫斗争的事情，不断增强自身适应能力、学习能力、处置能力和求新求变能力，这又何尝不是一次自我提升、自我激励的契机呢？这个春天，肆虐的疫情注定不能阻挡我们求知求学的脚步，只会磨练我们坚强的品格，并最终成为我们迈向美好未来的基石，让我们共勉！

　　　　　　（作者系上海外国语大学本科教学督导、东方语学院副教授冯超）

"（3）+（4）"的正确打开方式——谈线上教学模式

张　瑾

面对疫情，我们不得不保持安全距离。秉承主动迎战精神，我们停课不停教。老师的讲台从实景转为线上。我校线上教学方式分为（1）慕课+答疑辅导；（2）学校 SPOC+ 答疑辅导；（3）学校在线课程+答疑辅导；（4）网络录播直播课程+答疑辅导四种。三尺讲台后的老师要成为线上主播，选择怎样的教学方式是对每个主播的灵魂拷问。为此，我们在国际金融贸易学院学生中做了一次线上教学方式的调研，对最佳教学方式、最佳课程网站平台、最佳互动交流平台设置了问卷，共回收 725 份有效问卷。我基于调研并结合个人教学体验，谈谈线上教学模式选择。

一、国际金融贸易学院教学模式概览

从学校防控通知 15 号开始，国际金融贸易学院教师通过培训、备课和调试，最终都成功上线成为"主播"。国际金融贸易学院本学期线上开课 100 门次，开课率达 95%。教师授课活动会根据教学目标和内容匹配教学条件及方式，有效开展教学活动。

梳理开学前准备的统计数据，国际金融贸易学院教师选择"（1）+（3）+（4）"三种复合方式授课的有 2 门次，选择（3）方式授课的有 3 门次，选择（4）方式的有 76 门次，选择"（3）+（4）"两种复合方式授课的有 19 门次。通过此次调研发现，实践中教师选择最多的是方式（4），学生认为最佳的也是（4），占参加此次问卷学生的 47.61%。53 门次专业课中 50 门课程用到录播和实时直播；47 门的英语课均运用了录播直播方式。"（3）+（4）"复合模式在专业课程中体现突出，53 门次专业课中，29 门课程是复合方式的。在开学后，所有开课课程都设有课程微信群和课程网站，事实上也起到了（3）与（4）的功能叠加。因此，国际金融贸易学院线上教学方式总体呈现"（3）+（4）"的特点。

二、"（3）+（4）"教学模式的选择

采用复合"（3）+（4）"的模式，究其缘由，笔者认为直播方式（4）的

效果最类似于传统课堂教学的面对面授课，所以这是老师们的第一选项。在这种方式下，教师主导教学活动，但是这种形式对设备、技术以及网络通信的要求最高。ClassIn 的实时直播课程还有配额限制，所以录播就成为次优选择。但录播的前期制作投入较高，又缺乏互动交流的效果，所以选择录播方式通常还需要增加互动平台组合。由于本次线上教学的准备时间较短，大多数的直录播课程多采用"讲授语音+PPT"授课方式。这比较适合理论讲解类课程，授课语音既可以是实时直播，也可以是线下录制，学生也可以反复播放。当然这种方式也许不太适合需要较多学生反馈的课程。

（3）的形式类似于课堂自习，学生主导整体过程，这种形式需要教师有充足的课程资源作保障，学生可以利用各种平台和电子资源完成学业。这个方式个人认为是非常适合本学院专业课程的。此次调研发现，依靠学院教学质量管理体系，开课课程网站质量较好，内容丰富，一般具有课程教学大纲、教学视频、教学 PPT、电子教材以及相关在线课程资源、参考文献、作业等内容。学生可以配合授课计划，自主安排学习，阅读教师指定的文献或教材，在 Blackboard（BB）或课程中心（CC）的讨论板或者论坛中进行交流讨论，并在作业栏中完成课后作业。而当前我校教学平台提供了很好的教学管理和评估工具。充分利用这些功能，能激发学生的自主学习能力，完成教学目标。但这种方式对学生自主学习的意愿与能力有相当的要求。

"（3）+（4）"的方式其实是前两种的混合，是一种"课程直播+自主学习"的形式。教师和学生互为主导和主体，教学活动按照课堂需求在两种教学环境中进行切换。这两种方式的组合是当前疫情突发情况下临时迎战疫情最大限度地实现教学场景的选择。再来看看慕课，中国大学 MOOC 中不乏精品之作。但在开学前的统计中，开课选择慕课的为 2 门次；三周后的调研统计，实际使用慕课的课程为 7 门次。

三、教学环境的选择

"（3）+（4）"方式离不开线上平台造就的教学环境。我院教师除选择了学校提供的 Blackboard、CC、E-learning 外，还广泛使用了企业微信、腾讯会议、Zoom、腾讯课堂等等。但教师集中使用的还是学校在线网站，85% 的教师选择了 Blackboard；相应的，此次问卷中占八成以上的学生也认为建设课程网站最佳平台是 Blackboard。这也许表明此次统计数据反映的学生偏好与教师选择有显著关联。

而对其他一些交流平台的评价各有千秋，从稳定度和功能性而言，好评较高的当属 Zoom，此次调研中 54% 的学生将最佳平台的称号给了 Zoom。但是，腾讯会议和企业微信也有易上手的长处，教师可以因人因事而用。

虽说，复合方式能博采众长，但弊端不少。学生需要下载多个 App，课时要在多个平台不断转换。笔者个人就有教训可谈。基于让研究生自主学习的考虑，我的一门研究生课程采用线下自主学习＋线上练习答疑的方式。在教学活动中，需要学生打开微信群开课，点击 Blackboard 网站公告栏查看课程流程，上中国大学慕课网站观看课件视频，下载 PDF 文献和作业，在腾讯会议进行直播答疑。事后得到不少学生的"差评"，被"抗议"这样的"形式主义"费时又废眼。就这样尴尬下，我考虑后从"善"如流，改变了教学方式。因此，对于复合方式，教师应考虑学生的接受度，合理安排减少复合程度。

四、匆忙选择后的感想

开学三周，线上教学在我校全方位、全过程、全员制开展，让人感受良多。翻转课堂、平台资源、线上慕课甚至是社交平台，那些以往传统课堂的辅助措施，竟然成为我们教学的主流方式。教学全程离开了课堂这一载体，无论是Blackboard 还是 ClassIn，亦或是 Zoom、钉钉诸如此类，教室换化成了网络虚拟的空间，授课看不到学生，缺少肢体语言，缺乏 Group Work 场景，互动交流受到了深刻影响。但线上教学虚拟远程和可重复的特性又能带来资源可及性与安排自由度，能激发大学生自主学习的潜力。这能让教学跳脱刻板模式，采取更多的"无为而教"，能直接选择精品慕课，或仿效中山大学中文系遵循人文学科特点的自主阅读与思考写作的模式。总之，线上线下，尺有所短、寸有所长。特殊时期，新晋主播需要精心挑选教学模式，创造教学环境、设计教学流程，扬长避短将线上教学的难点燃成教学的亮点。

（作者系上海外国语大学本科教学督导、国际金融贸易学院教授张瑾）

不一样的平台　一样的尽心尽力

张敏芬

疫情期间，为积极响应学校"停课不停教，停课不停学"的精神，我们开始了线上教学。当三尺讲台变为一个屏幕，当平时课堂触手可及的学生变得"遥不可及"，我的内心非常忐忑，更为担心的是如何实现和线下教学一样的效果。

首先是明确教学目标，我所教的三年级"高级葡萄牙语"的教学目标是培养学生的听、说、读、写、译方面的技能，所以在准备在线资料时，和线下课堂教学一样，我精心准备教学资料、作业练习等并全部上传到平台，要求学生事先阅读或跟读音频。但是线上课程并非是传统课程的复制，若要保证学生对所传教学资料、线上教学内容达到充分掌握，就要努力探索和思考如何设计教学过程，包括课内直播和课外监督，力求达到甚至超越线下课堂教学的效果。

我选择的是所有人露脸的直播方式，尽可能模拟真实课堂。一方面比较亲切，我和学生能够隔着屏幕进行朦胧的眼神交流；另一方面也有利于监督学生的在线学习行为，了解学生是否在听，是否听懂，加强学生的参与度。作为辅助工具，建立微信群，对于难点以文字形式呈现，另外，学生的任何课后疑问、对教学内容和方式的反馈也可以在群里提出并讨论。

如何进行课堂管理、维持教学秩序，保证学生的专注度和师生互动是线上教学的一大难题和挑战。上课伊始，我会请一个同学讲一个这周最为关注的新闻进行热身。一般都是热门话题，所以刚起床的学生开始精神起来进入正式教学。教师层面，制作PPT讲解课文语法、词汇等传统内容，强化预习环节，每篇课文至少提出三个问题要求学生思考并回答。一般来说，都是开放性的问题，如果时间允许的话，可以分组讨论。有些问题也放在学校提供的平台讨论区，但遗憾的是，参与度不是很高，我感觉还是微信平台参与度更高。学生层面，搜集与课文相关的背景资料，学生自己就课文提问其他同学，列出文章的重点和难点，让老师在讲授时重点讲解。这样既考查学生是否阅读了上传到平台的资料，也提高了他们的课堂参与度。以前每课一测试则改为老师提问和学生就课文写感想小作文的方式，考查学生对课堂内容的掌握。

线上教学，很重要的一点是培养学生自主学习能力。除了课文内容的预习，我也会布置适当的课外阅读。对于课外阅读，我要求学生列出生词、注明词性和词义、重要语法点、重点句型、要求老师解答的难点、少量文章内容翻译等各种形式的练习。如果学生说该材料没有难点，我就说那下一篇就加大难度，一般他们就面露难色了。可以说，线上教学为师生之间提供了更多深层次的文字交流。

幸运的是，我的学生们都非常配合，每次准时"露脸"，上课认真听讲，按时完成作业，保证我们的教学能够顺利进行。线上教学虽然有些限制，但是无疑是适合特殊时期的教学方式，只要我们都一样的尽心尽力。

此次线上教学，从忐忑不安到适应，也让我学到不少本领，拥抱新科技，玩转电脑手机平板各种设备。寒冬总会过去，疫情终究会消亡。我们期待春暖花开，岁月静好时重回美丽的校园。但是这种多元化的教学方式，特别是与时俱进、学无止境的精神将伴随我们终生。

（作者系上海外国语大学本科教学督导、西方语系副教授张敏芬）

关于线上教学的一些体会

蔡盈洲

由于疫情原因转向线上教学已经接近一个月了。在这段时间内，既感受到了网络授课的便捷性，也经历了从不习惯到习惯的转变。回过头来，可以从实践中总结一些个人的思考。

在线教学有很多平台和软件可以选择，上课的方式也可以多种多样。可以录播，可以直播，可以录播加直播，还可以在线即时讨论，也可以通过讨论板形成线上讨论空间。现在的技术发展已经为网络课堂准备了很丰富的工具，可以无限贴近现实课堂。这么多的上课工具，该如何进行选择呢？

经过这段时间实践，我觉得在线教学不是工具越多越好，因为不同的课程有不同的特点，可以根据不同课程选择主要工具，再适当辅助其他工具。比如语言类课程，交流性比较强，需要面对面教学，就可以用 Zoom、腾讯、Blackboard 的 ClassIn 等软件进行在线直播教学，让学生可以和老师直接对话。如果是一些偏重理论的课程，就可以更多采用讨论板形成线上讨论空间，给学生留有充分的思考时间。

在线教学的一个重要问题就是教学反馈。尽管直播软件也可以让师生进行对话交流，但这种教学反馈依旧和现实课堂有很大区别。在现实课堂中，老师可以综合运用感官感受学生的听课状态，网络课堂则无法做到。尽管是在线直播，老师讲课也只能感觉四周安静无声，有点像对空言说，无法形成现场交流感。由于无法形成这种同步的现场交流感，网络课堂的教学反馈只能历时进行。比如老师先讲，学生再讲，或者调换顺序。只有在学生发言时，老师才能感觉到即时反馈。

因此，网络课堂反馈主要是显性反馈，比如学生的发言（声音），学生讨论板的回复（文字），学生作业（文字）等。隐性的反馈完全没有，比如眼神、表情的交流等。现实课堂中有显性和隐性的反馈，是一种综合、立体的教学反馈。这是网络课堂和现实课堂最大的区别。因此，在网络课堂中，老师会要求学生完成更多的作业才能做到"心里有底"，这是网络课堂教学反馈的特点在起作用，需要引起注意，不要给学生造成更多的作业压力。

　　总之，现实课堂和网络课堂有各自特点和优势。在现代媒体社会中，纯粹现实课堂无法实现和学生跨时空交流，有许多不方便。而网络课堂也无法替代现实课堂，在教学过程中，可以相互补充，充分发挥各自的优势。

（作者系上海外国语大学本科教学督导、新闻传播学院教授蔡盈洲）

录播教学的点滴感想

张　健

在抗击疫情、停课不停学这个特殊的时段，如何做好自己的线上授课，如何组织好学生的线上学习，成了我时常关注、思考，有时甚至纠结的焦点。线上教学启动之初，本人因疲于课程设计与制作，颇感压力山大，偶有午夜惊醒后难以入眠。就我个人而言，虽已从教 35 年，本轮的在线教学是一个新的挑战，有很多地方需要摸索和尝试，更是一次与时俱进的机遇，需要不断反思和自我调适。

转眼开学已近四周，我也逐步适应，不再是迷惑困顿或忙乱紧张了。总体而言，我的"宅教"工作主要是围绕以下两个方面展开的。

一、录播起步，打造精品

在在线教育中，常见的就是直播与录播等模式。在线教育不仅仅是直播，也不仅仅是录播，更不存在录播课和直播课哪个好，而是各有千秋。经过慎重考虑，我选择了以录播的方式入手筹备和制作线上课程，主要基于如下考虑：

首先，录播教学所需的网络技术参数和平台操作要求相对低一些，比较适合像我这类的"菜鸟级"老师，便于克服心理障碍，尽快开展在线教学。直播也好，录播也罢，都是教学方式，其目的在于有效地传授教学内容，可谓殊途同归。

其次，制作录播课程，事先可以做好充分细致的准备，后期可以进行编辑升级，或择优剪辑，或重新录制合成，不受时空等现场条件的影响，有利于呈现课程特色，打造精品，从而达到理想的教学效果。

二、人像视频 +PPT 录屏，增强课堂教学场景感

根据学校提供的在线教学指导手册，一学就会的录播视频方式首推纯 PPT 录屏，实用简洁，也能达到较好的教学效果。其缺憾在于，在视频播放过程中，呈现在学生眼前的是一页页的 PPT 以及授课教师的语音解说。但是，对于学生而言，只闻其声不见其人，易于感到沉闷乏味，这在一定程度上背离了线下教学的场景感，不利于吸引一般学生持续观看，久而久之容易产生审美疲劳，学

习效果就可能难以保证。

从学生听课体验的角度出发，结合本人教学课程内容需要精讲细析的特点，我采用了人像视频 +PPT 录屏方式，如选用喀秋莎（Camtasia Studio）等多款屏幕录制软件，对 PPT 课件进行录屏合成，包括人像视频、录音和字幕。这种录制方式同样比较快捷方便，在普通的个人电脑上便可实现操作，可以录制教师教学画面、手势、神态以及屏幕或黑板上的内容，与线下教学的生态环境相似度很高，有利于增强教学情景的现场感。按当今网红字眼的说法，就是老师随时在"刷存在感"。

鉴于此，我在讲课录播时，双眼尽量保持与 PC 镜头平视，偶尔顺带看一眼 PPT。根据摄影学基本原理，镜头好比学生的眼睛，授课老师看着镜头，学生就会觉得老师在看着他们，就会跟随老师的目光展开镜头语言的互动，感受良好的观看和学习体验。

要而言之，特殊时期改变了我们的备课方式，改变了传统的教学形式，改变了课堂的互动模式。只有与时俱进，才能顺应新时代日新月异的教改需求。

（作者系上海外国语大学本科教学督导、新闻传播学院教授张健）

线上授课的几点心得

侯艳萍

信息技术辅助外语教学发展已经有二三十年的时间了，从借助早期的大型主机到我们现在学生使用的智能化移动设备，技术已经悄然融入我们学习和生活中的方方面面。只不过，在这次疫情之前，大多数老师可能还是和我一样，既感受到在线教学离我们越来越近的脚步，但又始终存在一种云遮雾障的距离感。谁料一场突如其来的疫情，使得我们返回学校的脚步受阻。既然无法选择是否面对，那就让我们选择积极应对吧！在化身主播的日子里，我们以积极的心态迎接挑战，进行新的教学形式的尝试。下面从以下三个方面分享一下我对于进行线上教学的一些个人的经验与看法。

一、课程前——搭建网上学习平台

从过去熟悉的课堂教学，到忽然之间"被迫"上线，应该说，最初的自己心里是非常忐忑的。好在学校第一时间组织了教学信息技术支持的培训，学院里也及时收集了大家的困难问题并提供了相应的指导措施。接下来教研室成员之间积极进行沟通，根据课程特点确定了较为可行的授课方式。再后面就是自己需要对在线授课进行全盘的考虑。线上教学与课堂教学存在诸多不同，因此，从教学设计到内容的选择，媒介的选择，讲解的思路以及活动的设计，都需要精心进行设计。

我的一门课程第一阶段的教学理论性比较强，侧重学生对知识的理解能力和探究性思考能力的培养，因此使用的是 Blackboard 上传录课视频再辅以微信群答疑的方式。与现场教学或直播教学相比，录播视频具有内容呈现更加紧凑、出错率低、可反复播放学习等优点。录制时需要根据课程的内容特点，充分考虑到学生的注意力有效持续时间，将课程内容分为若干个知识点，录成 15 分钟左右的小视频，既要注意前后知识点的衔接，又要注意课程整体的系统性。在录制过程中，也会注意教学内容的逻辑性、紧凑性与对知识点的补充延伸。有时，也会通过图表等对教学内容进行直观展示。这些经过精心编辑与优化的视频资料，可以尽可能高效而完整地呈现课堂教学过程。

讲到录视频，深切体会到这真是一门技术活，好的内容加上好的技术，才能够录制出好的视频。不仅前期需要对教学过程与教学内容进行反复推敲与设计，录制过程中也需要多次尝试。一堂课的内容，在录制上前前后后差不多需要 1~2 天的时间。刚刚开始录制视频的时候，真让技术"菜鸟"的我倍感挫败，有一段内容，我反复录了近 10 遍，总是会因为自己的一点点口误、PPT 换片速度太快了一些、突然想咳嗽、窗外突然传来的噪声、孩子的各种乱入，都要全部推翻重来。到了后来，慢慢摸索出了一些录制的小诀窍，比如原来可以单页重录，也慢慢学着对视频开始进行一些简单的剪辑，情况才好了一些。不过每次看到录制前电脑倒计时"3-2-1"的时候，还是能真切地感受到自己紧张的心情。

二、课程中——监督辅助学生线上学习

视频教学有着与学生互动不足、教学监督不能保证等缺点。因为是录播视频，所以在学习过程中，无法对学生进行如同现场教学一样效果的课堂提问，无法及时掌握学生的学习进度与听讲的认真程度。因此，在上课时间内，老师还要化身为制度维护者和监督员，在上课前后要付出更多精力，才能确保每堂课顺利有序进行。

我一般在每节课上课之前，把该讲的重点和难点内容上传到微信群里，以便学生提前预习。在录课视频中，围绕重要的知识点进行拓展或者深入挖掘提出问题，利用微信群开展现场问答环节，与学生进行实时互动，可以采用让学生自由发言与点名发言相结合的方式。对学生的回答不急于立刻进行评价或下结论，鼓励更多的同学进一步完善讨论内容或者换角度进行阐述。实践证明，突破了当面问问题的不好意思，在线授课过程中同学们之间的生生互动以及与我的师生互动交流都非常活跃，甚至比以前面对面授课时候还要活跃。私底下加我微信问问题的同学也多了，这可是让我始料不及的。

与此同时，我也会在上课时间随时关注 Blackboard 的后台数据，掌握学生的学习情况。早晨的一二节课对于自制力比较差的"起床困难户"同学是个极大的挑战，这个时段我会特别关注相关同学的后台数据，对于没有在规定时间完成学习任务的学生，我会主动询问与了解情况，督促学生按时完成学习任务。

三、课程后——线上线下融合学习

除了在线教学，课后的时间也利用讨论板等工具，进行异步交流。同时，为了督促学生学习，我也对原来的课程习题按照网络教学的特点进行了补充和更新。例如，原来的题目很多是相关概念的识记和掌握，学生在回答这类问题时只需百度搜索即可。为此，我增加了分析性的题目，引导学生利用上课讲述的内容进行独立分析。这些分析不是简单的背诵概念，网络上也没有答案，需要学生在独立思考的基础上完成作业。

另外，学生这段时间里时间相对充足，空余时间多会选择追剧来打发时间。我就要求他们将看剧与英语学习结合起来。我的听力课程就采用 Episode Diary 的形式，让学生将自己喜欢的英剧或者美剧中的地道的表达积累下来，这样看剧就由原来单纯的消遣活动变成了在鲜活语境中学习外语表达的绝佳渠道，可谓一举两得。

由最初网课教学的紧张与忐忑，到现在逐渐适应后的成长与收获，回顾这一个月的线上教学，我最深切的感触就是线上教学并非应急教育技术，而是更新迭代知识结构。这是深层次的教学理念、教学模式等的转变，也是教育的范式转变。我相信，我们重返传统课堂教学的时候，这一次改革的烙印也已经深深地植入了我们每位教师的心里。正如美国语言学家 Ray Clifford 所说的，"Computers will not replace teachers, however, teachers who use computers will replace teachers who don't."（科技本身不会取代教师，但是使用科技的教师将会取代不使用科技的教师。）

（作者系上海外国语大学本科教学督导、英语学院副教授侯艳萍）

深度挖掘线上教学潜力

沈 雁

本学期以来，在疫情的影响下，高校教学模式发生了前所未有的改变。虽然通过网络授课并非新鲜事物，但是全体师生开展线上教学可谓史无前例。如此大规模的应用意味着教师必须及时调整教学方法、学习并掌握新的教育技术，以便快速适应线上教学模式。同时，深度挖掘线上教学的潜力也成为一项刻不容缓的任务。

我目前教授的两门本科课程和一门研究生课程都是从录播开始，逐渐转向录播和直播相结合、偏向直播的授课方式；采用的平台为学校提供的 Blackboard 和学院推荐的 Zoom。学校的技术支持始终在运作，让教师倍感安心。开学初，我会长时间地在技术支持群里潜水，因为同事们的问题我也往往会遇到，我可以通过查看大家的提问和解答来学习技术、解决实际问题。新闻传播学院在开学初进行了 Zoom 直播课程的培训，培训视频简洁明晰，非常适合新手。我按照培训指导设置好软件后，使用起来就相当稳定便捷。开学初我做的另一个准备工作是了解智慧树、中国大学 MOOC 等平台的课程组织情况，观摩不同类型的慕课，通过分析这些课程的优秀案例获得了不少启发。

从我个人的教学体验来看，录播和直播各有长处。录播课程需要教师对现有教学环节进行拆分。对语言技能类课程来说，录播内容可以解决知识点的讲授，而且可以对知识点拆解分类，专题录制，可以说突破了传统课堂在规定授课时间上的限制。实际上，录播对教师的教学提出了更高的要求。教师在教学内容的选择、整合和设计上需要精益求精。学生可以根据自身的学习情况随时暂停、记录、回看、加速或减速播放，学习上有了更大的自由度。录播课程促使我对自己的教学重新提炼和组织，是一个获益良多的教学反思过程。

对于语言技能类课程来说，录播的一个问题是平时课堂上的即时互动和语言实践活动必须寻求其他方法实现。我的英语课堂平时有很多互动，大量教学材料通过练习来实现。我目前采用的解决方法是将教学材料拆分为练习版和教学版。设计练习版让学生先熟悉部分教学材料，从而有一个自主学习的过程，然后在教学版中讲授相关内容。同时我利用平台的讨论板来发布讨论内容。我发现,平时在课堂上可能比较害羞的同学也能踊跃发言了,笔头的训练量增加了,同学们经过思考发布的材料在质量上也有所提高。

在逐渐熟悉了直播软件后,我开始增加直播内容,结合 Blackboard 平台的各类功能和直播工具开展教学。直播课堂能够在一定程度上模拟线下教学,提供了师生即时互动的界面,但是如何充分利用好互动工具,仍旧需要师生之间的磨合,我自己也在进一步探索之中。不过,直播课的一个便利之处是我可以录下整个授课过程以便在课后进一步反思和打磨。

总之,线上教学对我来说无疑是一种挑战,但是也有不少令人惊喜的发现。平台的一些工具使用起来很便捷,多维度地开拓了教学思路,丰富了教学手段,在疫情过后回归课堂教学的时候仍可以充分利用。

(作者系上海外国语大学本科教学督导、新闻传播学院教授沈雁)

一位老教师的线上上课经历

吴其尧

受新冠疫情影响，本学期无法正常进入课堂上课，学校号召全体师生采用线上上课的方式。在教务处等部门的周密部署下，全校各院系紧急动员，全体师生立即行动，第一轮线上授课于 3 月 2 日顺利展开。

作为一名有近 25 年教龄的老教师，我此时是什么心情呢？不用说是紧张不安。我本学期有两门本科生课程：美国文学史和高级英语，美国文学史因为学生人数较多，我原来上课一直采用讲座的方式，以我讲授为主，每次讲课临近结束留出十分钟左右时间给学生提问讨论。高级英语也是以我讲授为主，上课时不时提问，让学生有一定的参与。两门课都不用 PPT，主要原因是我对新技术缺乏好奇心也不愿动脑筋去钻研，动手能力差，对使用电子设备存有畏惧心理。现在改为线上上课了，对我这样视应用新技术为畏途的老教师而言简直是当头棒喝。

好在学校和学院考虑到有些像我这样的老师对线上上课有畏难情绪，合情合理地提出部分教师可以申请延期上课，等疫情结束后再补课。我一直悬着的一颗心终于放下来了，一面提出申请延期上课，一面准备一些与课程有关的材料做成简单的 PPT 放在班级微信群里，同时给学生推荐一些英美大学的线上课程，告诉学生虽然不上课但不能停止学习。

原来以为四月份疫情结束可以走进校园开始正式上课，谁知国内疫情缓解了但海外疫情愈加严重，于是学校决定继续采用线上上课，这下我有些蒙了。学院教学秘书朱俐杉老师还有家人都鼓励开始线上上课，他们愿意提供帮助。我考虑到继续延期没有时间补课，对学生也不利。于是，经过一整天的激烈思想斗争，我终于下定决心准备线上上课。

首先，在请示了学院领导后，我请辅导员王雅婵老师进入我办公室，把我上课用的教材、备课笔记、教辅材料通过快递送到家里。其次，邀请学院里电脑技术高手马乐东老师亲自来家里指导我如何进行线上上课，同时请教了已经在线上上课的高翻学院吴刚老师，他们两位给了我很多十分有用的建议。这里还不能忘了提及我多年前的学生——现在大连理工大学做老师的朱德全博士，他跟我分享了线上上课的心得体会，给我的帮助很大。马乐东老师从上海西北角的家里赶到我在上海西南角的家，耗时一个半小时有余，风尘仆仆，克服了旅途的劳累，帮我搞定了 Blackboard 这个线上上课的平台，手把手地教会我如何上课，根据上述马老师、吴老师、朱老师三位老师的线上上课经验，结合我作为技术盲的实际情况，马老师当机立断建议我采用录播的方式，并且答应做我两门课程的助教，进入我的课堂现场指导。我当时差点感动得掉下了眼泪！有这样的同事给我以如此热情、到位的帮助，我对线上上课还有什么顾虑呢？

从开始时的战战兢兢到现在的游刃有余，我经历了由恐惧到喜欢线上上课的过程。线上上课采用录播方式的好处是我可以在任何时间录好上课内容，然后请马乐东老师帮我发布上课时间，学生点击进入就可以，有什么问题可以随时通过微信与我交流。当然，线上上课也有不足之处，没有面对面的交流，没有表情的流露，总归都是遗憾。还有，作为我这个视使用新技术为畏途的人，很多地方学生还是感到不满意的，比如可视内容太少，学生有时听不懂我讲授的内容。这些问题在接下来的一个月授课时间里慢慢改进克服吧。总之，老教师面对新问题，心态一定要摆正，首先是克服畏难情绪，其次是积极向同事学习，最后多和学生交流，了解他们的学习情况，这样线上上课的效果就会好一些。

（作者系上海外国语大学本科教学督导、英语学院教授吴其尧）

在线教学如何确保教学进度

吴贤良

在线教学相对线下上课，可能会放慢教学进度，因为上课节奏会放缓、课堂时间会缩水，以致完成大纲规定的教学内容受到影响，难以完成学期内规定的教学内容。于是授课教师对此进行探索，动足脑筋，采用不同教学手段以弥补在线教学时间的不足。我们注意到，合理分配教学内容，采用不同教学手段，是行之有效的好方法。

那么，如何有效实施这种方法呢？一方面，教师授课要精练、讲解要清楚、分析要到位，使学生能够容易理解和接受学习的知识，从而使课堂时间利用率最大化。另一方面，也是我们尝试的教学手段：将有些教学内容安排在课余时间，通过微信群的方式加以实施。这样可以赢得若干时间，来缓解线上教学时间紧的状况；学生课余可以有充裕的时间进行自习，若遇到问题、产生困难可以通过微信群的方式随时向教师提问。

这里我们以基础阶段精读课为案例实施该教学手段。

精读课的词汇和语法教学是重头戏，通过该授课板块争取时间是大有文章可做的。首先词汇讲解这一块，我们要点明词语的（搭配）用法和内在含义，找出其中的规律，做到举一反三但又点到为止。注意，对课堂时间要精打细算。剩下要做的可让学生在课后通过查词典、看例句来消化吸收。在这之前教师要向学生推荐实用性强的学习类词典。至于语法，如果教材介绍语法规则思路不流畅、重点不突出、内容过于烦琐，教师可借助简明实用的语法书，将语法规则理顺、点明其要点，余下的便可让学生在课后温习，配合习题加以掌握。这样有助我们保持上课节奏，给在线教学争取到时间。

其次，课堂练习所占时间也可充分挖掘。我们可以选择性地在线上完成部分有特点、相对重要的词汇和语法练习；大部分练习则可让学生在课余独立完成。过后，教师将所做的练习答案传给学生，通过微信群解答可能产生的问题。这样，以往在课堂上由学生轮流做的练习所占用的时间便可节省下来。而且，这样培养了学生独立思考的能力。此外，翻译练习的讲解也是一个机会。教师可以将自己做的翻译练习传给学生，让他们比对自己翻译的句子进行琢磨思考，在此基础上，教师结合难译的句子对翻译难点进行简明扼要的分析，并介绍不同的译法。这些均可通过微信群来实施，从而给线上教学赢得课堂用时。

最后是每周听写，教师将录制好的听写材料发到微信群，让学生在课余时间听录音做听写，之后教师将听写文稿传给学生，让学生改正听写错误；或由教师抽查、批改学生听写。如果每周做两次听写的话，这种形式便能给线上课堂争取时间。

这些教学手段实施后已取得满意的效果。若要确保教学进度，不放缓上课节奏，教师首先要对教学计划做到心中有数，而且要明确的一点是：完成教学内容和教学计划是职责所在。只有具备这种意识才能规划好线上教学的分分秒秒，通过合理分配教学时间、妥善安排教学内容，来保持正常的教学节奏和教学进度，从而达到完成学期教学计划的目的。

（作者系上海外国语大学本科教学督导、法语系副教授吴贤良）

疫情之下学生作文写作的尝试

吴贤良

我们学生学了一学期法语后，第二学期开始进行作文写作，这一教学手段有助于锻炼语言水平、提高教学质量。一方面学生能将获得的语言知识学以致用，另一方面是为进入下一阶段学习打下扎实的基础。然而疫情使我们转入了线上教学，我们该如何来实施"作文"这一极具综合性的笔头练习呢？我反复琢磨思考，最后想到了班级微信群。

我将自己的设想告知学生：每周两次由学生轮流将作文发表于微信群，其余同学进行认真阅读，仔细检查是否有用词造句的问题和语法错误，予以修改并写上正确的用法，也可以简单地提出自己的看法。在这之前我推荐了一些作文主题供学生参考，他们也可以写自己感兴趣的内容。此外，我还叮嘱学生在写作过程中要勤查字典，根据用法来组词造句，用所学的语言知识进行写作。

我并没有对此抱有太大的期望，然而当第一篇作文上传到微信群后，马上就有同学参与了：对个别句子进行修改，并附上自己的看法。我随即跟进，对相关句子加以分析点评并给出结果。同学们对一篇作文这样一轮修改下来，不仅发现了不少病句和不妥之处，也看到了自己学习的不足。因为每篇作文会涉及不同词语的用法、语言表达的方式、语法规则的应用，所以学生不仅练习了作文的写作，而且也获得了一次复习语言知识的机会。

欣慰的是，通过参与学生的各自表述，看得出来他们对这篇作文是进行过仔细阅读、认真思考的；而且他们踊跃参与，陆续发表自己的不同看法，这对他们已学的语言知识无疑是一次锤炼。通常，每次学生在上午将自己的作文上传微信群，到傍晚时分，我会将尚未改出的地方逐一梳理。不久我注意到，这一手段的效果比我想象的要好得多。

首先，在微信群刊出自己的作文，学生是充分准备、认真写作的：在众人面前亮相，一篇好作文是一种荣誉。大部分作文让我有这样的感觉：学生似乎不是第一次用法语写作文；其次是学生看出错句或不妥之处说明他们具备了一定的语言水平，识别能力强意味着基本功的扎实，甚至个别地方我都没能注意到，他们却一一指了出来。我也发现，能看出问题的学生会有一种自豪感，这无意中产生了一种潜意识的竞争，有助于形成良好的学习氛围。

班上十九个学生，每周两名学生在微信群亮相，至今已轮了一圈，第二轮就要开始了，良好的开端是成功的一半。在第二轮进行过程中，我会总结经验，提高一个层次，过渡到点评全文，从段落到框架，从内容到写作方式，使这一教学手段不断得到完善。

（作者系上海外国语大学本科教学督导、法语系副教授吴贤良）

线上教学如何保证教学效果

李文娟

由于新冠疫情的突然爆发，使得线上教学成了目前的主流教学方式，广大师生从"猝不及防被动接受"到现学现用，再到完全接纳甚至有点享用也是经历了酸甜苦辣各种滋味。线上教学进行了两个多月，教学过程中如何保障教学效果，作为一线教师，我谈几点自己的体会。

首先，调整心态，接纳新事物。当原先的教学方式，熟悉的教学模式、教学环境被打破，我们是抱怨等待还是积极想办法。开学前国际教育学院组织了一系列的培训，帮助教师们掌握基本的线上教学的辅助技术，介绍使用 Blackboard、ClassIn 等教学平台。在教学小组中大家也分享了实用的钉钉、企业微信等直播工具，使得大家克服了畏难情绪，从网上建课开始一步一步踏实做起。

第二，充分挖掘利用线上资源。开学前由于疫情封校，一些教学资料都在学校办公室，教师们只好从头做起，深入挖掘网上资源，查找相关音频视频材料，大家分工合作，相互补充。从学生的反馈来看，大家觉得比平时的课堂教学内容更丰富，形式更多样。"比较喜欢老师给的一些补充材料，感觉能让学习变得更加丰富且有意思"，A 同学在网课一个月的反馈中写道；B 同学说"在特殊时期，网课成了我们学习的最佳选择。网课平台上学习资料丰富多样，条理清晰，学习也不局限于课堂，平时可以自由增加学习时间，在我看来有许多好处。但是网课学习最重要的是靠自觉，要对自己的学业负责"。

第三，加强师生互动沟通。由于不能面对面交流，缺乏课堂氛围，对语言学习来说是一个短处。如何弥补这一块的缺陷，我和我的同事们都选择了钉钉、企业微信、ClassIn 等直播形式，保持与学生的课堂直接交流互动，课后利用 Blackboard 的讨论板和微信群保持及时沟通交流。有些缺课请假的学生，课后我都会个别联系，问明情况，加以督促。课堂上除了讲解课文外，也展开朗诵、讨论，游戏，课文背诵等活动。个人感觉这学期与学生交流比以往更多更通畅。当然，老师们在这方面花了比以往更多的时间和精力。

最后，及时做好教学策略和方法的调整。网课对我们大多数人来说是一个全新的上课方式，对于学生的自觉性和专注力都是一个很大的挑战。虽然网上课程要求明确，条理清晰，设计合理，可以很好地引导学生管理自己的学习，但对学习能力弱的学生来说还是一个很大的挑战。刚开始我们选用网上现有资源——国家精品课程录播课程，有学生反映观看录播课还是不明白要领，不知重点要点，我就及时改为直播讲解课文。后有学生反映网课作业普遍多，疲于应付，我就把部分作业改为小组作业，既能完成教学目标，又能减轻学生负担，还增加了学生间的互相学习讨论的机会，还原了校园课堂的氛围。C同学留言说"就自身情况而言，我还是很适应并喜欢网课的教学模式的。因为每周每堂课都会有清晰的教学目标计划，在相应时间内完成课文背景知识、词汇、语法等内容的学习，也会给自己安排预习和复习的任务。老师的钉钉直播也鼓励我们积极发言，分享自己的想法，营造了课堂式学习氛围。小组活动更加的紧密，可以各自抒发看法，总结观点"。

线上教学我们还在摸索实践中，但放眼望去，它已成为教育领域的一道风景线。如何更好地利用它，并与我们传统的线下教学相结合，为提高教学质量服务，将成为广大教育工作者认真思考的一个重要问题。

（作者系上海外国语大学本科教学督导、国际教育学院副教授李文娟）

师者论教篇

编者按： 根据教育部和上海市有关会议文件精神，结合疫情防控和教学实际情况，保障"停课不停学、停课不停教"，经前期精心准备和严格测试，我校于 2020 年 3 月 2 日正式开始线上授课。线上授课期间，我们邀请教学督导、任课教师和学生就线上教学的心得体会撰写文章，通过"SISU 论教"栏目报道推出，与广大师生交流分享，本篇为师者论教篇。

基于游戏化思维开展线上教学的几点体会

曾　婧

　　疫情当前，教学在线。校领导在全校工作会议上指出，虽然我们不像一线抗疫人员那样奔赴前线，但守好教学一线也是为抗疫做贡献。在校领导的指挥下，在教务处、研究生院等各职能部门鼎力支持和技术部门的实时协助下，我们一线教师的这条"线"才得以迅速完成从线下到线上的切换。虽然刚开始的时候，大家都遇到很多困难，但两三周下来，基本上都找到了最合适的教学方法和互动方式。下面我也来分享一下开课以来的几点体会。

　　由于线上教学需要学生高度配合，所以首先要想办法提升学生的自主学习能力。我借鉴了游戏化思维模式来设计课程体系、课堂互动和课后练习，通过任务化管理提升学生的获得感，同时用大数据跟踪学生的学习情况，总结和改进教学效果。

　　我在日本文化经济学院承担的主要课程包括大一精读、大二语法、大三笔译，课程目标差异较大，学生的学习习惯和认知水平也各有特色，因此针对不同年级的学生采取了不同的任务管理方法。

　　大一精读课采取录播课+在线互动答疑的方式。我们将原有配套课件录制成15~20分钟一讲的微课视频，并增加了线下课堂上难以灵活剪辑的音视频学习材料，搭配学生们喜爱的爱豆（偶像）和动漫内容，充分激活在线资源，大大地提高了课程视频的趣味性和实用性。

　　同时，将线下课堂的教学计划细化为每天必须完成的学习任务，包括课前预习、课程学习、课堂练习、语音作业、课后练习和课外阅读等环节。利用在线学习平台布置学习任务，并为每个环节设置任务跟踪模式，督促每位学生按时完成任务。

　　此外，一周五天的精读课有四天是早上1~2节，因此对于宅家的夜猫人群来说，早起成了最大的挑战。每周我们用不同的方式签到，比如微信接龙、签到程序、平台任务打卡等，并对打卡迟到的同学进行私信提醒。课堂时间在微信群里分享带有音频和文字稿的NHK慢速日语新闻，布置"新闻单词大发现接龙""给小朋友译一堂 NHK for school"等不同的互动任务，帮助学生学以致用，并尽快进入学习状态。

大二语法课是拼盘教学，我所承担的教学部分采取"已有慕课＋在线互动答疑"的方式。上学期在教务处和上外音像社的大力支持下，我的"基础日语语法"慕课在中国大学 MOOC 平台顺利上线，刚好可以运用到本学期的语法线上教学中。

为了减轻学生线上学习的操作负担，我提前编写了"中国大学 MOOC 平台'基础日语语法'课程学习方法"，并将学习任务可视化。同时，在 Blackboard 平台也设置了课程视频链接，布置了课后练习作业，方便学生在不同课程不同平台之间切换学习，降低学生对操作负担的抗拒感。由于这门慕课开课已进入第 12 周，参加课程的人数近 4 万人，答疑区和讨论区都留下了大量有价值的思考，所以在语法课上我也引导学生参与其中，并发表话题。结果学姐带学妹，大一学生也纷纷加入讨论。

大三笔译课采取"实用化笔译实践＋反馈式录播课程"的方式。本学期的笔译课主要讲解句子层面的翻译方法，我们从中日不同语境下的疫情动态报道中，找出与教学目标相关的语料和素材，分别安插到课前练习、课堂练习和拓展练习里面。所有练习与教学目标一一对应，增强笔译课程的实用性。所选例句尽量体现价值引导，践行笔译课的思政导向。每堂课的视频内容包括上节课的"课堂练习和拓展练习"点评和新课的"课前练习"讲解。点评时选取每位学生提交的部分内容，匿名点评，让学生自行认领，提升学生的参与感和获得感。

（作者系上海外国语大学日本文化经济学院副教授曾婧）

当古典文学遇上现代技术

胡媚媚

在此次疫情之前，学院对线上课程、线上线下混合课程等形式也有过初步的设想。而疫情防控和教育部"停课不停教，停课不停学"的举措，加快了线上课程建设的速度。这对我们实现教学方式和教材的多元化以及一流本科课程的建设，具有积极意义。这段时间线上授课的实践和经验，让我重新思考文学课的教学目标和效果。文学课与直播的结合，也赋予了"中国古代文学"这门传统课程新的气息。

一、线上教学与师生互动新模式

面授课和网络课的差别是教学形式的差别，而在教学的过程中，教师的教学计划、学生的学习态度不应受到空间和媒介的巨大影响。面授课和网络课的关系，如同纸媒和新媒体的关系，将会实现二者的融合。此前，当我们提到线上教学，可能会带有偏见地认为这种授课方式缺少师生互动，教学效果不佳。但就我个人的上课体验而言，网络拉近了教师和学生之间的距离，学生们主动在留言区提出自己的困惑，表达个人的见解。从这个角度来看，线上教学的师生互动更加及时、频繁和便捷，学生的课堂活跃度明显比线下要高。

网络在一定程度上改变了老师和学生之间"不对等"的关系，让学生更有机会质疑教师所讲授的内容，也有利于促进教学相长。这种新鲜、活泼的教学形式，能够激发学生短期内的学习兴趣。直播平台可以进行 PPT 播放、板书，学生可以上台发言，这些功能都模仿了线下课堂的真实状态，满足了教与学的基本条件。当然，线上教学也需要克服不少难题，比如教师的工作量在线上教学初期会相应增加，学生也存在线上学习的适应期等问题。网络课是防控疫情的应急措施，但我们积累的教学经验仍可以被线下课堂借鉴，互补长短，不断改善教学。

二、文学教育如何通过线上教学引导

"中国古代文学"的教学任务主要是全面而系统地讲解中国古代文学史，

并提高学生对古典文学的阅读和欣赏能力。文学知识的输出，可以做到线上、线下基本一致。但是，涉及经典作品的感知和审美等方面，线上教学如何引导学生进入情境的难度明显增大。如果学生选择关闭摄像头，教师对学生的学习状态和领悟程度几乎无从得知。这就对学生的自学能力和教师的应变能力提出了更高的要求。

教师可以借助线上教学，实现"授人以鱼"到"授人以渔"的转变，适当地增加学习方法的指导、工具书的介绍等内容。课堂的文本细读容易让学生对教师产生依赖心理，因此，相应地减少这个部分的时间，有助于培养学生的自主学习能力和终身阅读的习惯。教师还可以组织学生们录制诵读音频，帮助学生体会文学作品的韵律和美感；举办线上读书会，共同探讨文学史上重要的文学思潮、流派和观念等。

开展线上教学以来，学生在线问学的热情和频率很高，曾有学生提到自己从小上的是以朝鲜语为主进行教学的朝鲜族学校，没有深入学习过汉语言文学，但对古代文学十分感兴趣，希望老师提供一些学习建议，帮助她准备期末考试。可见，快节奏的线上教学，能够让学生迅速认识到自己和其他同学的差距，并做出积极的反应。而教师也可根据学生不同的文学基础和学习进度调整教学策略，指明学习方向。凭借丰富的在线教学、问学的方式，学生可以应对考试，而人文教育也通过教师的熏陶和文学的浸染得以延续。

（作者系上海外国语大学国际文化交流学院教师胡媚媚）

精心准备　用心辅导　上好网络思政课

门小军

疫情期间，毛泽东思想和中国特色社会主义理论体系概论课程组商定采用线上授课加线下辅导模式开展教学。这完全不同于往常以课堂教学为主、网络教学和实践教学为辅的教学模式，因而需要重构教学安排，其中涉及的细节问题非常之多，归纳起来主要有三个层面，一是线上教学课件、教学案例、学习材料、教学视频、测试题等上网材料的内容审定和格式统一；二是线上思考题的拟定、审阅、评分，实践教学选题方向指南的确定以及操作步骤和写作要求的规划；三是与学生线下讨论互动的有效开展。

一、精心准备教学材料

解决前两个层面的问题，精心准备至关重要。课程组于2月9日、2月18日先后两次进行微信视频备课会，全员参与讨论，确定教学安排，并分工合作，于2月19日顺利完成线上建课。这里需要提及的有两件事情。

一是实践教学选题方向指南的拟定。本课程的主题是中国特色社会主义理论、制度及其实践，是与现实中国关系最为贴近的课程，而当前正在发生的疫情乃是中国各方面制度的一次"大考"。而且，此次疫情超越了国界，也为比较世界各国的治理能力提供了观察案例。此外，2020年亦是打赢脱贫攻坚战和全面建成小康社会的收官之年，总结改革开放以来我国社会建设的成绩和经验，亦是本课程的重要内容。基于以上两点考虑，课程组集思广益，拟定了19个选题方向，供学生思考、选择。

二是组织好"全国大学生同上一堂疫情防控思政课"。3月9日，教育部社科司与人民网特邀艾四林、秦宣、王炳林、冯秀军四位教授，在线直播分析中国抗疫所彰显的中国共产党领导和中国特色社会主义制度的显著优势。为保证此次"思政大课"顺利开展，并引导学生深度思考，我提前进入人民网教育频道、人民智云客户端、咪咕视频客户端等平台，查看登录路径和网络堵塞情况，及时告知学生实时信息；提前搜集、遴选张文宏等专家学者关于疫情的理性观察、评论文章，转发授课班级学生群，供学生阅读和讨论。

二、用心辅导，解疑答惑

解决第三个层面的问题，我的做法是让学生发送电子邮件谈体会和思考，我逐一回复。通过这种方式，可以了解到学生对社会热点问题和事件的观点倾向和思想认知倾向。比如，围绕近期公布的《中华人民共和国外国人永久居留管理条例（征求意见稿）》，相当多的同学发送电子邮件谈自己的看法，其中商榷性观点和支持性观点都不少，观点背后的论述逻辑和依据更可见学生的思想认知倾向。每一位学生都有不同的疑问和困惑，我的回复就要做到一对一。线下辅导虽花费时间多，但收获亦多，这就是教学相长的乐趣所在吧！

（作者系上海外国语大学马克思主义学院副教授门小军）

停课不停练 居家锻炼有方法

司嫣然

疫情当前，我校积极响应教育部"停课不停学"号召，体育教学部认真落实学校相关文件精神，开展了"停课不停学、停课不停练"的体育课网络教学。把体育课加入了学生们的网课名单中，这对于注重面对面指导示范的体育课是一次不小的挑战，对于老师和学生都是一次崭新的教学尝试。通过近两三周来的线上教学，我简单谈一谈个人的几点体会。

一、解锁线上教学平台，做好在线课程设计

我和团队老师已于去年年底在中国大学慕课平台上线了"塑身瑜伽"慕课。虽然已有现成的教学资源，但前期对于如何安排一堂体育课的教学任务、合理运用教学平台授课、做好教学互动和反馈等方面充满着疑惑和焦虑。

之后根据部门统筹安排组建各专项教学团队，拥有多名教学经验丰富的资深教师作为教学伙伴，并得到教务处和信息技术中心等部门在教学平台培训方面的指导和支持，我们最终决定采用以慕课 +Blackboard 平台为主，微信为辅的教学模式。通过前期 Blackboard 平台操作培训，我们掌握了基本操作功能，能够使用平台实现打卡签到、课后讨论、作业和答疑。同时，还可以借助已有的慕课平台让学生观看教学视频。

由于线上教学周期不确定，我和团队老师及时对教学大纲进行了调整，根据实际情况和线上教学特点，调整每节课瑜伽实践部分比重，增加居家身体素质练习，全方位确保学生课程内容的完整性，真正让学生运动起来。

二、保持教学规范，确保教学效果

开课前组建课程微信群，及时发布课程信息和课前须知。由于居家体育课更需要保持教学规范。我们在前期的线上教学中重点安排理论性学习内容，包括瑜伽练习特点、练习注意事项、热身与放松。每节课要求学生规范着装，根据居家条件在确保安全的前提下进行练习。

引导学生提高自主学习能力与讨论学习的能力。我们在每节课后安排讨论或习题，有效获取学生的掌握情况。在平台中设置答疑区，和学生保持积极的互动与交流。同时，根据学生提出的问题第一时间通过平台回复留言或以录制视频的方式进行解答。

完成教学任务的同时，我们随时做好微信和 Blackboard 平台的线上指导和答疑，引导学生进行正确规范的居家体育锻炼。既能缓解网课后的疲劳，同时也能有效增强身体素质，提高自身免疫力。

在后续授课阶段，我们将征集学生的反馈意见，相应调整和改进教学形式，提供更优质的学习资源，有效满足学生的学习需求。

（作者系上海外国语大学体育教学部教师司嫣然）

抓住育人核心　做好线上教学

王宝珠

突如其来的疫情将面授课堂转变为线上教学是所有人未曾预想到的，对于我们而言，既熟悉，也陌生。之所以熟悉，是因为线上教学早有涉猎，线上体系也较为全面；之所以陌生，是因为线上教学一直是作为面授课堂的辅助，从未成为主角。面对这一转变，学校、学院都制订了系统的方案，采取了及时的行动，使得线上教学推进有条不紊。

集体备课，共建课程

在接到线上教学通知的第一时间，我们毛泽东思想和中国特色社会主义理论体系概论课程组就开始集体筹备。首先，我们集体讨论选择 E-learning 教学平台。一方面我们课程原在该平台初步建设，继续在原有基础上进行改善是最好的选择，大家都已经熟悉操作，这样可以在最短的时间里解决技术问题。另一方面我们已经有一定的课程体系，并且有相关教学视频，延续性建设将使得课程建设更加科学合理。其次，在教研室主任的带领下，确立方案，分工合作。尽管学校通知我们准备四周线上教学内容，但我们决定做好长远打算，准备好一学期的课程，这并非对战"疫"没有信心，而是借机全面更新和完善线上教学内容。最后，打磨细节，锤炼精品，静待线上开学。在材料全部完成之后，大家分别打磨自己的课程，从结构设计、课程公告、考核形式、实践安排等方面，大家反复思考，不断转换为学生的角度思考更加合理、更加容易消化、能够起到更好效果的"细枝末节"改良。线上教学三周以来，我们教研室遇到问题就在微信群里讨论，大家一起解决，力求将课程建设和教学效果达到最佳。

时代课题，互动讨论

思政课的核心在于育人，如何把握这一核心提升教学效果是我们考虑的首要问题。时代是最好的素材，如何使"宅"在家中的学生关心天下事，在各种自媒体信息中学会明辨，特殊时期也给了我们一个引导的好时机。比如，第一周的导论，主要内容是马克思主义中国化的两大理论成果。马克思主义之所以能够在中国大地闪耀真理光芒，正是因为其与中国具体实际相结合，实现了中国化。马克思主义是"伟大的认识工具"，是人们观察世界、分析问题的有力思想武器。知识性教育是必需的，但对于大学生而言，逻辑思维的训练更是重要的。如何才能真正感受并运用这种方法论呢？面对知识结构较为全面的大学生和研究生，我们不能够回避问题，而应该直面问题。一直以来，我都在课堂上引导学生能够面对陌生问题具备自己的逻辑架构、系统方案和应对行动，这样才能在纷杂的信息中保持清醒的头脑，有自己独到的见解。因此，在适当的引导之下，第一周我给学生抛出讨论题"在这次新冠疫情防控中，有人说我们的防控工作体现出了中国的制度优势，也有人说看到了制度的不足之处。请同学们结合你对这次疫情的了解，谈谈对这一说法的看法。"同学们积极查询资料，辩证分析，取得了较好的效果。

理论逻辑，"实践"结合

"纸上得来终觉浅，绝知此事要躬行。"知行合一，才能悟真知。在这一特殊时期，实地调查的实践课程难以顺利开展，经过学院一致商讨和学校支持，我们将毛泽东思想和中国特色社会主义理论体系概论课程中的实地调查实践课转变为结合现实热点问题的论文研究。对于学生而言，这样不仅可以激发其对疫情衍生效应的关注，也能够拓展其理论架构、延伸其逻辑思维、沉淀其知识积累。正如我们所预期，关于疫情的社会经济影响等选题备受同学们青睐。得益于现代技术的发展，学生可以随时随地在网上查找数据并开展分析，与我们随时探究。

作为高校工作者，力量体现于思想引领。在这一特殊时期，我们课程尽自己所能做好线上教学工作，使学生能够利用好这段时间感受国家之力量、生命之贵重，在时代境遇中如树般坚韧、如阳光般明媚地成长，从而为实现中国梦做出积极贡献，为中华民族凝聚起砥砺前行的磅礴力量。

（作者系上海外国语大学马克思主义学院教师王宝珠）

当案例教学法遇上云授课

赵守政

疫情期间，远程线上教学引起社会广泛关注。按照学校总体部署和法学院具体要求，我也如期开展线上教学。坦率地讲，刚看到学校和学院下发的线上教学文件和方案，一开始真有些不知所措。幸好学校提前部署了 Blackboard 网络教学平台并及时开展网上教学培训，使我对线上教学操作有了较全面的了解。正式授课前，法学院也积极组织师生测试并反馈上课效果，加上自己查阅了一些线上教学的经验，这些都让自己心里慢慢有了底。开学至今三次课下来，已慢慢适应了线上教学的方式。现将自己开展线上教学的情况和一些体会与大家分享，不妥之处请批评指正。

这次线上教学，我采用的是"录播＋微信答疑"的授课方式。经过前三周的上课实践和学生反馈，我发现尽管不能与学生面对面，但这种网络教学的方式确实也带来了诸多好处。一方面，学生有充足的时间学习课程 PPT 和课程视频，熟悉课程内容；另一方面，使用课程微信进行提问与讨论，学生课下可以对问题反复思考。"录播＋微信答疑"的教学形式在很大程度上发挥了在线教学的优势。老师在录播时可以更好地组织语言和文字，让内容更加细致周到，录播视频也便于同学们课后反复研读和思考。而录播课程缺少的互动和现场感则由微信答疑互动补充。

线上教学也存在其固有的问题，与线下教学相比，线上教学时教师没有办法强制学生坐在电脑或者手机前听课。如何调动学生的积极性，就成了线上教学的关键。线上教学不止是对教师的挑战，也是对学生自学能力的检测，课堂教学效果和学生自主学习能力是一体两翼的关系。基于这一思考，我主要采用了三种方法来应对这一问题。

以我的课程为例，这学期我主要讲授商法类课程。案例教学是本门课的教学重点，教学目的是让学生结合所学的基本法理、相关法律条文对具体案例进行规范分析，培养学生像法官一样思考的能力。最终考核的不是学生的法律记忆能力，而是重点考查其法律思维能力与结合法律规范解决实践问题的能力。首先，结合课程和线上教学的特点，除了讲授内容紧扣具体案例的法律规范适用外，我在每次课中还准备了最高院的案例公报及指导判例，供学生听课后下载并进深阅读。

其次，从商法这门专业课的特点出发，我尝试改变本门课的考试方式。我在微信群发给学生《中国商事诉讼裁判规则——公司卷》这本书，里面有近1 000 个公司商事案例。本门课的考核方式是由学生任选其中一个案例，以法官思维的视角阐释该案例的案件事实、法学理论及法律适用要件与结论，制作相关的 PPT 和文字底稿。这一考试方式结合商法实践性的特点，也能激发学生疫情期间在家自主学习的热情。

同时，我还针对本科阶段学习的特点，要求法学本科学生阅读王泽鉴的《民法思维：请求权基础理论体系》一书，并撰写读后感作为家庭作业。这些考核方式的转变，都是为了更好地调动学生在家自主学习的兴趣和培养其自学能力。

在 Blackboard 平台上"录播＋微信答疑"的教学方式突破了网络条件的制约，老师不仅可以顺利进行授课，学生也可以自由安排学习时间，最终在互动环节中有效讨论对课程内容的思考，获解对内容的疑问。在授课过程中，通过学生提问问题的质量，我发现很多学生在课下都做了充分的学习准备。甚至一些学生所提问题的难度已超越他们现在的学习阶段，这些发现带给我很多欣喜，因为面授可能没有这么充分的问题准备和文字深度交流。线上教学，我经历了从忐忑到习惯，从被动适应到主动发现其教学优势的这样一个过程，甚至其中有不少欣喜。线上教学也可以不只是教师一人的独角戏，线上教学的互动效果也可以跟线下一样，甚至某些方面有其自身的优势。

互联网时代呼唤着与之相适应的教学模式，不可否认线上教学具有广阔的市场和应用场景。新冠疫情这只黑天鹅使得传统教学与互联网短兵相接，老师和学生被迫走上转型之路，提前适应线上线下教学的转换。但无论如何，技术只是手段，平台只是媒介，面授方是不可替代的王道。各位同事、同学，期待与你们早日相聚上外校园！

（作者系上海外国语大学法学院教师赵守政）

在线教育如何赋能传统课堂

孙珊珊

网上课堂已经开始了将近一个月，无论老师还是学生，可能人人的桌面上都有几个教学平台和直播 App，大家在反复的探索和实践中，最终找到了适合自己课堂的组合形式和节奏。作为一名教师，在克服了技术难题后，思考的下一个问题就是如何利用技术手段优化课堂效果，如何在这场在线教育的实验中创新我们的教学方式，让技术赋能传统课堂。这里我以英语人文阅读这门课程为例，谈谈自己在教学中的一些体会和感受。

直播课的互动

人文阅读课互动性比较强，师生讨论所占课堂比例较大，所以我们教学组里绝大部分老师都选择了直播课堂。不同的平台在实现互动性方面有不同的特点，有的学生发言需要老师许可，有的不需要老师控制，自己可以上讲台发言，还可以分享自己的桌面、板书，实现线上口头报告等。我的体会是技术让课堂互动更加有层次了。一方面我们可以课前准备一些互动选择题，在学生容易疲劳和开小差的时候让学生参与一下，提提精神；还可以通过抽点的形式，请部分同学上台发言，起到监督提醒的作用；另一方面，我们也鼓励学生随时提问，主动上台或者在留言区提问，这满足了不同性格学生的需要，做到了既兼顾全面，又有的放矢。

直播课的课件制作

线下教学时，大部分老师已经积累了比较完整的 PPT 教学课件，但是把课堂搬到网上后，还是发现课件中有许多需要修改的地方。线上教学的优势是学生不需要好视力就能看清楚老师的课件和板书，但是盯着电脑的同时，学生看课本的时间就会减少，或者有些同学在课本和电脑之间来回切换，一不小心就找不到地方了。所以我把课文重点部分的原文都加到 PPT 上去，让原文和知识点同时呈现在学生面前，抓牢学生的注意力。

另外，线下教学时，我们更希望学生将注意力放在教师身上，因为教师的表情、肢体动作甚至语音语调都是传达信息的手段。那么这个问题在线上时怎么办呢？课件制作方面注意一些细节，也可以有类似的课堂效果。我们使用一些夸张的字体强调重点，用一些小的动画和箭头引导学生的视线，为一些文字配上形象的图片，让一些过程可视化等等。

适度留白，疏密得当

线下讨论时，我能看到学生的状态，能够判断学生需要多少时间消化难点，思考提问，讨论问题。这一点在线上课堂是比较难判断的，但线上课堂可能更加需要留白，因为学生是单人作战，思考不充分，有些话题就拓展不出来。我的感觉是线上教学可能需要教师更多的过程支持，即支持学生思考的过程，这既包括为讨论话题准备一些例子做引导，也包括在学生回答后不立刻评价，而是通过追问或者转换角度等方式，进一步引导学生参与讨论。比如，我们有一篇课文是 Russel 的 The Benefits of Scientific Advance，有一个思考题是 How had science increased the possibility for everyone？ Do you find it still the truth in contemporary society? 文章主要从科技促进教育的平等说起，有一定难度，学生不能立刻回答是因为不能马上把文章和现实生活联系起来。教师提醒学生今天的线上教育是否也是依赖科学技术实现的呢，举例帮助学生将抽象的观点和实践生活联系起来，学生立刻就能举一反三。更有同学想到科技也可能拉大教育的差距，比如没有网络的同学，学习上会跟其他同学拉开差距，应辩证地思考科技的影响。所以适度的时间留白和评价留白能够帮助教师把握好课程的节奏，做到疏密得当。

教学平台与直播课堂相结合

对直播课来说，课前预习，课后复习、拓展也是关系到教学质量的重要环节，而教学平台能够在这些方面帮助教师督促学生做好这些环节。教师按照单元章节把需要预习、复习以及拓展的资料放在 Blackboard 平台，按照顺序设置开放时间，规定学生完成相关任务。教学平台可以帮助教师督促学生完成这些任务，并能对学生的完成情况进行监督和评价。我觉得这个功能即使是日后恢复线下教学，依然可以继续使用，方便教学课程的管理。

作业的创新

我和学生尝试了 Blackboard 平台上的作业功能，我用 Wiki 功能给学生布置了写作作业，并让学生互相修改。Wiki 功能使整个修改的过程可视化，方便学生比较和互相学习，教师可以有针对性地进行评价，对写作教学具有很好的辅助作用。此外，运用教学平台管理各项作业也有很多好处，比如教师能及时给学生反馈，通过数据更准确地了解学生的作业情况，帮助和监管需要帮助的学生。

这场突如其来的疫情带来史上规模最大的远程在线教育，也倒逼了传统课堂的改革。在今天这个时代，我们很难以一种教学方式满足学生多样化的要求，因为每一种教学方式都有它不可替代的优势和作用，也都能找到它所服务的同学和课堂。那么，就让我们在探索中不断积累经验、开拓创新，让技术为我们所用，为传统课堂赋能，以多样的教学方式满足学生不同层次的需要。

（作者系上海外国语大学英语学院教师孙珊珊）

中国立场　世界眼光——疫情中的网络思政课

孙志伟

作为一门具有上外特色的思政课程，"世界中国"在开设之初即确立了引导学生客观、理性、全面地以国际视野看待中国与世界的关系，读懂中国了解世界，讲好中国故事，传播好中国声音的教学宗旨。在疫情之下，中国与世界如何互动，如何更好地理解疫情之下的国际关系。依托时事，"世界中国"课程进行了诸多尝试。

一、精心筹划教学版块，分步骤进行网络教学

首先，课程组集体讨论选择 Blackboard 教学平台。一方面我们课程在原有 E-learning 平台的基础上复制教学资料、充实教学素材，尽可能做到充分发挥网络教学特色，紧贴时事，引导学生思考。另一方面课程组在原有教学体系的基础上，进一步增添相关教学视频，延续性建设将使得课程建设更加科学合理。

其次，在教研室的统一安排下，确立方案，分工合作。在学校通知我们应准备四周线上教学的基础上，教研室立足长远，对 Blackboard 平台课程进行了系统性建设，扩充了课程测验、教学课件、教学视频、思考讨论等诸多版块，借助此次契机，教研室也将着力打造、完善未来线上教学的课程体系，这也是对课程教学的一次锤炼。在材料全部完成之后，各位任课老师分别打磨自己的课程，从结构设计、课程公告、考核形式、实践安排等方面反复思考，不断从学生视角出发，筹划更加合理、更易吸收、更能起到教学效果的课程安排。

线上教学以来，教研室在遇到问题后就在微信群里讨论，各位老师一起解决，力求将课程建设和教学效果达到最佳。

二、坚持课程录播，确保授课效果

"世界中国"课程组充分发挥课程特色，与其他专业课一样，开设课程录播实践，任课老师每周录播半小时左右的若干视频，分版块、分章节地讲述课程内容。通过视频录播课程，让学生更加了解课程、融入课程学习之中。

　　同时，在每次课程录播教学后，教师也设置了相应的思考与讨论版块，鼓励学生从自身专业、生活经历出发思考中国与世界的互动关联，引导学生客观理性地看待中国与世界，也取得了相当不错的教学效果。

　　　　　　　　　　　（作者系上海外国语大学马克思主义学院教师孙志伟）

网络教学读经典　齐心协力抓思政

孙秀丽

在疫情影响下，马克思主义基本原理概论教研室积极响应学校、学院开展网络教学的号召，认真做好线上教学各项工作，确保教学有序进行。

一、群策群力，积极准备

网络教学对于我们的课程来说是一项全新的内容，在学校、学院的积极支持下，我们课程组做了一系列准备工作。在教研室主任的组织下，课程组成员对网络教学如何开展进行了认真讨论。一方面，根据网络教学的特点，教研室集体学习研究，熟悉网络平台，共同商议教学具体形式；另一方面，教研室统一研究制订了网络教学方案、教学大纲、考核形式等内容，共享了原著材料和相关教学资料，进一步充实了网络教学资源。在教研室的统一安排下，课程组成员分别形成了有针对性的具体教学内容，做好了网络模块设置、资源上传和题库创建等准备工作，为顺利开展网络教学打下扎实基础。从近一个月的网络教学实践反映来看取得了积极的成效。

二、经典阅读，思想引领

马克思主义基本原理概论这门课程旨在向学生系统讲授马克思主义的世界观和方法论，帮助学生从整体上把握马克思主义的精神实质、基本理论和方法论原则，指导学生正确地认识世界、认识社会和认识自我。由于原理本身的抽象性，如何规范地呈现马克思主义的思想，将抽象的理论贴近学生生活是课程要考虑的内容。

根据原理课的具体特点，我在进行知识讲解的同时，注重原著阅读。在开展网络教学的同时，将经典著作的电子资源上传至教学平台，方便学生阅读学习。通过引导学生阅读《巴黎手稿》《共产党宣言》等马克思、恩格斯经典著作，理解马克思主义的基本原理，把握马克思主义产生的时代语境及规范思想，帮助学生领会马克思主义的人文精神和批判精神，培养辩证思维和独立思考的能力。

同时，通过网络平台，启发学生对课程相关问题进行思考与讨论。鼓励学生通过关注时代议题和当下疫情，引导学生进行扩展性思考。在把握马克思主义当代价值的同时，更好地理解现代社会与个体生命。

（作者系上海外国语大学马克思主义学院教师孙秀丽）

超物理空间的现场教学 VS 物理空间的现场教学

赵 弢

突如其来的疫情改变了世界，改变了人们的日常生活方式，也改变了我们的教学方式。好在，互联网传播技术已经为我们预备了应对方案。网络教学从原来的辅助手段顺势成为主要教学形式。经过一个多月的在线教学实践，我个人最大的体会就是这么好的教学手段应该进一步推广普及。

一、网络直播教学效果不输于现场课堂教学

经过一个多月的教学实践，个人感觉网络直播教学有很多现场课堂教学不具备的优势。我个人使用比较多的是网络视频会议软件，用来进行直播教学。感觉使用这款软件上课同样也是"现场即时教学"，是一种超物理空间的现场教学。教学效果不输于物理空间的现场教学，甚至很多时候要好于物理空间的现场教学。使用到现在，感觉网络视频会议软件操作简便，有多种功能可供选择，方便展示教学课件，教师可以同时"出镜"讲解，也可以随时直接和学生进行互动。此外，由于网络直播教学没有物理空间现场的他者"围观"，对有些在物理空间群体中公开表达感觉紧张的同学来说，和老师在网络空间进行互动交流会更加放松，互动效果也更好一些。

在日常教学中，除了在课件中已有的引证材料外，我经常会临时发现很多新的可以用于教学的纸质引证材料。由于来不及写入课件，往常便会随身携带大量纸质材料进教室，由于分量重、体积大，经常会舍弃不少材料。然而，在自己的书房中进行在线直播授课，大量书籍等纸质材料可以随时从书架和书桌上取来，介绍并展示给学生，真正可以做到资料"信手拈来"。

二、在线授课便捷高效，有效节省时间精力

以往到教室上课，乘坐班车或使用公交工具，往往要在路上占用不少时间，精力也有所消耗。在线教学节省了通勤时间，可以有更多的时间和精力来看书，完成备课、批改作业和论文等工作。另外，从长远来看，在线教学还能够有效节省学校现场课堂教学的运行成本。凭借现代信息传输技术，凭借性能优越的

授课软件，网络在线教学和传统的教室教学，同样都是"现场"教学，只不过一种是物理空间的现场，一种是超物理空间的现场。

我们即将进入这样一个时代，即从原来传统的物理空间的现场教学为主、超物理空间的现场教学为辅的教育方式，转变为超物理空间的现场教学为主，物理空间的现场教学为辅的教育模式。因此，我们可以根据不同课程的需求和特点，有针对性地选择物理现场或超物理现场的教学方式。

（作者系上海外国语大学新闻传播学院副教授赵弢）

"停课不停教 停课不停学"——网上授课的感想

吴 瑛

为应对新冠疫情，网上授课成为全国教师的一项必备技能。随着网课的普及和有序运行，越来越多的师生在实践中体会到网上授课的有效性，并思考如何进一步优化教学效果。

经过五周的教学，我越来越感受到网上授课需要围绕教学目标全面安排教学计划，在尊重网络技术规律的基础上，设计适合学生的教学方案。对此，我设计了"录播＋直播＋作业"的模式，开展线上教学。

一、录播夯实理论，提升教学效果

为提升理论教学效果，加强主要知识点的精品化教学，我选择以录播的方式来讲授知识。将理论知识点录制成一段段视频，选用 2019 版 PPT 来进行视频录播。根据需要，可以选择老师出镜，也可以不出镜，重点是围绕知识点展开讲授。录播视频的 MP4 格式文件上传到 Blackboard 平台。

在 Blackboard 平台上，我会在每周上课前上传视频，让学生有时间开展预习。配合视频上传的材料包括：课程大纲、教师简介、PPT、电子教材、必读书目、扩展阅读书目、作业阅读文献等。尤其是对于书目和相关文献，都对应当天的视频讲授内容，让同学们在看完视频之后能直接进入阅读。

为加强录播视频的收看效果，我会在每次上课前 5 分钟在课程微信群里提醒大家，要求大家上课时间收看视频，辅以 Blackboard 后台了解学生登陆情况，如果有同学未及时登陆，就会要求课代表提醒，保证及时收看。对于不在同一时区的留学生，要求提前收看视频。

二、直播加强讨论，提升互动效果

在录播视频的基础上，我会根据课程内容的差异，保证充裕的直播讨论时间。考虑到讨论的有效性，直播讨论主要在 Zoom 平台上展开，便于分享学习资源和学生的研究设计、作业等，同时辅以微信平台。直播时间每周会提前发布在 Blackboard 平台上，学生在在线学习后，可以快速进入直播互动环节。

对于理论课，为加强理论交流和研讨，课程时间内安排直播互动，时间设定在学生们观看完视频之后，可以直接进入 Zoom 直播室进行互动研讨，保证解决当天的疑问。

对于实践课，进入 Zoom 直播室进行互动交流时，要求每位参与实践讨论的同学共享他们的实践选题、文献综述、思路框架等内容，做到有效地解决问题。

对于不在同一时区的留学生，考虑到时差等其他因素，除了 Zoom 平台直播，还开通了微信答疑，学生可以通过语音文字进行提问，并及时回复。

三、作业促进思考，师生紧密联接

充分利用网上教学平台的优势，加强作业环节。学生按时间节点提交到 Blackboard 平台上，教师及时在平台上批改反馈。

对于理论型课程，我会每周布置作业，要求学生在收看录播视频、在线直播答疑之后，完成布置的作业。作业主要围绕必读书目和扩展书目的阅读，通常设置一个问题，针对的是该书最核心的观点，或者争议点。要求学生在阅读完当周的书目之后，按照设置的截止时间，完成并提交到 Blackboard 平台上。

对于实践型课程，我会围绕实践项目的流程，要求学生在收看录播视频、在线直播答疑之后，围绕项目要求，提交项目设计、思路框架、文献阅读计划等。学生提交的内容会在后续的直播答疑互动中，修改、补充和优化。

总体而言，网上教学不仅给师生们提供了一个课堂教学之外的平台，而且优化了老师的教学设计，加强了学生的思考和实践，相信网上教学将日益发挥潜力和影响力。我也将继续学习，加强网上教学能力，提升教学效果。

（作者系上海外国语大学新闻传播学院教授吴瑛）

探寻生活中的语言学 优化云课程教学模式

王雪梅 姜 霞

　　"生活中的语言学"是一门面向全校本科生的通识教育选修课，旨在帮助学生掌握基本的语言学与应用语言学理论；运用语言学理论分析生活中的语言现象，掌握语言应用方法，成为语言生活派。我们在春季云开学时，和各位同事一样，坚持立德树人，努力运用信息技术、丰富教学资源、落实教学细节、保障教学质量。

运用信息技术，丰富教学资源

　　作为一门新开课程，我们结合线上教学特点，明确教学大纲、教材、教学评估、学生分组等内容，同时从理论结合实践角度，确定了语言与生活、语言与心理、语言与媒体、语言与科技、语言与社会、语言与文化、语言与文学、语言与教育、语言与政治、语言与经济、语言与研究等教学主题。根据教学需求，结合大学生的学习特点，补充了经典学术著作、视频、音频、期刊论文等，切实丰富教学资源。

落实教学细节，保障教学质量

　　我们四位教师自上学期以来，定期组织线上和线下集体备课，积极准备教学内容。从最初参加学校的 Blackboard 使用培训，到后来的压力测试，都认真完成。在线上教学辅助平台的选择上，分别尝试了 ClassIn、钉钉、上外企业微信、腾讯会议等，尽可能满足在线教学的多种需求。测试时，同学们都非常配合，主动帮助我们分析各平台的特点，及时沟通使用体验。线上开课后，我们及时了解学情、教情，根据学生的性别、年级、专业进行分组，引导他们进行探究式学习。课堂上，我们在授课的各环节与同学们展开交流，随时了解他们对课程内容的反馈，引发其思考，课后通过微信群加强交流，克服线上教学互动不足的局限性。

坚持立德树人，做到学用结合

我们强调学生在学习过程中的主体参与和深度体验，让他们在自主参与中建构语言知识，体验学习乐趣。在课程中融入"思政"元素，引领学生在掌握语言知识的同时，培养严谨的科学精神，正确的语言学习观、价值观、语言服务观和积极的学习态度。授课伊始，我们运用丰富的实例，诠释了语言服务的概念与功能，同时引导学生结合所学理论，就以下问题进行思考："从语言服务角度，大学生可以为防疫做什么？"请学生条理清晰地阐述自己的观点，同时上传音频作为过程评价的一部分。令人欣喜的是，我们的 SISUer 作为新时代的大学生，有着自己深入的思考。他们有的强调了多语翻译的重要性，有的提出应从技术、工具和使用三个方面为防疫做出贡献，有的倡导语言抚慰与方言服务，有的结合自己做志愿者的经历建议提供语言支持与语言服务。这些观点令人感到欣慰和骄傲。

线上教学既是挑战，也是机遇。我们将不断积累经验，做好云教学工作。当然，更期待疫情尽快结束，与各位同事和同学变"云相见"为"真相聚"。

（作者系上海外国语大学教务处副处长、教授王雪梅；国际教育学院教师姜霞）

外教论教篇

编者按： 根据教育部和上海市有关会议文件精神，结合疫情防控和教学实际情况，保障"停课不停学、停课不停教"，经前期精心准备和严格测试，我校于 2020 年 3 月 2 日正式开始线上授课。线上授课期间，我们邀请教学督导、任课教师和学生就线上教学的心得体会撰写文章，通过"SISU 论教"栏目报道推出，与广大师生交流分享，本篇为外教论教篇。

共克时艰　跨越国界——外教的线上教学风采（一）

钱琴　吕玢

　　一场突如其来的疫情打破了人们的正常生活，打破了原有的线下教学的计划，拦住了师生们归国回沪返校的脚步，但是无法阻拦学生们对知识的渴望和教师们传道授业的意愿，在 2020 年春季学期俄罗斯东欧中亚学院的近百门课程中，有 26 门本硕博课程是由 8 名外教承担的，这些外教多数在寒假期间回到了自己的祖国，原计划在 2 月中下旬正常开课后返回中国，开始新学期的课程。但是面临新型冠状病毒引起的新情况，外教们以大局为重，听从学校的安排，暂缓了回中国的步伐，同时开始了线上授课。他们跨越时空限制，克服时差困难，积极准备网课，准时打开屏幕，面对着一张张渴望知识的脸庞，保质保量地向学生们传授知识。

俄语外教 Maxim Shishkov

　　Здравствуйте! Конечно, разница в часовых поясах - это проблема, но все же очень хорошо, что современные технологии позволяют нам проводить занятия: студенты и преподаватели могут подключаться к занятиям из дома и не только читать материалы и выполнять письменные задания и тесты в Blackboard, но и участвовать в интерактивных уроках в системе ClassIn. Живые уроки такие занятия не заменят, поэтому с нетерпением жду, когда мы все вернёмся в Шанхай и встретимся в нашем университете. Чтобы рано встать на занятия, я ставлю несколько будильников :) И сплю после занятий :) Студентам и преподавателям хочу пожелать стойкости в борьбе с новым коронавирусом: берегите себя, следите за своим самочувствием и выполняйте официальные рекомендации. Только совместными усилиями получится победить эпидемию!

　　确实存在时差的问题，但目前一切还属正常，现代技术可以让我们很好地上课：学生和教师可以在家里上网课，不仅可以在 Blackboard 上阅读材料，完成笔头作业和各种测试，还可以在 ClassIn 系统上直播网课。但线下的课程肯定不能完全被网课取代，所以我期待着大家都能回到上海，在学校里面对面授课。现在为了早起给同学们上课，我设置了几个闹钟，然后课后再补觉。我希望老师和学生们能够坚持对抗新冠疫情：照顾好自己，关注自己的身体健康状况，并遵循官方的建议。只有共同努力，我们才能战胜这次疫情！

波兰语外教 Tomasz Ewertowski

Przed rozpoczęciem nowego semestru miałem duże obawy, myślałem, że nauczanie online nie będzie wydajne. Na szczęście już pierwszy dzień zajęć rozwiał moje wątpliwości. Oczywiście brakuje rzeczywistego kontaktu ze studentami i pewne typy aktywności są niemożliwe do przeprowadzenia podczas lekcji w sieci, ale ogólnie rzecz biorąc, nauczanie przy pomocy platform Blackboard i ClassIn jest bardzo efektywne. Dzięki Blackboard łatwo mogę przekazać materiały studentom, ponadto mogą oni oglądać nagrania, by powtórzyć to, czego nauczyli się na zajęciach. ClassIndziała wspaniale, rozmawiamy, piszemy, oglądamy filmiki, słuchamy nagrań, wszystko odbywa się tak, jakbyśmy siedzieli razem przy stole.

Razem z innymi nauczycielami przeprowadzamy konferencje online i ciężko pracujemy, by przygotować ciekawe i przydatne zajęcia dla studentów. Czekam oczywiście na rozpoczęcie normalnych zajęć, ale już nie martwię się, że z powodu epidemii ucierpi edukacja studentów. Jestem bardzo wdzięczny wszystkim pracownikom administracyjnym i technicznym, że dzięki ich wysiłkom mam komfortowe warunki pracy w tym trudnym czasie.

在新学期开始之前我心中也曾有过一些疑问和担心，主要是担心线上教学是否能保证教学效果。然而第一天上课我的所有担忧就都瞬间化解，尽管没有真正地与学生进行面对面的交流，有一些教学活动只通过互联网开展起来有一定难度，但是总体来说，在 Blackboard 线上教学平台和 ClassIn 直播的辅助下，课程开展得有声有色，教学效果非常好。通过 Blackboard 平台我可以和学生共享教学资料、音频视频，而 ClassIn 更是让我们的课程如在真实课堂中一样交流、书写、观看视频、听录音，完美的功能一下就拉近了我们的距离。

我和我们专业的其他两位老师一起进行电话会议，针对教学进行讨论，一起辛苦地备课，准备实用的资料，设计丰富有趣、内容新颖的课堂活动，为的就是给学生打造最好的网络学习课堂。我依然期待着能够在校园里再次见到大家，但是我已不再有任何关于疫情是否会影响学生学习的疑虑。非常感谢学校决策部门、行政工作人员，特别是技术团队在这一特殊时期付出的努力，正是你们让我们的线上学习变得如此便利。

波兰语外教 Jagna Malejka

Za nami dwa tygodnie wytężonej pracy online na SISU! Korzystamy z platform: Blackboard, ClassIn i WeChat. Prowadzę zajęcia na 3 roku polonistyki: polski zaawansowany i zajęcia audiowizualne. Przygotowania zajęły mi bardzo dużo czasu, bo nigdy nie uczyłam online, obawiałam się, czy nie będę miała problemów technicznych, ale wszystko idzie sprawnie i bez problemów. Platformy zostały świetnie przygotowane. Studentki są zadowolone, a nasz kontakt jest bardzo dobry. Martwiłam się, że na odległość nie będzie poczucia wspólnoty i kontaktu emocjonalnego. Ale wszystkie staramy się bardzo, aby ten czas był dla nas owocny, a poziom języka polskiego się podnosił.

Razem z kolegami polonistami ciężko pracujemy nad tym, aby nasze treści programowe się uzupełniały a studentki miały kompletny i wartościowy program. Po każdych zajęciach zdajemy sobie nawzajem relację, a raz w tygodniu prowadzimy wideokonferencję, w czasie której szczegółowo dzielimy się doświadczeniami z minionego tygodnia.

Dziękuję władzom SISU i wszystkim informatykom za ich wysiłek, odpowiedzialność i wspaniałą organizację programu szkoleniowego online!

上海外国语大学的线上教学工作已经紧张有序地开展了两个星期，我们主要使用 Blackboard、ClassIn 直播和微信线下沟通作为教学平台。我所教授的课程是波兰语专业三年级的高级波兰语和波兰语视听说两门课程。我投入了大量时间和精力用来备课和准备教学资料。之前我从未进行过线上教学，所以多多少少有些紧张，也担心过是否会出现技术问题等。然而当教学正式开始时，一切都进行得非常顺利，与学生的沟通也无比顺畅。我曾担心过，距离是否会阻隔我们之间的情感交流，然而通过我们所有人的努力，这段时间一定会成为我们宝贵的经历，我们也会珍惜时间，获得更多的进步，令学生们的波兰语水平有质的飞跃。

我和波兰语专业的同事们一起开展线上备课工作，这一工作并不轻松，但是我们这样做就是为了能给我们的学生制订一个全面、丰富的学习计划。我们在每一节课下课后，都会通过网络相互交流课堂情况，每周我们还会进行一次电话/视频会议，交流经验，分享成果，并对本周的工作进行总结。

对此我还想向上外的领导和技术团队表示感谢，正是他们的努力、负责和高效的组织能力，让我们的线上教学工作开展得如此顺利！

乌兹别克语外教 Mardon Rakhmatov

Meni elektron vositalar orqali dars o'tish darsga tajribam yo'q edi. Shuning uchun talabalarga onlayn dars o'tish meni ko'p o'ylantirdi. Lekin BB platformasida dars o'tish bo'yicha tashkil qilingan kurslardan o'tganimdan keyin masofadan dars o'tish men o'ylaganchalik qiyin emasligini tushundim va dars o'tish mashqlarini egallashga qaror qildim.

Hozir men O'zbek tili yo'nalishi talabalariga "O'zbek tili asoslari IV", "Audio-vizual darslar II", va "O'zbekiston jamiyati va madaniyati" fanlari bo'yicha onlayn dars o'tyapman. Ish jarayonida yuzaga kelayotgan mummolarni mutaxassislar va tajribali ustozlar yordamida hal qilib boryapman.

Asosiy o'quv materiallarini BB platformasiga joylagan holda onlayn darslarni DingTalk dasturida o'tyapman. Men uchun har ikkala dastur juda qulay, o'zimni xuddi auditoriyada dars o'tganday sezaman. Talabalarning fikricha, bu dars usuli ularga ham juda qulay, muamolar yo'q. Men kelajakda o'zimni boshqa dars o'tish dasturlari, jumladan, "ClassIn" tizimida ham dars o'tishni ham sinab ko'rmoqchiman.

Men o'ylaymanki, elektron tizimda dars o'tish yuzasidan egallagan tajribalarimni keyingi pedagoglik faoliyatimda ham samarali qo'llashim mumkin.

Rahmatov Mardon,

O'zbek tili ta'limi yo'nalishi

我没有通过网络教学的经验，所以为了给学生们上课，我思考了很多。但是在 Blackboard 平台上完成了几次在线课堂的学习后，我意识到远程学习并不像我想象中的那样困难，我决定练习在线上课的方法。

现在，我通过在线课程教授学生们"基础乌兹别克语Ⅳ""乌兹别克语视听说Ⅱ"以及"乌兹别克斯坦社会与文化"相关课程。在教学过程中出现的问题可以在专家和经验丰富的老师的帮助下得到解决。

主要的教学资料我会上传到 Blackboard 平台上，在线课堂在钉钉平台上进行，这两个步骤对我来说都很便利，我感觉我就像在教室里面对大家上课一样。据学生们反映，这样的上课方式对他们来说也很便利，将来我还打算在 ClassIn 等平台上，进行在线课堂的测试。

我认为，我应把在线教学中得到的经验有效运用到我以后的教学生涯中。

（编者：上海外国语大学俄罗斯东欧中亚学院教师钱琴、吕玢）

共克时艰　跨越国界——外教的线上教学风采（二）

钱琴　吕玢

　　一场突如其来的疫情打破了原有的线下教学的计划，拦住了师生们归国回沪返校的脚步，但是无法阻拦学生们对知识的渴望和教师们传道授业的意愿。外教们以大局为重，听从学校的安排，暂缓了回中国的步伐，同时开始了线上授课。

塞尔维亚语外教 Ema Uzejrovic

　　Pre nego što je novi semestar počeo, jako sam se brinula zbog novonastale situacije i mogućnosti odlaganja školske godine. Naši studenti su studenti prve godine i jako je bitno da uče jezik u kontinuitetu, a posebno jezik koji im je tako stran. Na sreću, fakultet nam je omogućio opciju da držimo online časove preko nekoliko platformi, a ja sam izbrala dve – Blackboard i ClassIn. Naime, iako većina profesora nije koristila ove platforme pre toga i iako je nam je to verovatno svima predstavljalo izazov, ja sam obećala da ću dati sve od sebe da svojim studentima omogućim što bolje uslove za dalji napredak.

　　Posle detaljnog treninga i pomoći oko korišćenja online platformi, sve je došlo na svoje mesto. Blackboard je odlična platforma koju najviše koristim za zadavanje domaćih zadataka, kao i za postavljanje novih materijala za nastavu, koje studenti mogu da koriste i downloaduju pre predavanja. S druge strane, ClassIn je platforma preko koje držim časove. Ima odlične funkcije i uspevam da postignem sve sa svojim studentima, kao što bih to uspela i u pravoj učionici. Ja se trudim da svakog časa pružim što više prilika svojim studentima za pojedinačno izlaganje i napredak, i jako sam zahvalna našem fakultetu što nam je omogućio da preko ovih platformi to i postignemo.

　　Iako nismo u učionici, iako smo udaljeni hiljadama kilometara, kada je vreme za čas, sve prepreke nestaju i razlika se skoro i ne primećuje.

　　Stoga još jednom želim da se zahvalim svima, a najviše našem fakultetu, što nam je omogućio priliku da i u teškim trenucima nastavimo sa radom i učenjem, i da bar na kratko zaboravimo na to što se dešava oko nas i fokusiramo na ono što je bitno i što nam svima donosi sreću i zadovoljstvo. Takođe želim da se zahvalim mojim studentima koji vredno rade i uče i koji ne gube motivaciju nijednog trenutka. Oni čine moj posao dosta lakšim i neiscrpna su mi snaga energije.

Ovo je još jedan dokaz da se zajedničkim radom i trudom sve može pobediti!

新学期开始之前，对于突发情况与教学可能的推迟我还是十分担心。我们的学生尚处于一年级，不间断地学习语言十分必要，尤其是一门全新的外语。幸运的是，学校给我们提供了多平台在线教学的选择，我选择了其中两个，Blackboard 与 ClassIn，尽管绝大多数老师此前都没有使用过这些平台，甚至对于我们来说有可能是个挑战，我还是决定努力为自己的学生创造更好的学习条件而进一步学习。

得益于在线平台的使用和细致的培训，一切都按部就班，Blackboard 是一个非常好的平台，我经常用来布置家庭作业，上传新的教学讲义，以便学生可以课前下载使用。另一方面，ClassIn 平台主要用来直播授课，功能十分出色，我可以直接面对所有学生，仿佛置身于真正的教室里。我每节课都努力为学生提供更多的机会来接触并提升自我，非常感谢学校让我们可以借此平台实现目标。

尽管我们不在教室，相隔万里，但上课时间一到，一切障碍都消失了，没有任何明显差异。因此我想再次感谢所有人，尤其是我们的学校，危急时刻为我们提供机会继续工作学习，我们也几乎忘记了周围所发生的事情，而更关注于重点，如何为我们每一位带来欢乐与满足。此外我也想感谢此时此刻仍然不忘初心努力学习的学生们，是他们让我的工作更加容易，让我有充沛的精力。

这也更加证明，共同努力工作可以战胜一切。

俄语外教 Gunsema Badueva

Новый семестр начался в необычных условиях – мы проводим занятия онлайн. Конечно, уроки в аудитории, когда идет живое общение преподавателя со студентами, и по интернету на большом расстоянии отличаются. Но все учащиеся ответственно подходят к учебному процессу и старательно занимаются, что меня радует. В Blackboard есть возможность использовать учебные материалы, в Tencent Meeting- взаимодействовать в режиме реального времени. Несмотря на новые условия (здесь вполне применимо слово «вызовы», столь любимое нашими студентами), учебный процесс не останавливается, и это самое главное в настоящий момент.

Я верю, что вирус скоро будет побежден и мы встретимся в университете. Берегите себя и близких!

我们在不寻常的时期迎来了新学期——开展在线教学。在教室授课，老师和学生的面对面交流和远距离的在线教学有着很大的差别。但是所有学生认真负责地对待教学进程，也在很努力地学习，这让我很是欣慰。在 Blackboard 平台可以使用教学材料，在腾讯会议则可以实现实时交互。尽管在新的条件下（这里学生们喜爱的"挑战"一词完全可以适用），教学进程不会停止，这是目前最主要的任务。

我相信，我们很快可以战胜病毒，在校园里重逢。照顾好自己和亲人们！

匈牙利语外教 Gabriella Hegedus

A koronavírus járvány kihívás elé állított mindenkit. A SISU megszervezte az online oktatás kereteit, a diákok új platformokat próbáltak ki, az oktatók pedig elkezdték megtervezni, hogyan is működhet továBB hatékonyan az, amit eddig személyesen valósítottak meg a hallgatóikkal.

Meg kellett határozni a célokat. Beszédfejlesztés, a kiejtés fejlesztése, a célnyelv használata az óra utolsó percéig – mindez természetes egy átlagos, tantermi nyelvórán, nem úgy az online térben. A programok egyes funkcióinak használatát még én is csak tanulom, és mivel kezdő csoport óráit tartom, így elsőként az okozott nehézséget, hogy magyarul tudjuk megvitatni, mi működik és mi nem. Az azonban már az elejétől látszódott, hogy ez a generáció már otthonosan mozog az online platformok között (egy időben töBB alkalmazást is hatékonyan használ), éppen ezért a digitális megoldásokra, hogy egy-egy óra célja miképp is megvalósítható, kiváló javaslataik voltak. Ilyen az, amikor a diákok is fogják a tanár kezét.

Annak érdekében, hogy a diákok önálló munkájuk során ne csak olvassanak vagy írjanak, felolvasott anyagokat és párbeszédeket is kérek tőlük, amiket Wechat-en küldenek el nekem. Hogy helyesen sajátítsák el egy-egy Kultúra óra új szókincsét, a prezentációk szövegét felolvasott formában is megkapják. A tartalommal kapcsolatban folyamatosan kapok visszajelzéseket, kérdéseket, ami nagyban megkönnyíti a munkát.

Az elsőéves diákok beszámolóit a téli szünetben is olvashattam. Hogy ne felejtsék el az előző félév során megszerzett tudást, minden héten küldtek egy rövid fogalmazást arról, hogyan telik a napjuk, egy hetük. A negyedéves diákok pedig Wechat-en írták le magyarul gondolataikat. Számomra ezek az írások tették az addig csak hírekből ismerős járványhelyzetet személyes élménnyé. Remélem, mihamaraBB folytathatjuk a közös tanulást élőben is.

新冠疫情让每个人都经历前所未有的挑战。上外组织开设了线上教学，学生们都在尝试新的学习平台，而老师们则尽自己所能探索高效的教学方法，力求达到当面教学的效果。

我们需要明确目标，珍惜课堂每一分每一秒进行口语训练，发音练习以及口语实践，这一切都犹如发生在现实的教室里，而不只是网络中，尽管线上教学平台的功能我也还在不断探索中。由于目前我的授课对象主要是一年级新生，他们都还是匈牙利语的初学者，所以对于我来说课上要尽可能只用匈牙利语教学也是巨大的挑战。幸运的是，这个年龄段的学生们似乎对于线上学习平台都比较熟悉（他们可以同时熟练地使用多个直播软件进行学习），他们根据每一门课的学习目标为我推荐了合适的直播平台，我们收获了不错的学习效果。就这样，学生和老师手拉手共克难关。

为了保证学生们获得丰富多样的口语训练机会，他们不仅独立完成阅读和写作练习，我还要求他们组队朗读课文对话以及小组进行自由对话等，并将录音通过微信发送给我。在匈牙利历史和文化课上，为了让学生们更好地掌握生词以及其他内容，我朗诵演讲内容，并请学生重复。我也不断从学生处收集关于课程的反馈和问题，这些都给我的工作提供了不少帮助。

寒假期间就曾要求大一学生定期写作文，而现在为了让他们不忘记上学期已经学过的内容，我要求他们每周写一篇短文，描述自己上周发生的事情。大四学生则主要通过微信沟通。以上所写都是本人在此次疫情中的亲身感受。我希望疫情能快点过去，我和学生们能尽早迎来真实的线下课堂！

捷克语外教 Anna Wagnerova

První semestr dávno úspěšně skončil a studentům i učitelům začalo zasloužené měsíční volno. Avšak již během prázdnin se začaly objevovat některé znepokojivé zprávy a ke konci dovolené bylo jasno: do Šanghaje se prozatím nevrátíme. A hned potom: letní semestr začne online výukou.

Pro mnoho z nás je to úplně nová zkušenost. Převést během krátkého času všechny předměty do online podoby je jistě výzva, obzvlášť pokud jde o výuku jazyků. Navíc všechny naše učebnice a další knihy zůstaly v Šanghaji.

Mě tato zpráva zastihla v jihovýchodní Asii, na cestách, jen se základním vybavením (díky bohu za něj!), ale i tak se to zatím daří zvládnout. Naštěstí máme některé knihy elektronicky a některé další zdroje jsou dostupné na internetu. Také si hodně pomáháme s kolegyní Janou - posíláme si na dálku, co je potřeba.

Museli jsme se naučit pracovat s novými programy. Blackboard vypadal ze začátku složitě, ale teď už jsme se v něm zorientovali a je to pro nás dobrý nástroj. ClassIn je skvělý! Je interaktivní a intuitivní, zkrátka velmi dobře se v něm pracuje.

Učení přes internet je pro všechny celkem náročné. Pro učitele to znamená hodně přípravy a následného opravování studentských prací; také je potřeba všechno nastavit, aby to fungovalo. Pro studenty je pak náročné celý den sledovat výuku přes počítač. Může se stát, že občas někomu nefunguje připojení nebo se něco zrovna nepodaří zobrazit. Zároveň online výuka nemůže zcela nahradit konverzaci tváří v tvář a společnou práci ve skupinách.

Na druhou stranu online vyučování nám dává i některé nové možnosti: můžeme snadno překonat vzdálenost. Výuka je dostupná i pro studenty, kteří se třeba ten den necítí dobře. Také se nestane, že by někdo zapomněl svůj úkol doma. Máme rychlý přístup ke zdrojům, můžeme si snadno sdílet zajímavé články, zadávání úkolů a jejich hodnocení je jasné a přehledné.

Máme pro tento semestr také několik nových projektů - například studentské deníky. Také se našim studentům v systému každý den objeví jedna strana komiksu, který si mohou číst kdykoli během týdne.

Ačkoliv současná výuka je pro všechny nezvyklá a často náročná, věřím, že všichni děláme maximum pro to, aby to fungovalo. Je to čas, kdy se všichni učíme přizpůsobit novým podmínkám.

第一学期在不久前圆满地结束了，老师们和学生们如期迎来了假日。虽然假期中就开始有一些令人不安的消息，到假期将尽时终于获得确认：我们暂时无法返回上海。紧接着，第二学期以网课的形式拉开序幕。

对于我们中的大多数人来说，这是一次全新的体验。在短时间内将所有科目转化成线上的形式无疑是项挑战，尤其是（我们教的）语言课。而且我所有的课本和资料都留在了上海。

我在东南亚旅游期间得到了这个消息，只随身携带了最基本的设备（幸亏如此），但是目前一切都在掌握之中。还好我有一些电子版的教材，另外一些在网上也能找到资源。我和中国的同事互相帮助，远程共享需要的材料。

我们得学会使用新的软件。刚开始的时候，Blackboard 平台看起来挺复杂的，但是现在我已经可以熟练使用它了，这个工具还不错。ClassIn 很棒，可以互动，特别好用。

网上教学对大家提出了更高的要求。对于老师们来说，这意味着将迎来更多的准备工作和作业批改，还需要把所有东西都调试好备用。对于学生们来说，则是要一整天都对着电脑浏览信息。有时候，可能会发生某个人网络连接断开或者显示不出画面的情况。同时，网络授课无法完全代替面对面交流，也实现不了小组作业。

不过网课也给我们带来一些新的可能：我们可以轻易克服距离的限制。不耽误那些上课当天身体不适的学生，也不会有学生的作业忘带了的情况。我们能够很快地接收课件，轻而易举地分享有趣的文章、布置作业，作业的反馈也清晰透明。

这学期我给学生布置了新的作业项目，比如学生日记。还有在系统里上传的每天一页的原文漫画，学生可在本周的任何时间完成阅读。

虽然大家都没有完全习惯目前的上课方式，也时有状况发生，但我相信所有人都在尽最大的努力让它正常进行。这正是大家学习如何适应新环境的时候。

（编者：上海外国语大学俄罗斯东欧中亚学院教师钱琴、吕玢）

穿越时差相遇在"云"端授课　外教老师们各有"绝招"

东方语学院

　　线上开学已近三周时间，同学们的在线学习也逐步走上正轨。面对新的教学形式，为数众多的上外东方语学院外教老师们为了和大家"云"相遇，克服了哪些困难，有哪些心得体会？本期推送，让我们走进这群可敬可亲的外教们。

　　外语专业课程的在线教学，对老师们都提出了很高的要求。为了实现更好的教学效果，很多老师都选择了直播授课，外教们也不例外。

　　埃及时间凌晨2:15，阿拉伯语专业外教马晓宇（Muhammad）在家里打开电脑，准备给二年级同学上阿拉伯语会话课。作为阿拉伯语专业的外教，马晓宇从上外博士毕业后选择留校继续执教，因为他授课认真、教学方式多样，很受同学们的欢迎。这学期，他承担了4门本科生课程（口译、会话）和1门研究生课程（阿拉伯语口译）。由于课程特殊需要，为了保证授课效果，他坚持通过课程平台直播授课。因为埃及和中国之间的时差，他经常在凌晨2点给学生上课，上午10点多下课。当被问到如何克服这种困难，马晓宇笑着回答说：

　　"因为心中有一种'爱'，'爱中国、爱上外、爱学生'；这份特殊的感情和牵挂，让我从寒冷天气起床，让我期待每一次上课，让我坚持要给学生一种'力量'。那力量让我们能聚沙成塔，我们不会知难而退，我们要携手向前，共克时艰。"

　　波斯语专业外教Zolfagari本学期教授的课程是波斯语专业文学史。虽身处重灾区伊朗德黑兰，但他仍然心系万里之外的上外学子。由于德黑兰与中国有四个半小时的时差，Zolfagari老师需要在早上五点起来准备上课。谈及线上授课，他认为这是目前情况下最方便且实用的学习方法，并鼓励同学们努力保持学习的精神状态，"我想用自己的经历证明，没有什么可以影响我们的教与学"。据波斯语专业刘慧老师介绍，Zolfagari是伊朗的波斯语言文学教育领域知名教授，担任伊朗波斯语言文学学院波斯语教学部主任，撰写不少波斯语言文学的教材，所以能请到他上文学史和写作课，对这批本科生来说是非常珍贵的机会。波斯语的老师和研究生也经常进入他的课堂听课学习。Zolfagari老师在教学中也保持着一名学者所拥有的严谨态度，他对学生的学习要求比较高，尤其看重学生们课后任务的完成度，严谨认真的态度非常值得我们学习。

美国当地时间每周二凌晨 4 点半至 6 点半，希伯来语专业外教 Zvi Septimus 会通过 Blackboard 平台和 ClassIn 直播，给全校选课学生上"电影中的犹太智慧故事"公选课。每次课前，他会准备几个短片，把链接、犹太经典中的故事原文和影片中的对话原文放在平台上，要求学生课前预习。在课上，他会讲解影片的相关背景并与学生讨论，鼓励学生有不同的理解和想法。

同样，身处于德国的外教 Fred 老师也用自己的方式，温暖着 7 个时区之外的斯瓦希里语专业学子。他通过 ClassIn 课堂和 Blackboard 平台的课程讨论区，让同学们记录自己的日常生活，并定期检查、改正同学们的语法错误，有效提升同学们对于斯瓦希里文章写作的兴趣。在日常的口语练习中，他要求同学们用斯瓦希里语介绍身体状况和家乡的防疫进展，让大家在练习口语的同时，又了解基本的抗疫知识。

在本学期的在线课程中，部分课程采取中教＋外教组合方式授课，中外教师的合作相得益彰，取得了"1+1>2"的效果。

来自越南的 Bùi Thị Tiệp 老师本学期负责越南语口译和越南语文学史这两门课程，其中，越南语口译课是她和卢珏璇两位老师联合授课。谈到自己的这位搭档，卢老师认为，外教的中文很好，在中越文互译的联系中对同学们的帮助很大。两位老师都会为口译课做好备课，并加入了《习近平谈治国理政》的内容和每周时政听译，受到了同学们的喜爱。

越南语专业夏莉同学认为，网上授课的课堂内容非常丰富，效果也很棒。"在外教老师的汉越口译课上，老师引导我们进行速记和信息处理。同学们热情都很高，非常踊跃。"老师在课上还准备了很多有趣新鲜的视听材料，比如与新冠疫情中各地支援武汉相关的"主播说联播"，内容很生动也很接地气。同学们在口译视频内容中学到了很多热词，比如"云买单"的表达，非常有趣。总体而言，外教老师多样丰富的教学形式很好地充实了课堂内容，使得网课的形式也发挥出了特有的优势，大家收获颇丰。

Sarvenaz 老师目前教授的是波斯语专业一年级的口语课程和三年级的视听说课程。当被问到网络教学的体验，Sarvenaz 老师坦诚地说道，起初，她确实担心在网络上与学生们交流要比在现实课堂中困难很多。但事实上，她认为目前为止线上课堂质量都非常高，她很高兴看到学生们都积极地在课堂上互动，这让她非常欣慰。一同参与到波斯语口语课堂中的王振容老师认为，在无法恢复线下课程的情况下，口语、视听说这类以听说为主的课程是可以通过线上课完成的。"听力"的部分通过网络播放，学生们的思想更加集中，不受外界干扰，解决了平时教学中听力练习易受环境限制的问题，而且授课内容可以回听，可以起到较好的巩固作用。

希伯来语专业语法课和口语课的教师 Guy Sharett，在教师工作之外他同时也是一个介绍"街头希伯来语"（Streetwise Hebrew）网站的作者。在与学生的交流中，Guy 老师经常向学生普及希伯来语的日常用语与背后的文化故事。在授课中，他常常为学生传播正能量，每节课他都会以 רואי תזוקנ（字面意思"光点"，指生活中美好的小事）这个话题开始，每个同学都要分享一些最近生活中发生的开心事，可能就是像"我昨天看到了一只特别美的小鸟"或"我吃了块超级好吃的巧克力！"这样的生活小片段，通过分享既锻炼了同学们的口语水平，对大家也是一种心理放松。希伯来语专业杨露老师认为，Guy 老师作为外教，在口语课程中发挥的作用是不可替代的。除精读课上学习书面语以外，这门口语课能让同学们了解日常生活，尤其是年轻人的文化圈子，可谓最 IN 的课程。

在线授课既是一种挑战，也是一次机遇。为了进一步提高教学效果，外教老师们花了不少心思，在这场"在线大比拼"中"各显神通"。

住在泰国清迈的蔡鹏宇老师本学期教授泰语专业一年级和三年级的精读和视听说课程。新颖的网上授课模式与良好的师生间的交流互动给同学们留下了深刻的印象。

泰语专业的郑琦同学用"地道"一词形容蔡老师的课程——其中让她印象特别深的一点，是蔡老师很重视怎样让一门语言真正做到"活学活用"。他经常给学生们介绍一些泰国的文化，利用互联网教学优势向学生们展示泰国特色的物品和食物的图片，并与课文单词结合起来学习，增加课堂趣味性，充分发挥了线上教学的优势。在疫情特殊时期，蔡老师很担心学生们的语言遗忘程度，所以让学生们线上朗读课文，帮助学生们复习知识点。为了适应线上教学模式，他会采取造句等多种方式进行测试，灵活变通，也有效保证了教学质量。

由于刚来到学校不久，土耳其语专业外教 Abdullah Arslan 寒假期间选择住在上海。Arslan 老师原本所开设的课程是"土耳其语会话"，他充分利用微信群和 Blackboard 平台进行线上教学。

面对土耳其语专业的大一学生，考虑到同学们还不能完全地适应全土耳其语的教学环境，土耳其语外教 Arslan 老师尽量做到平时与学生们用土耳其语交流，遇到需要解释的地方时就改用英语说明。在与老师磨合的过程中，同学们也逐渐适应了他的教学方式。而他的努力也获得了学生们的认可，"在 Blackboard 平台上我们提出的问题外教都会耐心解答，作业练习也会认真批改并将错误及时反馈给我们。"一名学生给予了积极的评价。

在课堂之外，Arslan 老师也在课外努力为学生寻找学习资源，激发同学们对语言学习的兴趣。一次课后，他专门与学生们分享了一首涉及当堂语法知识点的歌曲。此外，他还在平台上上传了多部土耳其语电影，供学生们学习观看。

阿拉伯语外教 Sahar ShuBBa 老师本学期教授三年级的阿拉伯文学和写作课程。她表示，线上教学是特殊时期一项非常有用的措施，并且在将来也有很好的应用前景，能够辅助同学们的日常学习。她希望，同学们在特殊时期也能够坚持认真学习阿拉伯语，并充分利用身边的电子学习工具和其他学习工具。阿拉伯语专业的边行健同学认为，线上授课没有对学习造成过多的不便，在课上大家像往常一样积极讨论，还可以一起在"云端"朗诵阿拉伯诗歌，感受阿拉伯文学的魅力。

教授口语课的朝鲜语专业外教李润京老师则认为，"虽说语言教学可能更多需要课堂上的互动，但我相信同学们的自制力和学习能力，作为老师，我也会尽心尽力把课上好"。朝鲜语专业的一名同学认为，线上进行朝鲜语口语课，虽不像线下那样能够与老师进行互动，但老师准备的资料非常详实，视频可以回放，有利于自己把握学习的节奏。李润京老师也特意为同学们准备了一段音频。

在这次的线上教学中，每位老师都付出了非常多的精力。他们心中有学生，教学有重点，只为了能带给同学们更佳的学习体验。在国外疫情逐渐蔓延的当下，外教老师们依然没有落下学生们一节网课，想尽办法克服线上教学的困难，通过创新手段、丰富素材努力提高教学效果。相信东方语学院学子能感受到这种态度和温度，也更期待，在春暖花开、病毒消散之时，大家再次相聚在美丽的校园。

（编者：上海外国语大学东方语学院师生）

面对困难　坚持学习

Claudio Senni　王辉宁 译

线上教学已经开展了四周的时间了，在这一个月中，卓越学院的外籍教师们也积极使用各种网络教学平台，努力给同学们呈现最佳的课堂效果。卓越学院拉丁语任课教师 Claudio Senni 身在疫情较为严重的意大利，他克服困难，学习了多种线上教学工具，每周给同学们带来精彩的拉丁语线上课程。今天，我们来听听 Claudio 教授的线上教学感悟。

Online Teaching: Some Considerations

在线教学的一些思考

I taught in the past online for a few years in a master's degree at the University of Rome TRE in Rome in Italy. It was a very interesting experience, but the course was a specialization course for young professors, a very different audience.

我曾经在意大利罗马的罗马 TRE 大学（University of Rome TRE）开设过网络课程。那次经历很有趣，但当时的那些课程是针对年轻的教授们，受众非常不同（不是学生们）。

The online teaching experience proposed by SISU is partly very different. First of all, the context is different. We are in an emergency situation caused by the spread of COVID-19, we are all very concerned, but rightly we must resist and deal with the situation with courage. I am moved to see my students appear with their serene faces on the virtual "Blackboard". I am pleased to see that, despite the right concern, they are ready to continue studying with commitment and punctuality. Training to use the Blackboard platform was proposed on time. I overcame all perplexity because I have always believed in life long learning. I do not have the speed of a young person, but I have tried to acquire the basic skills, aware of the many educational opportunities offered by the platform.

这次在上外的教学经历很不一样。首先，背景不一样。我们都处在因新冠疫情爆发的紧急情况中，我们都很担心，但是我们必须控制情绪并勇敢地面对它。在平台上看到学生们的面容，让我很感动。我很高兴地看到，虽然大家都有些担心，但都能够继续准时认真参与学习。学校也及时进行了 Blackboard 平台使用的培训。我克服了重重困难，因为我一直相信人要终身学习。我没有年轻人那么快的速度，但是我尝试着掌握了基本的技能，也熟悉了平台提供的多样的教学方式和机会。

The first month has elapsed. Teaching face to face is obviously different, you have all the students in front of you, you can speak with an immediate interview. However, I have noticed that even online I can interact with students. Some, perhaps out of shyness, have difficulty intervening spontaneously, but if I always invite them, they usually try to respond. I always encourage them because they shouldn't be afraid of making mistakes. Errando discitur, the Latins said, "with mistakes we learn."

第一个月已经过去了。相比于在线授课，当面授课肯定是不一样的，学生都在老师面前，可以即时交流。然而我注意到，即使是在线教学，我也可以和学生互动。可能是因为害羞，有些同学不会主动与我交流，但是如果我请他们回答问题，他们都会试着回答。我总是鼓励他们，因为他们不需要担心出错。正如拉丁语中的一句话，Errando discitur（我们在错误中学习）。

What are some of the challenges I've encountered in online teaching? First of all the organization of the material. Students need the teacher's explanation, but they must have the supporting material that needs to be prepared with care and must be uploaded on Blackboard every week. This requires a lot of work at home and sometimes the speed of loading the material depends on the connection. By the way, I'm in Italy right now. Luckily staying at home I have my books, I can print, make photocopies, create PDFs, but in this period, due to the emergency, I can leave the house only for reasons of necessity and all the shops are closed, except those that are necessary. Never mind. When I enter the virtual class, ClassIn, I forget everything. On the screen of my computer, the faces of the students appear to whom we must convey that in life we have to face trials with courage, but we must also be aware of our fragility. This is the strength that we must demonstrate in times of difficulty.

我在在线授课中遇到了什么挑战呢？首先是教学材料的组织。学生需要老师的讲解，但是他们必须要有各种讲义和材料，需要我认真准备，每周上传到 Blackboard 平台上。这需要我在家做很多准备，有时上传材料的速度还会受网络情况的影响。另外，我现在在意大利。幸运的是，我在家里有各种书本，我可以打印、复印、扫描材料，但是因为这段时间的紧急情况，我只有在必要时才能出门，而且除了必须营业的商店之外，大部分商店都关闭了。但是没关系，当我进入 ClassIn 的网课教室的时候，我就忘记了一切。在我的电脑屏幕前，我看到了我的学生们。我们必须告诉他们，我们需要用勇气面对挑战，但也要意识到自己的脆弱。这是我们在特殊时期需要展现的勇气。

Continuing to study, to engage, to face storms is the duty of humanity. In society, everyone has his role and must carry out his task with the strength he possesses.

坚持学习、工作、面对困难，这是人的责任。在社会中，所有人都有自己的角色，需要用自己力量完成任务。

After a month of teaching, I think I have overcome the moments of uncertainty, the lesson takes place regularly, it seems to me that the students follow. The interaction is not always very good, but I see that some students are always attentive, ready, they respond and participate with interest. Of course, the Latin course is attended by many students, it is not easy to communicate with everyone as in the face to face lesson. I'm trying to understand more which teaching strategy is most appropriate. The professor, above all the professors, must also improve. I am very satisfied with this platform, despite some problems encountered especially at the beginning. The greatest satisfaction, however, remains the opportunity we have to communicate and continue to work even nine thousand kilometers away, despite some time zone problems… the least of the problems in this period.

在一个月的在线教学之后，我想我已经克服了课程的不确定性，课程会按时开始，我觉得学生们也在认真听课。虽然互动不是很方便，但是我看到同学们都很专注，能够积极参与课堂并回答问题。诚然，拉丁语课上有许多学生，比起当面授课来说，在线授课的交流不是很方便。我开始明白哪种教学手段是最合适的。老师也要不断进步。我对这个平台很满意，虽然在最初遇到了一些问题。但最让我满意的还是我们能够继续交流、继续工作学习，即使我们相隔九千多公里，即使我们之间有时差。

（作者系上海外国语大学卓越学院外籍教师 Claudio Senni，王辉宁译）

古老语言与现代技术的亲密接触

Ourania Katavouta　　王辉宁 译

线上教学开展以来,卓越学院的外籍教师们也积极使用各种网络教学平台,努力给同学们呈现最佳的课堂效果。今天,我们来听听教授古希腊语的 Ourania Katavouta 老师分享的线上教学体验。

Online teaching during a special situation

特殊情况中的在线教学

In this special moment, millions of people around the world are experiencing a challenge. The pandemic situation that was caused by the new coronavirus made us re-think and re-value our life, made us consider new ways to continue our life, to work and to teach.

在这样一个特殊的时刻,全世界几百万人都面临着挑战。新冠疫情在全球的大流行,让我们重新思考和评判生活,让我们思量新的生活方式,继续工作和教学。

We are lucky to live in a highly developed era; therefore, technology can provide us with many tools to work with. E-learning or long-distance teaching is a necessary reality for the time being.

我们很幸运,生活在一个高度发达的时代,因此,科技可以为我们的工作提供很多工具,电子学习或远程教学暂时是必要的。

To be more specific, for my courses at Shanghai International Studies University, I use the Blackboard teaching platform and the application Zoom for live-streaming my classes. My experience so far is better than I expected. First of all, I think it is important that both are reliable and stable platforms. I prepare and upload all the teaching material in Blackboard, where the students can see, download or write their homework.

具体地说,对于我在上海外国语大学的课程,我使用了 Blackboard 教学平台和 Zoom 平台授课。到目前为止，我的体验比想象中要好。首先很重要的是，两个平台都很可靠、稳定。我将准备好的材料上传到 Blackboard 上，学生们可以看到，下载或者完成作业。

Furthermore, my experience so far with Zoom platform for live streaming is very satisfying because it is simple, bilingual and stable in connection. I can contact all my students during class time and keep the teaching procedure similar to the one in the actual class. So far, all the students attend the live-streaming class and listen carefully to the lecture or interact with me. As a teacher and instructor, I encourage them to engage in conversation either verbally or via the chat window of the platform. I see that most of them are quite dedicated to online courses, the same as the actual class.

同时，目前我使用 Zoom 平台直播课程的体验令我很满意，因为 Zoom 平台很简洁、支持双语、连接稳定。我可以在上课期间联系我的所有学生，并保持与实际课堂教学过程相似的教学程序。目前，所有学生都参加了直播课程，认真听课，与我互动。作为老师、讲师，我鼓励学生们连麦与我交流，或者在聊天区打字交流。我发现大部分学生都积极投入了在线授课，和当面授课一样。

However, there are some disadvantages, like the direct contact that the physical presence in class provides, the instant understanding I have by looking on the students' faces, whether they follow the teaching procedure or not. For example, writing on the board to explain directly is something more difficult to do in an online course. Also, during live-streaming, some students might have small problems with the connection, that usually are solved quickly but can disrupt the procedure. Another aspect is that sometimes some students don't like to turn the camera on. I suggest them to do so, because the feeling of talking to a black screen is somewhat strange. In addition, online teaching can have an impact in our health. I realize that I feel more tired after finishing an online course than the one in actual class. Many people also complain -myself included—that the eyes are feeling very tired because of the constant use of electronic devices. Personally, I try to rest between the classes and at that time I avoid looking on a screen but even so, this is something that worries me.

然而在线教学也有一些缺点，比如说我当面授课时，可以通过看学生的面部表情快速知道他们有没有听懂，这样的直接交流无法在在线授课中实现。又如，在线授课中无法像当面授课那样，可以在黑板上直接板书解释。同时，在直播时，有些学生的网络会有故障，这些故障虽然通常都会很快解决，但是也会干扰上课。另外，有时学生不喜欢打开摄像头，我建议他们打开，因为对着黑色的屏幕讲话感觉比较奇怪。另外，在线授课对我们的健康有影响。我发现在一堂在线课程结束后，我感觉比当面授课要累。许多人（我也是）都觉得眼睛因为不断使用电子设备而感到很累。就我个人而言，我会在下课时休息一下，不看屏幕，但是这件事还是让我比较担忧。

To sum up, e-learning so far is almost equal to the actual one, it doesn't lack anything in providing the sources, the evaluation or the communication between the teacher and the students. But, in my opinion, the presence in the actual class has some benefits that online courses cannot overcome: socializing. To be together with other people, to talk with them, to see their reactions and feel them is irreplaceable. In this sense, I think we can work with the tools that technology provides us as long as necessary but socializing is a fundamental need of humankind.

总之，目前来看，在线授课和当面授课几乎没有区别，两者在提供材料，对学生的评估和师生交流方面都没有什么差距。但是我认为，当面授课有在线授课所没有的优势，就是社交。和其他人在一起，和他们交流，看到他们的反应，感受到他们的存在，这是无法替代的。因此，我认为只要有需要，我们都可以使用这些科技产品，但是社交是人类不可或缺的需求。

（作者系上海外国语大学卓越学院外籍教师 Ourania Katavouta，王辉宁译）

"深夜课堂"

Kizito Tekwa　王辉宁 译

线上教学开展以来，卓越学院的外籍教师们也积极使用各种网络教学平台，努力给同学们呈现最佳的课堂效果。今天，我们来听听教授英语议论文写作、思辨与写作课程的 Kizito 老师的线上教学体验。

Honors College Online Teaching Experience
卓越学院在线教学体验

Thank you for giving me the opportunity to express my opinion regarding online teaching in Honors College. Straightaway, I would like to say that it has been an extremely happy experience to teach from the comfort of my basement and do it effectively as I have done. Initially, I was a little skeptical about the success of the entire operation. I had had little experience teaching online so I was not sure how the technology will hold up. I must say I was pleasantly surprised how efficient Zoom has been. I have also had hundreds of people in Canada working from home all using Zoom. This experience has taught me never to underestimate the power of technology.

谢邀。首先开门见山，我想说的是这次在线教学的经历很开心，我在家里的地下室上课很舒适、很高效。起初，对于在线授课是否能成功，我是持怀疑态度的。我几乎没有在线教学的经历，所以我不确定这种技术的效果如何。我必须说，Zoom 的高效让我很惊喜。在加拿大，我知道有好多人在家用 Zoom 工作。这次经历告诉我，永远不要低估科技的力量。

I am fortunate to be in Canada at this time where I have access to didactic material at the University of Ottawa, where I taught before joining SISU. I am lucky to have kept my access to the abundance of online resources at the Julien Couture Resource Center of the Official Languages and Bilingualism Institute (OLBI), University of Ottawa. The resources have enriched the contents of my courses and have given me a new level of satisfaction as a teacher. I spend a considerable amount of time putting together my lessons given that I do not have to commute to Songjiang to deliver those lessons.

这段时间我在加拿大，这是一件幸运的事情，因为我可以方便地获得渥太华大学（University of Ottawa）的一些教学材料（在来到上外之前我在渥太华大学工作），能够在渥太华大学语言和双语学院的研究中心（Julien Couture Resource Center of the Official Languages and Bilingualism Institute (OLBI), University of Ottawa）获得丰富的在线材料。这些材料充实了我的课程内容，满足了我作为教师的更多需求。因为我不需要从虹口赶到松江上课，所以我有许多时间整合我的课程内容。

Teaching online has advantages I would never have discovered otherwise. Zoom Meeting, the platform I use, is very user-friendly and students can log in with very little difficulties. It is available on mobile devices with the entire plenitude of options. I have a premium subscription that offers me 100GB of cloud storage every month. That makes it possible to record and store all my lessons. The lessons are recorded on the cloud and a link is sent to students. With the link, students can either review the lesson online or download it unto their computers anytime and from any location. The whiteboard and the screen sharing features are available to both the teacher and the students. This makes it possible for students to make short presentations as required.

在线教学的一些优势，是我在其他教学方式中永远无法发现的。我使用的 Zoom 平台很方便，学生登录也很方便。Zoom 也可以在移动设备上使用，选择很多。我有一个高级订阅，每个月有 100GB 的云存储量。所以，我可以把我的授课内容录下来，把录制链接发给学生们。有了链接，学生们就可以在线回看课程，或者随时随地把课程下载到电脑上。学生和老师都可以使用白板和屏幕共享功能，学生们就可以在需要时做简短演示。

Online teaching has also enabled me to better know my students. It has certainly reduced the distance between us because, in order to ensure they are actively listening, I have had to ask them more questions by calling out their names. This has enabled me to know them individually while increasing their participation rate during my lessons.

在线教学也让我更了解学生们。我们的距离更近了，因为我会经常点名学生，让他们回答问题，以确保他们在听课。因此，我可以了解每一个学生，让他们更好地参与课程。

It has been an extraordinary experience teaching online. Normally, when I teach in Shanghai, I am away from my family for at least four months each time. With online lessons, I get to be the father, the husband, and the teacher at the same time.

在线教学的经历真的很棒。通常当我在上海上课时，我要和我的家人分开至少四个月。有了在线教学，我可以同时作为老师、父亲和丈夫。

The only issues I have had are with my Internet connection that has occasionally had an impact on the quality of streaming and audio. There is also the fact that students have had to turn off their videos to enhance Internet quality. Initially, it was a strange feeling to teach without viewing the faces of students. However, with time, I have overcome that feeling and my lessons are as smooth as in a traditional classroom. I have also had to grapple with the time difference between Canada and China. My lesson starts at 1 pm in Shanghai, which is 1 am in Canada.

唯一的问题，就是我的网络有的时候会影响直播视频和音频的质量。还有一个事实是，有时为了保证网络质量，学生需要关掉视频。起初，上课时看不到学生的脸感觉挺奇怪的。后来，我克服了这个问题，课程也和当面授课一样流畅。我也需要尽力克服加拿大和中国的时差。我的课程从北京时间下午 1 点开始，也就是加拿大时间凌晨 1 点。

My hope is that the university continues to promote and develop online teaching even after students return to campus. It is a win-win situation for both teachers and students because teaching online is flexible and efficient. My speculation is that the university can hire an infinite number of foreign teachers, including those with families if there is the possibility of alternating between in-class and online lessons.

我希望即使在学生返校后，学校也能积极推广、发展在线授课。在线授课既灵活又高效，对老师和学生是双赢。如果有在线授课和当面授课灵活调整的可能的话，学校可以招募更多优秀外教为同学们授课。

（作者系上海外国语大学卓越学院外籍教师 Kizito Tekwa，王辉宁译）

创意写作的云课堂

Roopa Swaminathan　　王辉宁 译

　　线上教学期间，卓越学院的外籍教师们也积极使用各种网络教学平台，努力给同学们呈现最佳的课堂效果。今天，我们来听听教授创意写作的 Roopa 老师的线上教学体验。

Honors College Online Teaching Experience
卓越学院在线教学体验

Q1 线上教学遇到的困难？

I have taught online before back in the States. So, the online method was not new to me. What was new is that I had to navigate the online teaching method in a language unfamiliar to me—Chinese. In the initial stage—a lot of the information in the software was in Chinese (and programs like Tencent Meeting and Tencent Classroom still are) and that took sometime getting used to. But in Blackboard—we were able to set English as the language of our choice but there are still many things (like student names etc.) which are still in Chinese only. But—with time…I found a way to get past that.

　　在美国时，我有过在线授课的经历，因此这些在线授课的方法对我并不陌生。对我陌生的是，我需要用中文，这个我不熟悉的语言，使用在线教学。最初，软件中的许多信息都是中文（腾讯会议、腾讯课堂之类的软件一直都是），需要一些时间来适应。虽然在 Blackboard 平台上，我们可以将语言设置为英语，但是有许多东西（比如学生的名字之类的）仍然只有中文。不过后来，我还是找到了解决的办法。

　　Q2 直播 or 录播？

The first thing I did before the semester started was to clearly identify which of the software I was going to use.

　　在这学期开始前，我首先做的事情就是确定使用什么软件。

Initially, I wanted to live stream and/or use Tencent Meeting so I could see my students and they could see me. But SISU had an international bandwidth problem and while I could see my students and hear them when I tested it—they could barely see me or hear me. So I had to abandon that idea. Also, with live streaming…everything on the day of the class HAS to be perfect. The weather, the conditions (no disturbance from outside etc)—all need to be good—otherwise, it could be a problem. If your computer conks out—there will be no class. So—I decided to drop this idea and opted for asynchronous teaching.

起初，我打算直播授课，使用腾讯会议之类的软件，这样学生们就可以看到我。但是上外的国际带宽不够，尽管我能看到、听到我的学生们，他们却几乎听不到也看不到我，所以我就放弃了直播。另外，直播当天，一切都必须完美无缺。天气，外部环境之类的条件都要够好，否则就会有问题。如果电脑突然出故障了，就没法上课。所以我放弃了直播的想法，改用录播授课。

Asynchronous teaching works for me. My classes are Content classes and as such I don't have to worry like other professors who teach spoken/conversational/language classes. So, I decided to audio record over my powerpoint lectures and upload them on Blackboard. The benefit of this is that while students can initially access it only during their actual class hours—once they access it—they can download it and save it forever. They can listen to the lectures multiple times and I know that my kids from the HC like that very much.

对我来说，录播没有什么问题。我的课程主要以讲授为主，不像口语、会话、语言课的老师需要考虑课堂的互动。所以我在 PPT 中插入了我的讲授内容录音，把 PPT 上传到 Blackboard 上。这样做的好处在于，学生们虽然只能在上课时间看到 PPT，但可以把 PPT 下载、保存起来。他们可以反复回听我的讲解，我知道卓越学院的许多孩子们都喜欢这么做。

Q3 怎样与学生互动？

My creative writing classes include a LOT of writing assignments and I give personal one-on-one feedback to my students. Luckily, I've been able to do that without any issues. For my first assignment I've been giving detailed and extensive comments via Voice Mail messages on Wechat. All the students uploaded their submissions on a Discussion Forum I set up on Blackboard—this means that everyone in the class can see others' work. This time, a part of the assignment had to do with students watching and commenting on their peers' work as well. As far as my critique goes—I critiqued students' submissions and gave comments on our class wechat group. That way—ALL the students in the class can listen in and understand what I'm saying—even if it doesn't necessarily pertain to their submission.

我的创意写作课程有许多写作作业，我会对学生们的作业做一对一的点评。幸运的是，作业的点评没有遇到任何问题。对于我布置的第一份作业，我通过微信语音向学生们做了详细、大量的点评。所有学生将作业提交到我在Blackboard 开设的讨论版中，也就是说他们可以互相看到各自的作业。在这次作业中，一部分内容需要学生们互相看各自的作业，做出点评。我在微信群里对学生们提交的作业给出了评论。这样，所有学生都能听到、理解我在说的内容，即使这与他们自己提交的作业不直接相关。

For my next writing assignment—I will continue with all the above procedures as well as have personal video calls with my students and give them feedback.

对于我布置的下一次作业，我会继续以上的流程，也会和同学们私下通过视频电话交流，并提供反馈。

Q4 同学们的表现如何？

I know that this has worked well for me and I genuinely think that my students like it very much. In fact, there are some students who are so shy in the classroom that they barely speak up. But in the online system—they find the courage to participate in discussions. That's been a wonderful discovery I made.

这些对我来说没有什么问题，我也真的认为同学们都很享受这种授课方式。事实上，有些学生当面授课时会比较害羞，不愿意说话，但是在在线授课时，他们就有勇气参与讨论了。这是我的一个很棒的发现。

It's always tricky talking about students' performances wrt the Honor's College. The students at the HC are some of the very best I have ever taught. They're smart, hardworking and willing to do the work—no matter how much I push them. And I constantly push them hard. So, I was barely surprised when the HC students seamlessly transitioned to the online mode of learning without too many hiccups. But then—it helps that other than not "seeing" my face—my classes are almost exactly the same. I lecture the same, I give comments the same—so, for me personally, the system is working like a dream. My students have risen to the occasion like champions. So, I'm more than happy with my students' performance so far.

谈起卓越学院学生们的表现，就很有意思了。卓越学院的学生们是我教过的最棒的一批学生，他们很聪明，很努力，无论我怎么"逼"他们，他们都愿意完成任务。我也的确经常"逼"他们。因此，看到卓越学院的学生们从线下到线上授课的转换进行得如此顺利，我并不意外。除了学生们看不到我的脸，我的课程几乎与当面授课没有区别。我讲课没有区别，点评也没有区别，所以对我个人来说，在线授课的方式奇迹般地好用。我的学生就像冠军一样成功应对了这个挑战。所以，我对学生们的表现非常满意。

Q5 有没有什么遗憾？

What is a little sad is that going online meant that I had to change my syllabus a little. I could not organize the play festival that I was able to do last spring. I know that my students were extremely eager to participate in it—they wanted to write and perform in their own plays. And so—both I and my kids are deeply, deeply, deeply disappointed that we cannot have the play festival but that couldn't be helped.

That's pretty much it from my side.

有一点悲伤的是，在线授课意味着我要修改授课计划了，我没办法像去年那样组织一场"戏剧节"。我知道我的学生们都非常想参加，想要亲自写剧本，亲自表演。因此，不能组织戏剧节，我和我的孩子们都非常非常非常伤心，但这也没办法。

以上就是我关于线上教学的感受和体会。

（作者系上海外国语大学卓越学院外籍教师 Roopa Swaminathan，王辉宁译）

在线平台的高效利用

Alexander S. English　　王辉宁 译

　　线上教学以来，卓越学院的外籍教师们积极使用各种网络教学平台，努力给同学们呈现最佳的课堂效果。Alexander S. English 是卓越学院"计算机数据统计与社会科学研究方法"课程的授课老师。虽然没有进行直播授课，但是在各种教学平台的综合使用，加上同学们的积极配合下，Alex 老师的课程仍然实现了超越直播教学的效果。让我们来看看 Alex 老师的分享吧。

　　After major revisions to SISU teaching plans, I quickly made a decision to implement a week-by-week course where I would upload all teaching materials (videos, PPTs, handouts) on Blackboard. I decided this approach because I had heard challenging "live-stream" courses would be and that we would likely only teach online for a few weeks. I wanted students to have access to all the videos and to work through the materials on their own. I also wanted students to have access to videos whenever they wanted and they are free to download it. This is an open Access, public course approach to teaching, much like Massive Open Online Course (MOOC).

　　在上外调整了教学计划后，我很快就决定采用每周将课程材料（视频、PPT、讲义等）上传到 Blackboard 平台的授课方式。我这样做，是因为我听说直播课会很有挑战性，而且我们可能只需要进行几周的在线教学。我希望学生们自己观看视频，学习课程材料，也希望学生们能够自由下载、随时观看课程视频。这种开放、公开式的教学手段，有点像 MOOC 的模式。

　　During the semester, students were engaged inonline discussions, and they had to "post" various of lecture related posts about what they were learning and they thought about the course materials. I used the discussion function on Blackboard and asked they also comment on other students. By the fourth week of class, they also had to upload their various writing assignments regarding what they were learning from thefirst few weeks of class.

　　在这个学期中，学生们也会在讨论区进行网上讨论，发表与课程相关的贴子和自己对课程材料的想法。我使用了 Blackboard 平台的讨论版功能，也要求学生们互相点评。例如在第四周，学生们会将关于前几周课程学习的一些笔头作业上传到讨论区。

I engaged in constant communication with students as I saw this course was always "ongoing" because they had weekly assignments. I usually coordinated with my two student representatives and I asked them to provide me weekly reports on student progress. All students needed to provide the details of when they were online, so that I can check on their study progress.

每周学生都有作业，课程不断进展，所以我需要与学生经常交流。我与两位学生课代表合作，请他们负责每周汇报学生们的学习进展。所有学生们需要报告每周的学习时间，方便我及时掌握他们的学习情况。

As I was uploading videos and preparing weekly assignments, I would also download the login report to ensure students were following and keeping up with the course structure. I used this approach so that I could get an idea where students are in their course, how many times have they logged and how long they spent on each video or reading assignment. This is one feature I don't think many teachers know about regarding Blackboard. It's very useful and effective as there are detailed logs that teachers can download about each student user.

除了上传课程视频、准备每周作业以外，我还会用 Blackboard 平台生成登录数据报告，以确保学生们能够跟上课程进度。这样，我就可以了解学生们的学习进度，他们登录了多少次，在每份阅读材料和课程视频上花了多长时间。我想，许多老师还不知道 Blackboard 平台的这个功能。这个功能支持下载每一个学生用户的详细登录情况，非常有用高效。

As the semester progressed, I coordinated within each of the mini-groups, the entire the group in our Wechat group, and I also had a private Wechat group with my teaching assistants. I usually asked my student reps to pass on assignments to the students. Most students passed information very quickly and tend to be more receptive and work quicker amongst themselves in Chinese. I think my student representatives were very helpful. I have been working closely with them throughout the semester.

在整个学期里，我通过微信群，与各研究小组，全体学生保持联系，我也与两位课代表单独建立了微信群。我会让两位课代表向学生们传达作业要求，学生们可以更快接收自己的作业，也更方便理解，他们自己用中文交流速度也更快。在整个学期过程中，我与两位课代表紧密合作，她们也为我提供了很多帮助。

What I have also implemented is asking for update checks by each group. I ask students to give me a weekly update on where they are in their research project. There are 5 students in each group, and they are working on various research topics related to the unique situation post-covid-19. We are learning about research, and we are carrying out first-hand research studies. This is the ultimate "Learn by Doing Approach". So I ask for reports on how they are doing and I monitor it closely.

我也一直在做更新检查。我会让学生们每周向我反馈他们研究项目的最新进展。在课程中，学生们被分成了 5 人的小组，每组都在做一个与我的研究项目类似的关于这个特殊的疫情时代的研究。我们学习如何研究，同时进行研究，这就是终极的"学以致用"。每周学生会向我汇报研究计划的推进情况，我也会密切关注他们的情况。

（作者系上海外国语大学卓越学院外籍教师 Alexander S. English，王辉宁译）

云教学分享

Marco Pellitteri　王辉宁 译

线上教学开展以来,卓越学院的外籍教师们也积极使用各种网络教学平台,努力给同学们呈现最佳的课堂效果。今天, 我们来听听 "计算机数据统计与社会科学研究方法" 的任课老师 Marco Pellitteri 分享的线上教学体验。

Honors College Online Teaching Experience

卓越学院在线教学体验

Q1 线上教学的体验

I think that SISU responded very quickly to the needs of online teaching in this period in which we all are forced to stay at home. It is the first time I teach online. I think that the ClassIn and Blackboard platforms are very powerful and full of useful functions. However, in order tosave as much time as possible for research, I decided to reduce the use of such functionalities to the minimum.

All in all, for me online teaching has elements of comfort: I can teach from home, I do not need to commute to university. But online teaching should only be an emergency solution, not a common practice: classroom teaching is by far the greatest and more direct format of teaching/learning.

在这个特殊时期, 上外迅速调整了教学模式, 我们在家里进行在线教学。这是我第一次在线授课, ClassIn 和 Blackboard 平台功能很多、很强大, 但是为了给自己的科研任务争取时间, 我打算尽可能少地使用这些功能。

对我来说, 在线授课有一些好处: 我可以在家上课, 不用赶到校园里, 但是在线授课只是一个应急方案, 不是一个常态: 到目前为止, 当面授课是最好、最直接的教学方式。

Q2 线上教学的授课准备

My weekly preparations for the online teaching are exactly the same as I would do for normal, face-to-face teaching: I select the reading assignments, I formulate the kinds of homework which students will have to perform, I prepare the PPT slides which accompany my live stream lectures. I prepare all this on a weekly basis: depending on the response and learning pace of students, I decide week by week how fast I can advance in the course's syllabus. The syllabus is very well set already, of course, but I think that teaching is not something totally pre-organized, it has to follow and adapt to the "flow" of students' needs and their ability to catch up with the concepts taught. That is why the pre-set schedule of the syllabus (the breakdown of lessons and their topics) can and should be subject to weekly adjustments.

Basically, I make no difference between offline and online teaching. For me, it is very important to deliver my lectures as livestream lessons: teaching is a personal, human matter, and it needs the co-presence of students and teacher.

我针对在线授课的准备和当面授课完全一样：我为学生准备阅读材料、设计学生的作业、准备配合授课用的 PPT。这些内容，我会根据学生的学习节奏每周准备一次，我也会考虑推进课程进度的速度。当然，课程大纲已经非常完善，但我认为教学的过程并不是能完全事先安排好的，应该遵循并适应学生需求的"流动"和他们追赶所教概念的能力。这也是事先设定的每周授课计划可能会根据情况改变的原因。

基本上，我的在线授课和当面授课没有区别。对我来说，直播授课很重要：教学是人与人之间的交流，需要学生和老师的共同存在。

Q3 对线上教学的评价

I think it is too soon to maintain whether my online teaching is good or not. I do my best, and try to engage students with history and theory-thick lectures and interesting homework (elegant reading assignments and exercises requiring personal investment); I try to be a friendly teacher, but also somewhat a strict one because university students at this age (19—21 y.o.) need precise and strict rules; they are still somewhat immature, in many cases, so what I need to do in their own interest is to treat them professionally; for me, the university is a workplace, not a school, so students must think of themselves as professional people in a professional environment. I am, by the way, very happy with SISU students: they are very intelligent, have good intuitions, have nice personal interests, great sensitivity, liberal ideas, and a great will to learn. In several ways, they are ideal students: sweet, pure, and honest.

　　我认为现在判断在线授课是好是坏还为时过早。我努力让学生融入包含许多理论和历史介绍的课堂以及有趣的课后作业，包括优美的课后阅读材料和需要用心完成的练习。我会试图做一个友善的老师，但是在某些方面又比较严格，因为 19 ～ 21 岁的大学生们仍然需要准确严格的规则；在许多方面，他们还不够成熟，所以我会用专业的态度对待他们。我认为，大学不仅是"学习的地方"，更是"工作的地方"，所以学生们应该在一个专业的环境下成为专业的人。同时，我很喜欢上外的学生们：他们很聪明，有很好的直觉，很好的个人爱好，很敏捷，思想很开放，而且很乐于学习。从许多方面来看，他们都是理想的学生，他们很善良、纯真、诚实。

I can provide a more final assessment of the whole experience at the end of the course or perhaps when we will be back in the actual classroom. Also, I appreciate the patience, flexibility, kindness, and cooperation of SISU's staff (namely, in my School of Journalism and Communication, in the International Affairs Office, and in the Honors College) in this difficult period.

　　当结课时（或者当我们回到学校上课时），我可以对我的整个授课体验给出一个评价。此外，在这样的困难时期，我非常感谢上外（具体地说，我所在的新闻传播学院，对外合作交流处，以及卓越学院）各位教职员工的耐心、灵活、善良与合作。

　　（作者系上海外国语大学卓越学院外籍教师 Marco Pellitteri，王辉宁译）

万里课堂一网牵——外国专家的在线教学

朱 璇

一场突如其来的疫情，带来了一个超长寒假，一个云端学期……在一月底中国爆发新冠疫情之时，我们便收到了身在美国的外国专家们的问候。一个月后，全球疫情蔓延，我们的外国专家接受了重重挑战，全心投入在线教学准备。目前，美国疫情不断加剧，他们依然克服时差等困难，坚守"云课堂"！让我们来看看国际教育学院外国专家们近期的工作与生活吧！

Greg 目前在美国纽约州的家中，每周在线授课 14 课时。因为时差，他每周有两天需要在凌晨上课。本学期 Greg 主要教授英语口语和中西文化比较课程。课程准备初期他就与中方教师进行了充分的讨论，从话题选择、授课方式等方面重新设计口语课的教学，采取知识性内容录播、线上分组讨论、音频作业反馈、在线直播相结合的教学方式，力求学生能有最大的收获。

疫情期间，Greg 多次表达了对中国上海的关心和思念。在中国生活了七年的他说："中国已经成了我的家。这几个月，我真的很想家！然而，艰难的经历往往是我们生活中宝贵的课堂，而艰难的时刻也往往会带来意想不到的、美好的结果。这次疫情是我高中以来和父母相处时间最长的一次。虽然相当困难，但我们一起处理了 COVID-19 的压力，举办了我的三胞胎哥哥的屋顶婚礼，这些都是很酷的经历！"最令人惊喜的是他完成了人生第一张专辑 *Entering Rest* 的录制，这部专辑因新冠病毒疫情而有了新的含义——人们在被迫休息的时候，才开始思考应如何休息。希望苦难可以为人们带来新的美好！

这个寒假，Judith 原本计划去看望父母。新型冠状病毒肺炎疫情爆发后，她当即决定留在上海的家里。她一直关注疫情发展，读了许多有关疫情防护的文章，也常在社交平台分享防护知识、救助信息等，希望能帮助更多的人战胜惊慌焦虑的情绪。她说："我的身心状况一直不错，但我十分怀念人与人面对面的交流、握手、拥抱——在这之前，我真的不曾意识到人与人之间的互动有多么重要。我为所有失去的生命感到悲伤，对所有医生、护士和那些为了保护我们和帮助冠状病毒受害者而将自己置于危险境地的人们表示极大的尊重和钦佩。"

本学期 Judith 教授英语口语、商务英语报告写作和国际商务与金融三门课程。在适应线上教学的过程中，不同课程面临了不同的挑战。英语口语课最大的困难就是学生们不能像传统课程中那样集体合作、自由交流。Judith 尝试了多个授课平台，最终选用 Zoom 的分组讨论来组织英语口语课的练习。国际商务与金融是本学期的新课，45 名学生第一次在 ClassIn 的云课堂中见面，破冰的难度也远大于传统课堂。"严厉"的她要求所有学生必须打开摄像头，在姓名后边加上英语或拼音，以便尽快熟悉同学们。温柔亲切的她，使大家的云交流很快便顺畅起来。商务英语报告写作中大量的习作批阅，也让本不喜欢长时间对着电脑的 Judith 有些头疼。她更换了已经使用十年的"宝贝"，希望新的电脑可以为线上教学提速。Judith 表示："我不太熟悉计算机软件的应用，也在努力学习教学平台的功能。不过我也发现了在线教学的一些好处，例如平时害羞的同学可以通过平台留言直接向我提问，更多地参与到了课堂。"

2020 年 1 月 20 日，Benjamin 从美国来到中国，还未能游览名胜，品尝美食，便开始了居家隔离生活。努力适应新的社会和文化环境，积极投入科学研究，认真准备新学期课程，这些"忙碌"成了他战胜新冠疫情期间焦虑情绪的法宝。他潜心创作的四篇论文也即将在国际期刊发表。本学期 Benjamin 担任英语写作及全球教育领导力两门课程。学期初他便准备好了全球教育领导力课程的全部线上教学资料，并积极参加英语写作课的集体教研。在学校进行统一测试之前，他就率先建好了班级群，与学生约定了线上教学测试，保证教学顺利开展。虽然逐渐适应了教学平台，也与同学们慢慢熟悉起来，但 Benjamin 认为，"在线教学仍有一些结构化问题有待调整，如写作课上如何增加与学生的实时互动，让学生有更多的机会展示自己的习作；全球教育领导课程后半学期计划的学习服务项目和团队展示如何调整等等。"Benjamin 在不断探索最佳的教学模式，给每个学生更多的机会去参与学习，力求让在线教育不只是疫情期间的特殊手段，也能在长期教学中发挥它的积极作用。

李仁根老师曾任美国可口可乐公司国际领导力发展总监，作为国际教育学院聘请的短期外国专家，担任教育技术综合实践和企业培训设计两门课程的合作授课教师。由于疫情影响，本学期改为线上授课，需要重新打磨教学内容，增加线上教学材料，无疑增加了老师们的备课压力。年逾六十的李老师在得知教学变化后依然欣然接受了这些挑战，他说："作为培训设计课的教师，使用不同的教学媒介应该不是太意外的。虽然这次完全使用线上教学还是很有挑战的，不过我也越来越喜欢这种方式了。网络平台可以帮我鼓励、记录学生的课堂参与，根据学生的反馈及时调整授课内容。同学们也能够积极思考，主动提出问题，非常棒！"

李仁根老师所在的美国佐治亚州，目前除了超市、药店、加油站，其他餐饮、商场等服务业都停止了运营。今年亚特兰大的气候也很反常，连续不断的龙卷风、暴雨导致他上课时两次出现了短暂的断线。平日李老师和家人都呆在家中，天气好的时候便去寻找不同的公园。"我们发现了许多以前不知道、想不到的漂亮公园。疫情之下，才发现原来身边有那么多美丽的自然风光，可以让我们在短时间忘却许多人生悲剧。"

疫情改变了我们的生活

但从未改变我们的教育初心

志合者，不以山海为远

我们风雨同担，愿世间无恙

早日校园相见！

（作者系上海外国语大学国际教育学院教师朱璇）

学子谈学篇

编者按： 根据教育部和上海市有关会议文件精神，结合疫情防控和教学实际情况，保障"停课不停学、停课不停教"，经前期精心准备和严格测试，我校于 2020 年 3 月 2 日正式开始线上授课。线上授课期间，我们邀请教学督导、任课教师和学生就线上教学的心得体会撰写文章，通过"SISU 论教"栏目报道推出，与广大师生交流分享，本篇为学子谈学篇。

师生相约"云课堂"（学生篇）

武文杰

疫情发生以来，国际工商管理学院学生主动担当，除了根据学院要求及时上报健康调查问卷，还积极参与街道、社区或者线上防疫志愿服务。在线上教育开始之后，国际工商管理学院同学们积极适应新的教育方式，做好迎接线上教育的各项准备，以良好的精神风貌走进线上"云课堂"。让我们看看线上课程开课以来大家的感受吧！

2019 级工商管理类本科生雷小龙

总的来说，国际工商管理学院的网课是相当简洁明了的，平时理不清做事头绪的我，也能按部就班地学习。网课的优点也是相当突出的，不但可以针对一个知识点反复地观看学习，还可以随意暂停回放，避免了因日常紧张的学习节奏导致跟不上的情况，减少了学习压力，并可以根据个人情况进行学习时间的调整与学习内容的梳理与巩固；而且学校通过开设慕课，使我们能接触更多层面的教学，开拓了视野。

与此同时，还有一个有趣的现象，每每面对电脑时，产生的第一感觉就是：我将要用它来学习了，我必须进行自我管理了。失去了平日里同学和老师的督促，这实际上是促使我们确立自己在学习过程中的主体地位。对于我个人而言，还极大地节省了通勤时间，提高了学习效率，省去了很多因上学、吃饭等琐碎的时间。只是上课的互动气氛不甚理想，失去了往日课堂的活力，还是希望这场疫情攻坚战能够尽快结束，早日返校。

2019 级工商管理类本科生夏馨婷

网课对于像我一样习惯于传统课堂的来说还算是一件新鲜事物，虽说现在科技非常发达，在真正使用各种 App 开始上网课时还是会有一点不适应的感觉，比如作业提交问题、开课网站不明确等问题。不过随着使用次数增加，微信群上老师通知发布得更加及时，网课的便利性也由此突显了出来，我们不再需要奔波于各个教学楼之间，也可以相对自由地安排自己的学习时间，对于不明确的问题也可以在课后重新回顾课程视频。总的来说，网课既有优点，也有不如线下课程的地方，但在疫情特殊时期，网课确实是替代线下学习的最好办法，不过还是希望疫情早日结束，我们可以早一点回到那个熟悉的课堂。

2018 级信管本科生丁怡

上课一周以来，我觉得线上课程可以说是有利有弊。其优势在于打破了时空限制，且课程结束后可以反复观看回放避免遗漏重点信息等。其缺点也是存在的。如，网络授课难免会存在硬件设备等问题，有时会影响听课效果；此外，网课很多时候也难以达到理想的师生及时互动沟通的效果。但老师和同学们也都在尽力克服这些困难。如果是直播课，同学们一般在上课前就在微信群里等着直播，课程中有任何想法也都尽量及时发在群里与老师沟通。采取录播形式上课的老师也往往都会在上课时间段在 Blackboard 平台、微信群里和同学随时保持联系。个人而言，为了更好地适应在家上课的形式，我会尽量保持与学校里一样的生物钟和学习习惯，让自己尽快进入上课状态，不被环境所影响。

2018 级公关本科生吕佳琪

这次网课的体验对我来说很新鲜，适应得也比较快。老师们的课堂准备都很充分，带我们解锁了各种各样的直播互动平台，除了偶尔会有卡顿之外，整体教学质量还是很高的。这次经历给我最深的感受就是线上学习需要更多的独立学习能力和自制力，在规定的时间打卡签到、完成老师布置的课堂任务以及课后作业，在不与老师面对面交流的情况下，保证自己的学习质量。总的来说，线上授课内容丰富、准备充分、生动有趣，是一次很好的体验。

2017 级信管本科生姜玲萍

我因为学习 ACCA 的缘故还是挺习惯网上授课的形式，但通过网课学习学校里的课程也是一种新奇的体验。有的老师采用直播的方式授课，与线下授课的形式相比也没有较大差异，通过共享屏幕，同学们也能更加清晰地了解 HTML 的具体操作步骤，有问题也可以及时和老师沟通，效率也更高。更多老师采用录播和录音辅助的形式授课，这样也方便同学们反复听课，弄清楚没懂的知识点。我觉得网课的优点在于时间更加灵活也更加充裕，可以让我有更多时间和精力充实自己。

2017 级公关本科生凌思齐

特殊的时期，我们开始了特殊的网络教学。许多老师都感慨这是史无前例的一次尝试。作为学生，我也从一开始的疑虑和手足无措，到一周学习后的逐渐适应，接下来的学习想必会更加得心应手吧。虽然网络教学对于我以及很多同学来说并不是新鲜事，以前多多少少也接触过在线的培训课程，但是大概也未曾想过有一天常态化的大学课堂也会搬到网上。尽管这样的上课模式对于学生来说相对轻松，但是课业的压力也依然存在，最直观的一个感受就是作业变多了，对自学能力也是一个很大的考验。而且不能和小伙伴们面对面交流也稍许有些落寞。期待着疫情结束，大家能够重聚在校园！

2016 级信管本科生张家滢

疫情期间，新颖的网课授课形式带给了我良好的学习体验，这种新形式打破了时间、空间的限制。老师在 Blackboard 平台上发布了提前录制好的视频以及课程所需课件，方便同学在课程以外时间进行复习巩固。而且老师创建的资讯讨论区让更多同学积极参与进来，减少了同学们线下上课时因害羞而沉默不参与讨论的问题，使我更有参与感。同时课后习题的设置检测了同学们学习质量、保障了学习效率。这种网络授课形式保障了师生在疫情期间的安全，克服了疫情对同学们求知学习造成的阻碍，整体效果非常好。

现在，全国疫情防控斗争进入关键阶段，宅在家里就是做贡献的当下，国际工商管理学院学生在云上课堂孜孜不倦努力学习，同时也关注着全国防疫形式的发展变化，积极了解疫情防控工作中的各种事迹，以良好精神风貌迎接新学期的到来。

（编者：上海外国语大学国际工商管理学院教师武文杰）

知识助力青春战"疫"　你学习的样子真好看

国际金融贸易学院学生会

庚子年初的疫情突如其来,却阻挡不了国际金融贸易学院学子的求学心切。灯下阅读的身影、深思沉吟的瞬间、脉络清晰的笔记……居家学习,热情不减;线上互动,感触颇多。每一个不曾起舞的日子都是对生命的辜负,每一个居家学习的日子都值得我们隆重对待。国际金融贸易学院学子们用知识的力量助力青春战"疫",不忘初心,牢记使命,安身家居安心学业,居安思危居家思进。

2016 级国贸专业银鸽

在密切关注疫情防控的同时,这个"漫长"的假期对于大四的我们来说更是一段久违的充电时间。在过去的一年中,我们都在为了毕业之后的个人规划而做准备,而现在,当大家都确定好自己未来的方向之后,我们终于可以利用这个难得十分完整的时间来更好地提升自己。目前我们最大的任务就是毕业论文的写作;每当我向导师提出疑问寻求帮助的时候,我的导师都十分积极负责地为我指点,提供可行的建议;当我把初稿发给导师之后,我在很短的时间内就收到了导师的意见反馈,Word 文档里标满了导师细致的阅读痕迹。大四下学期的同学们也依旧有课程在进行,于是我们也都成了"网课大军"的一员。听着老师和同学们熟悉的声音,我仿佛又回到了二教楼的大教室,在为大学四年最后的完美句号做准备。愿我们共克时艰,早日重聚在美丽的上外校园。

2016 级会计学专业顾雪瑶

我来说一下经验吧。我觉得宅在家的云学习,没有了外界对学生自我状态的直观观察,其效果如何,主要还是看自己。再加上大四的课不是很多,自己课后需要学习的东西有一大堆,后知后觉,我发现这次疫情很大程度上激化了超我和本我的矛盾,如何规律作息和自我约束成了一个值得探讨的问题。

经过很长一段时间的摸索,我总结出了以下经验:

规定一个自己的学习环境。当你玩手机、玩电脑、睡觉和学习的地方是同一个地点的时候,容易产生惯性。所以需要划分出一个学习的地点,在这个地点不允许有任何除学习以外的事情出现。对我来说，是我家阳台。以前是寝室—食堂—图书馆三点一线，疫情期间是卧室—厨房—阳台三点一线。学习的时候我会放我喜欢的歌，冲我喜欢的咖啡，增加点仪式感，会让学习舒服很多。

计划。计划对任务的完成起得作用很大，我个人一般先做好周计划，规定要完成哪几件事情，然后"Divide and Conquer"，拆成小任务放入日计划中执行。对于日计划，我分成三列，一列 Plan，另一边是在操作过后与原有 Plan 存在出入的 Revision，最右边是我当天需要完成的 Task。劳逸结合很重要，不要一口气吃成一个大胖子。

善用 App。随着网课的普及，很多东西都电子化了。我本身就习惯了使用电子产品调整作息和提高效率，比如为了每天 7：00 从床上爬起来，我下载了一个叫 Alarmy 的软件，每天三道数学题让你神清气爽。iOS 上的笔记软件 Notability, GoodNotes 和 MarginNote、思维导图 MindNode 和 Flashcard 软件 Quizlet 都是提高学习效率的利器。

2017 级会计学专业果佳靓

在这个极不平凡的时间里，我们的学习在云端轰轰烈烈地开始了。加了 N 多个学习交流群之后，微信的置顶被不同的课程群占满，同学老师之间交流的热情日益高涨。"云学习"在这段特别的时期里，成了所有学生们共同的话题。两周的体验，让我越来越爱上了这种学习的新方式。

老师们的授课资料在 Blackboard 课堂里分类罗列起来，哪里需要点哪里，SO EASY！各种 DDL 以及课程通知都可以清晰查看，我们能够更清楚地理解课程的任务和进度。微信群及时交流，打破了师生彼此的距离感和束缚感，沟通更灵活轻松，请教问题毫无压力。不用在风里雨里辗转奔波各个教室，只需要几步的距离、几秒的点击，就可以在宿舍学校、不同课堂之间轻松切换，线上云学习的体验不要太好！

云学习同样也给我们每位同学的自律性提出了更高的挑战。如何能躲避舒适的床铺、美味的食物、妈妈的召唤，而带着对课堂讲台一样的崇高的敬意，端正地坐在电脑前面，成了一项亟待解决的新难题。以我个人的学习习惯，我会尽量保证与在校期间同样的作息时间，定好闹钟（1 个不够就定 10 个），换下睡衣，穿上美美的衣服，打起一项对于 To Do List 的攻坚战，摆脱舒适圈回到学习状态，好好珍惜老师同学翻身做主播的这段神奇的时光，也期待疫情结束早日回到校园，和老师同学们重聚课堂！

2017 级国贸专业蔡棱烁

相信远程上课的模式让包括我在内的很多同学一开始都觉得难以适应，要让自己在脱离老师视线的早八不在床上度过，是开学最需要克服的困难。为了尽快适应这种全新的学习节奏，我尝试着在工作日保持在校作息，对每一天需要上什么课，什么时间之前应该完成什么作业，都做好备注和计划，用各种各样的方法提醒自己，比如把课表设为和室友的聊天背景，在手机或者电脑里创建 To Do List 以便自己时时复盘待完成事项。疫情期间虽然上课学习有诸多不便，但与此同时，我也拥有很多可支配时间，在消化专业课知识之余，也可以发展自己的兴趣爱好，看看自己以前没时间读的书，和朋友圈的大家一样捣腾各种美（heian）食（liaoli），学习之余多陪陪家里人。疫情过后便是春，期待不久之后，我们都能如愿平安相见，大学城与文汇路亦能恢复往日的元气！

2017 级金融专业杨璐陶

相信这次突如其来的疫情给大家的生活都带来了巨大的变化，长期地宅在家里让我更加意识到规律生活和时间管理的重要性。和大多数胖友一样，睡懒觉和家里的小零食等等，也在时时刻刻诱惑着我。担心自己很容易就懒散下去，于是我养成了把每天要做的事情写在便签上的习惯，这种"写下来"的仪式感极大地督促了我执行计划。虽然是在家上网课，我也尽量保持着学校里的作息，刚开始早起的时候还有些不适应，后来就发现学习效率会提高很多。另外大家在闲下来的时间也不妨尝试做一些自己喜欢的事情，培养一些生活爱好可以帮助我们保持轻松愉悦的心情。以前因为"学业繁忙"而被埋没的爱好和技能都可以开动起来啦，看到朋友圈里同学晒的练字本，亲手做的小蛋糕，健身打开等等，看来大家都是"平平无奇"的小天才。希望此刻散布在天涯海角的SISUer 都能健健康康，疫情快快结束。

2018 级金融专业王雪玲

见不到老师的课堂让人感到有点寂寞，但是却增加了遐想的空间，电脑里传出的好听的声音让人不禁猜测老师应该既耐心又温柔。少了面对面的交流我们反而更加大胆了一些，平时可能不好意思问的问题能在线上直接和老师联系，也是在这种交流之后才发现老师们也都很可爱。俏皮的表情包、话语里可爱的语气词、耐心的解答……在这里他们不仅仅亦师亦友，更让人温暖。感觉自己像是在探索一个宝藏，时不时就能发现老师们令人惊喜的一面。在线上上课时不时就要出点小状况，每次线上小组讨论的时候都要慌慌张张地打开各种界面，总会有乌龟网速让彼此卡成抖音，但是所有这些都会得到完美的解决。学习的时候会偶尔被窗外盛开的油菜花和鸟鸣所吸引，然后心里不禁会想：春天已经到来，我会静待花开。

2018 级国贸专业宫婉莹

因为一场突如其来的新冠疫情，我们开始了"停课不停学"的线上学习生活。经过一段时间的云学习，我对云学习有了新的认识和感悟，也总结出一些经验。

相对于线下学习，云学习有其明显的优势。首先，网络平台资源既丰富又十分便利，我们在学有余力的同时，可以根据自己的兴趣爱好选择相应的课程进行学习。其次，线上授课也使我们摆脱了一些"硬件"的限制，比如早起去教室挑选位置、课间在各个教学楼之间穿梭等。最后，云学习所涉及的作业问题也十分方便。老师不用再抱一大堆作业本回办公室，同学也不会存在作业忘带的情况。只需要在作业平台录入，系统里便可以一目了然。

在这个网络发达的时代，云学习对我们来说可能并不陌生，但这样系统的云学习，相信很多人也是第一次使用。通过这段时间的摸索，我总结出了几点经验与大家分享。一，在上课之前熟悉授课平台，有时一门课需要同时用到好几个平台，如果不熟悉操作，很有可能耽误课程。二，检查好网络、麦克风等设备。由于云学习的特殊性，网络必不可少。在这短短数十天的课程中，已经发生了不少因为网络问题没跟上进度的事情。三，做好预习复习。我们不能因为在家学习，老师无法当面监督就放松，该做的事情还是要做好。

2018 级会计学专业那娜

三月：宜宅家静心学习。

因为疫情，我又坐到了高中学习的书桌前，墙面上还贴着高三写下的"豪言壮语"。"乾坤未定，你我皆黑马！""满怀希望，就会所向披靡。"仿佛又回到了高三的那个夏天，又有了不顾一切的冲劲。同时宅在家里也给我了大把时间，好好回忆平时立下的 flag：如果有时间，我一定要认真背完"专四"单词；如果有时间，我一定要把晦涩的论文读完；如果有时间，我一定要完成今年的阅读计划……这些 flag 正在一一兑现中。

虽然宅家的时间总是过得飞快，但是各种 DDL 依然催人奋进；虽然身后就是温暖的被窝，但也要每天坚持，赶上早八；虽然伸手就是零食饮料，但感谢体育慕课的宅家锻炼，没有让我的体重更上一层楼；虽然没有了熄灯断电的提醒，但还是丢开手机，早早地上床睡觉。这是我，我想也是许多小伙伴的在家学习日常。

愿你我都平安健康，高效自律。

2019 级国贸专业罗丹玉

其实，刚开始线上学习的时候，我还不是很适应。一是不同课程采用的平台太多太杂，二是少了面对面的监督和大家一起学习的气氛，难免容易上着上着就发起了呆。不过，在这两周的适应里，我渐渐地找到了学习的状态。

对于问题一，我采取了以下办法：首先做了一张课程表，并标上了每门课程所涉及的平台；然后按照课程安排，设定了每周的闹钟，时间是每门课提前 5 分钟；最后就是我会在每天早上开始上所有课之前关掉当天上课微信群的屏蔽设置（我一般会把群都屏蔽了），以便及时获得当天课程的相关消息。

对于问题二，我觉得劳逸结合还是效率高。每次完成一项任务，我都会休息 5 到 10 分钟，走出房间，到客厅里走走，或者做做运动。宝藏日剧《东京大饭店》也给了我很多奋斗的动力。

其实，没有什么问题是克服不了的，也没有什么倒霉是绝对的。2 月初我的电脑坏了，教材一直不发货，本以为会对上网课造成很大的麻烦。但事实上，我适应得很好，甚至渐渐开启了无纸化学习；前段时间，我在平板里记的英语笔记没了，那段时间好多倒霉事都集在一起，我还挺烦躁的，但其实往好的方面想，一来我重新记笔记也算是巩固复习了一遍，二来我的英语周记也有话题写了，这么一想，我其实挺幸运的。

2019 级会计学专业姜佳豪

大学的学习生活与以往大不相同，大量的自由时间意味着我们要具备自律和合理安排时间的能力。大学的考试相比高中少了许多，但这不意味着大学的学习更轻松。平日里的自我放纵只会让期末考试周的我们更加手足无措。每一节课的学习内容在一天的课程结束后及时复习,有疑问的及时向老师同学求助。这样的好处一个是每周都能对该门课保持熟悉感,另一个也能防止问题的积累而影响之后的学习。作业最好是当天完成,尤其是像如今的疫情期间,各种作业都在网上提交,每一个作业的 DDL 都不一样。如果都拖到最后一天才去完成,不仅作业质量下降,而且极有可能遗忘,等到老师来催才想起来。现在大学的学习任务还不算繁重,主要的任务就是要培养一个好的学习习惯,增强自律性和安排时间的能力。养成好习惯之后才能轻松应对各种考试,在期末拿到满意的成绩。

2019 级金融专业王新月

不知不觉,距开学已有两周。在这两周里,我逐步适应了云学习的节奏,也开始觉得云学习是一种很不错的学习方式。居家学习给我提供了一个更加安静的环境,有利于我在学习时静下心来。同时,我可以随时根据所需查阅资料,老师也会为我们提供更多的资料,让我能更好地根据自己的节奏把控学习进度。在课上没有听懂或没来得及做好笔记的地方,也可以通过重播查漏补缺。

当然,云学习也更加考验我的自律性。纵使居家,学习不能停止。每当我抵制住了舒适的床和沙发的诱惑,玩手机的诱惑,而通过云学习收获满满,都会很开心。另外,在云学习中,我也会因为长时间看电脑屏幕而疲惫,这时候劳逸结合就很重要。课间做一些运动,放松眼睛,没有课的时候弹弹钢琴,学做一道菜,都是不错的放松方式。

2019 级金融专业冯晓莹

线上授课平台并不是一样陌生的东西,但全面实现这种教学模式就让我感觉很新鲜,也更有兴趣。用网课学习十分的方便,同学们不需要在各个学院教室里穿梭,只需要打开手机操作就可以,省时省力。我们跳出了上课时间限制,在课余时间,我们可根据自身理解情况,选择重复观看某段视频,从而加深记忆,深化理解。

网课虽然是一种很方便、很新奇的上课方式,但这毕竟是特殊时期采取的特殊手段,我还是更想回到学校,更想念充满学习氛围的图文,更想和同学们坐在一起学习,更想念亲爱的老师和朋友们。希望疫情快快结束吧。

结　语

疫情当前，国际金融贸易学院学子们积极响应国家"停课不停学"的号召，以知识助力青春战"疫"。凡有所学，皆成性格。国际金融贸易学院学子们在学习中寻觅乐趣，在考验中磨练意志，开辟出"腹有诗书气自华"的新天地，于成长岁月构筑自己的宽度和厚度。相信我们会在家的港湾遨游学的海洋，时时担当努力做"勤学者"，只争朝夕、不负韶华，以更加昂扬的姿态夺取抗击疫情斗争的最终胜利！

（编者：上海外国语大学国际金融贸易学院学生会）

同心战"疫" 同"屏"共振——国教学子话在线教学

徐瑞雪

在短短三周的时间里，线上教学给我们的学习与生活都带来了许多变化：我们更加自立、更加努力了；时间概念强了；学习效率高了、劲头足了……线上教学使我们的宅家生活变得丰富又充实的同时，也让同学们多有感触。同学们对于线上教学也有他们的看法与建议，我们一起来看看吧。

国教学子线上教学感想

疫情让我们不能回到熟悉的教室里一起学习，但网络技术的蓬勃发展让我们能够尝试新的学习方式——网上学习，这也印证了学生在家中用电脑进行学习的可行性。尽管网络学习中还存在着网络速度不稳定、课程平台冗余等缺陷，但这些问题终将不会成为问题。在线上学习独有的优势和庞大需求的推动下，一切都会越来越好，让时间空间不再成为约束学习的条件，让"学习强国"这个概念深入人心。

——2019级英教一班 林文泽

虽然开视频上课的尴尬、长时间盯着屏幕造成的眼睛酸痛、冷不丁开始卡顿的网络状态、比平时更加疯狂肆虐的作业使同学们叫苦不迭，但在逐渐熟悉流程后，大家也不得不承认线上教学带给我们的便利是普通课堂无法做到的。居家一站式上课可以节约大把时间，录播功能可以让跟不上课上进度的同学随时反复观看，视频直播课程让从前居家生活过分随意的同学养成了勤洗头勤梳妆的好习惯（笑）。

——2019级英教二班 张瑶

我有一部分课程是由"网上直播＋录播学习资料"两部分组成的，同学们可以先观看老师提前准备好的录播学习资料，如有任何问题，可以在直播课上询问老师或与同学们一起在线讨论。除此之外，同学们可以在讨论板块畅所欲言，交流观点，互相学习，不受任何时间空间限制；身处五湖四海的同学们可以在

Wiki 板块共同完成一份小组作业……

在上网课的过程中，我觉得最累的是老师们。提前准备、录制学习资料，尝试全新的授课方式，课后盯着屏幕批改作业……谢谢老师们的默默付出！

——2019 级商英一班 谢姝晓

当我在学校坐在后排座位的时候，很难看到黑板，但现在我可以近距离看到黑板上的物品并调整音量。教室环境是针对个人量身定制的，因此可以集中精力。还有，偶尔交作业时间重叠，我混淆而惊慌失措的时候很多，但是线上教学以后，在家里也可以看教学资料和上课通知，这种方式让我更有效、更方便地学习。

——2019 级商英二班 郭佳彦（韩国留学生）

虽然线上学习使得我们离开了校园环境，但是同学们依然在按照学校的课程时间进行学习，在老师的指导下进行线上学习。在特殊时期，同学们也可以共同"云"努力。寒冬终会过去，春天终会来临。

——2019 级汉国教一班 尉立

虽然在线上教学中我们面临许多困难，但是看到老师们为了让我们在家也能感受课堂氛围，尽力克服困难，不断尝试适应平台的操作，创造轻松而高效的线上课堂，我们的内心满是感激。线上教学期间，我们与老师灵活应变，齐心协力，共同努力。

——2019 级汉国教二班 潘慧慧

我作为国际教育学院教育技术学专业的学生，觉得这次大面积的线上教学其实为我们提供了很多灵感。我看到了直播教学 App 的无数种可能，看到了线上作业平台的应用潜力，甚至在观看慕课的过程中，不自觉地去找这部慕课拍得好、拍得不好的地方。纵观线上教学现状，忽然就感觉到了我的专业的必要。

这是一个全民学习的时代，线上教学是无数不再坐在课堂里的人学习的途径。这次线上教学让我对线上教学时代里自己的终身学习产生了信心，并且萌发了发挥专业技能将线上教学和慕课制作做到更好的使命感！

——2019 级教技 乔一涵

线上教学给同学们的学习生活带来了许多变化，其中学习方法上的转变尤为明显。这是对同学们自我管理能力与自主学习能力的一次全面考核，也使同学们拿出始终如一的认真态度对待线上学习，更鞭策大家寻找适合自己的学习方法、提高学习效率，成为真正会学习、懂学习的合格大学生。

——2018级英教一班 康炜懿

不论是老师还是学生都不惧挑战，努力克服网课所带来的困难。老师们都非常有耐心，他们总是会竭尽全力解决同学们网课期间遇到的问题，保证课堂效率。同时网课也非常考验学生的自制力，大部分同学还是会努力寻找适合的学习方法，努力适应线上学习。

——2018级英教二班 彭云潇

借助各种平台软件，老师和同学们可以较为及时地进行直播授课以及课后习题答疑。有些课程更是大胆创新，采取online-presentation的形式。同时，考虑到部分网络卡顿的同学，每节课都会上传直播回放视频为同学们提供参考。除此之外，网上授课也极大地提高了教学灵活度与学习自主性，对于老师和同学们来说既是一次全新的体验，也是一次全新的挑战。期待在春暖花开的日子里，早日与各位SISUer相约SISU！

——2018级商英一班 柯知春

综合对比线下学习，我们发现线上学习有很多优点和亮点。首先，提高课堂效率。许多本来需要占用课堂时间的练习基本上都作为作业完成了。其次，音视频文件可以自己把控进程，尤其是类似视听说这样的课程，方便多次复习和发现遗漏。当同学们课下有问题的时候，可以在Blackboard的讨论板上创建话题，其他同学也可以参与讨论，老师也会及时给出解答，提高了解决问题的速度，同学们提问的积极性也提高了。

——2018级商英二班 刘丽莎

老师们利用多个平台开展线上直播或录播教学，提供课程相关的多方面的扩展资料，对课堂内容进行补充，内容的深度广度都有所加深，便于同学们课后下载学习。虽然是线上教学，但大家都能在上课时间进入学习状态，积极与老师互动，及时解决问题，让学习更加顺利。

——2018级汉国教一班 李沐紫

App 的使用使得课堂同步直播成为可能，方便了老师和学生的互动。虽然按照目前的情况来看，线上教学还要持续一段时间，但是同学们都很有信心，一定可以努力适应网上教学方式，利用学习资源，认真、踏实地充实自己。

——2018 级汉国教二班 李一心

我们教技专业的同学，对线上课程再熟悉不过了。

其实老师们和同学们都付出了很多。老师们为了更加有效地直播尝试各种方法，为了努力达到教学效果不断寻找教学资源；而同学们一方面要做到自律并有效利用时间，一方面也要适应脱离纸质材料的学习方式。

总之，还挺想念下了课大家一起说说笑笑的。希望疫情能早日结束，让我们到时见。

——2018 级教技 穆世玉

线上教学不同于平时的课堂，老师和学生的互动形式变成了通过麦克风或者留言来沟通，其中有不懂的地方大家都可以互相帮助。线上提交作业是一个比较麻烦的地方。但是网上硬性设置提交截止日期的方法可以促使我们按时完成并提交作业，对我们自主学习也有积极的影响。

——2017 级英教一班 邹佳缘

我很喜欢迟老师的精读课和宋柯老师的美国文学，特别是迟老师的高级英语课。迟老师的课采取周二直播周四线上讨论的形式，直播时讲解课文单词，帮助我们理解；线上讨论的话题也很有趣。这种上课方式不会让我觉得课程烦琐、任务繁多，而且每次课前老师都会提醒我们完成任务，不会出现错过日期提交作业的情况。

——2017 级英教一班 周熊芳

有的课程要求在 Blackboard 上观看相关的视频以及课内资料，并最后以线上小 Quiz 的形式来检验同学们的学习情况。大家都必须在规定时间内学习对应知识，角色也都进行了从被动到主动的一个转换，老师安排的任务量让大家很难适应，希望老师能慢慢地加码加量，让大家有一个过渡的阶段。

——2017 级英教二班 丁舸航

线上授课之后，一个最直观明显的体会就是作业量的增加，所以虽然呆在家里，但学习可一点不轻松。有时也会遇到技术上的问题，但线上教育作为一种顺应时代的新模式，未来还有更大的发展空间，也在疫情期间有力支持了我们的学习。

——2017 级商英一班 曹宇

第一次上网课，我最大的感受就是网课的便利性。课间不需要穿梭在各个教学楼里，只需要打开电脑就可以开始一天的学习，每天的学习生活忙碌而充实。但是缺少了面对面互动的课堂未免有些死板，由于不能得到及时的反馈，课堂效率不如线下教学高。而且线上教学期间的各科作业量明显比平时多。虽然线上教学并不完美，但在这个特殊的时刻，它仍然把我们紧紧相连，使我们足不出户就可以学习到新鲜知识，不断充实自己。

——2017 级商英二班 杨云如

网络教育的学习方式主要是以网上学习为主、线下自学为辅。所以我们要结合自身条件，制订一个合理的、适合自己的学习计划。我的日常学习主要围绕着我的学习计划展开，每天抓紧完成自己的学习任务，把节省下来的时间用来看书、查阅资料，并带着问题再听老师讲课，课后整理每门课程的笔记。在有精力的时候，还会和同学们一起探求好的、先进的学习方法。

——2017 级汉国教一班 崔昊天

线上教学给我们提供了广阔的平台。我和我们班的很多同学额外喜欢张秋杭老师的"学术论文写作"录播课，老师准备充分，生动形象而又轻松地阐述了一个个知识点。听着秋杭老师的声音，同学们仿佛就像坐在了教室里，对着秋杭老师和蔼的笑脸。如此精彩的课堂令同学们受益匪浅。

由于网络不稳定、反应延迟，很多时候和老师、同学的沟通交流不如平时在教室里方便，甚至有的时候会影响上课质量。上课的软件纷繁复杂，令同学们有点"应接不暇"。

——2017 级汉国教二班 杨楚莹、滕一欣

与传统的教学方式不同，线上教学带来了一种全新的学习体验。简单来说就是：虽然长时间盯着屏幕让眼睛感觉特别疲劳，但能很大程度上缓解早八起

床的痛苦，上课前十分钟惊醒也能做到从容不迫（并没有）。相比于上网课前看到的"学习通"变成"学习堵"、各大平台接连翻车，我们这次在线学习的全方位体验进行得还是比较顺利的，相信在回到学校后，混合式教学也会变得更加普及。

——2017 级教技 杨瑞珍

线上教学一方面能全面锻炼学生能力：种种原先由老师手把手引导的学习任务，在线上教学中均要由学生自主完成。学生的综合能力由此得到极大提高。另一方面大家提交作业也更便捷，成绩统计也更为简单有效。

——2019 级一年制少数民族预科生 胡丹怡

经过这几周的线上教学，我发现网上听课是一件考验和提升个人的自控力和学习能力的新体验。因为在没有人督促的情况下，能不能按时早起上课，按时完成作业，都是考验个人的自控力的。而且，上网课会比较轻松，发言的时候不会太紧张，如果上课的时候没有听明白还可以看回放，弄不明白的知识点可以反复看回放，反复学，这样既可以学会新的知识，也可以巩固之前学过的知识。

——2019 级两年制少数民族预科生 苏比依努尔·艾尔肯

网课毕竟是很新鲜的事物。但经过几个星期的学习，同学们都渐渐地适应了这个平台，甚至喜欢上了网课。因为大多数同学都在偏远地区，网络不稳定的问题偶尔也会出现，但特殊时期大家努力克服这些困难，利用了网课平台的回放功能及时补上。

——2018 级两年制少数民族预科生 贺然·努尔兰

（编者：上海外国语大学国际教育学院教师徐瑞雪）

模式可以多变　态度决定成败

史　月

开学已经两周有余，同学们宅家抗疫，卧室成了寝室，饭厅成了食堂，父母成了室友，睁开眼睛便身处校园，拿着笔记本随处都是教室，网课不停学，作业不停歇，这些被网课支配的大学生们，在这两周多的感受如何？而摄像头后的同学又是怎样上课的？

小编特意请了大一到大三的几位同学来跟大家说说网课，摆摆龙门阵。先来说说 2019 级的孩子们，他们可能是在校园里待得时间最短的了，上外蓝天下的明媚春景他们只能在公众号推送中领略一二，可以想见，明年此时，他们一定会好好弥补今年的遗憾。

对这些刚从高中踏入大学的孩子们来说，网课需要的自律，他们努力一下，还真不难找回来。小编特别同意 19 级刘亚东的话："模式可以多变，态度决定成败"，我想，这不光是他的宣言，也是我们所有人的宣言。

2019 级吴沁怡同学

这次特别的网课经历，让我领会到了原来一天到晚呆在家里是这么枯燥，原来天天对着电脑上网课的感觉这么奇妙。

作为学语言的学生，上网课的确没有在学校里面对面的交流与沟通有效，但这也同样锻炼了我的自律性，培养了自学能力，在较为不利的学习环境下尽可能地做到最好，不被拖延症和父母的无微不至的照顾而忽视了学习。

不过，网课最大的优点也显而易见，那就是随时随地上课，可以穿着睡衣洗把脸清醒五分钟立即投入课堂，这大概是我在学校朝九晚五的日子中无法体会到的快乐。

2019 级周逸飞同学

这几周的网课下来，整个课程丝毫没有因为是网上授课的缘故而让人松懈，反而激发了大家对于自主学习的激情。

就我个人而言，我很适应"录播＋网课"的教学形式。录播主要针对单词、句型、语法这类知识点。录播的可重复性能更好地打好我自己的语言基础。

直播主要针对对话、课文这类贴近生活的文章，可以实现与同学间的互动，能在进一步夯实基础的同时及时补充之前尚未涉及的知识。

网课虽不像是在课堂直接授课，但也依旧充实，干货满满。期待疫情早日过去，早日和老师同学一起在教室里快乐学习。

2019 级魏少聪同学

网课在一定程度上可以提高学习效率，网课可以反复观看，在有疑问时可以看回放，很方便。

讲词汇用的是录播形式，可以随时暂停，充分理解后再进行下面的内容。对话和课文采用直播，也满足了老师和同学的互动。

而且同学们在线上可以随时像发弹幕一样交流知识，一些惧怕发言的同学也会参与讨论，课堂参与度会有明显提高。

2019 级刘亚东同学

受新冠疫情影响，线上学习已经进行到了第三周。线上学习应该是学校、老师、学生等多方面在特殊时期做出的教学形式上的突破。

学校搭建网上平台，安排新的教学模式。老师摇身变主播，投身于直播或是录播授课。学生也受到了对自身自觉性的空前挑战。

线上授课的好处是可以将上课内容反复观看，这个可以弥补平时线下课程难以跟上节奏、难以记好笔记的弊端。同时，线上学习对自觉性的考验加剧了学生之间的两极分化。

若能利用好与老师的线上沟通，则有利于裨补阙漏，解决知识盲区，如果不加以利用，则学习中的困难会不断消磨自身的学习积极性。

总而言之，事在人为，模式可以多变，态度决定成败。

2019 级余佳宁同学

从网上开课以来已经过去两个多礼拜，从一开始对网上学习的可行性抱有怀疑，到现在渐渐适应，学习走上正轨，离不开老师们的辛苦付出。

在新课学习中，老师的安排循序渐进，非常合理，就阿拉伯语专业课而言，首先是观看录制成视频的单词、句型、语法讲解，为对话和课文的理解作铺垫；

其次是老师的线上直播讲解，为同学们提供了不懂就可以提问的渠道，弥补了线上无法面对面互动的缺陷。

在上课之余，老师也会布置相应的作业，帮助我们更好地掌握语言点，并且通过平台给予我们及时的作业反馈，最大限度地克服了网上开课的难题。给我们的老师点赞！

但不可否认的是，网上学习难免会有孤军奋战的孤独感，还是希望能早日回到学校的课堂中，重新见到老师们和同学们，感受线下活跃的课堂氛围。

2019 级王荧翔同学

时间如白驹过隙，不知不觉间，我已经在家中上完了两个多星期的网课。在这短暂的两个多星期中，我也逐渐开始适应网上授课这种形式。

还记得刚开始面对冷冰冰的电脑屏幕听老师讲课时，内心是何等落寞，课堂上缺少了同学们踊跃的发言和老师工整的板书，取而代之的是铺天盖地的教学视频和骤然倍增的课后作业，着实令我有点难以透气。

但随着我们与老师共同努力、互相体谅与积极协调，课堂也愈发有了它本来的味道，而我也投入饱满的热情，认真地学习阿拉伯语。这时的我甚至还有点窃喜于"教室"与"食堂"的距离之近，为我节省了大量路上的时间。

相信大家都会或快或慢地适应网课，相信疫情终有一天会被打败，我们能够回到那个熟悉的教室。

2019 级彰荣伟同学

这次疫情，让我们与网课有了一次全方位的接触，虽然过去对网课的了解不甚全面，但经过了两周的探索和磨合，我也和其他小伙伴们一样，逐渐适应了网课的节奏。

首先，网课增进了我对课程内容的理解，在网络视频授课的过程中，发现疑难问题可以及时暂停，通过回放重播的形式反复观看，能够更好地促进我们的吸收和理解，避免了因错过关键内容而导致的思维的混乱。

其次，网上授课的内容十分精练，老师们事先将课程进行了高度提炼与浓缩，然后再进行视频的制作和剪辑，这样不仅提高了上课效率，更利于我们吸收和理解，高效且稳定地保证了我们日常学习的时间和质量。

课后，老师们通过对作业的审阅和批改来了解我们对知识的掌握程度，并在随后的直播课中进行答疑，并对重点内容进行更为全面的补充和讲解。至此，我们便对知识有了更为整体的理解和领悟。

老师们在制作课件和视频的过程中，还对以往的知识进行了梳理和适当的回顾，有利于我们对已有知识进行回顾。

最后，网课是对大家自律能力的考验，没有了在校老师们的叮嘱和检阅，我们要依靠自己的自律和日常对学习的规划，来进行有规律的预习和复习。

网络授课让我们有充裕的时间对以往的学习内容进行梳理和巩固，是我们提升自主学习能力的良机。

小编认为，对目前的网课，同学们还是可以很快适应的，录播和回放的好处显而易见，但小编很担心，真正走上课堂后，他们会不会忍不住在老师上课时想按下暂停键呢？这么一想，还是快点开学吧，毕竟我们想念的不仅是课堂，还有文汇路的美食呢！

（编者：上海外国语大学本科教学督导、东方语学院副教授史月）

逆水行舟　不负韶华

史　月

据教育部和上海市有关会议文件精神，结合疫情防控和教学实际情况，保障"停课不停教，停课不停学"，经前期精心准备和严格测试，我校于 2020 年 3 月 2 日正式开始线上授课。小编本次特别采访了几位 2018 级和 2017 级阿拉伯语专业学生对于网课的感想。

@2018 级阿拉伯语专业　乌日丽嘎 闫鑫铖 钱轶旻 连伟涵

2018 级的学生即将面临阿拉伯语国家四级考试，学习任务很重，小编也认为，对于四级辅导这样的课程可能线下上课效果更好，但目前形势所迫，网课无疑已经是最好的解决办法了。

大二的专业课老师教学任务重，大二的学生们的课业繁重，压力大，但唯有更努力学习，才能不负韶华，待到再见时，愿我们都能为一起在网课战斗过的青春点赞。

2018 级乌日丽嘎同学

因为疫情迟迟没有好转，离开学时间还是遥遥无期，所以老师和同学们秉承着"停课不停学"的理念，开始了漫长的网上学习历程。

刚开始第一周，因为老师和学生们第一次体验这种全日制的网课，所以总是会遇到适应方面的问题，比如网络卡顿、麦克风不好使等等。还好学校在开学前一周让老师和学生们一起测试各种操作问题，很多问题都得到了解决。就这样，3 月 2 号的开学第一天，在那熟悉的课堂，虽然形式上有了很大改变，但听到任课老师们耐心讲解阿拉伯语课文的声音，我的心里也踏实了很多。上网课的第三周，大家似乎慢慢习惯了这种上课形式，每节课不需要让老师提前告知上课时间，无论在家在做什么，大家都准时上课。我觉得网课在某些方面可以更好地促进老师和同学们之间的互动和交流。因为网课平台系统很成熟，可以随意将各种媒体文件打开，而且教学、教学工具多样化，所以同学们可以更直接有效地接触到教学资源。

对学语言专业学生来说，网课也是有利的学习形式，老师们可以更清楚地了解到学生们的发音情况。总而言之，在这个科技飞速发展的信息化时代，网课绝对是很先进的教学模式。

2018 级闫鑫铖同学

在家蜗居两个月，过得平稳却又出乎意料的快。每天按下闹钟的时候，抬眼看窗外，太阳总还没有爬上对面的屋檐。洗漱，吃饭，到安稳坐到书桌前，一会儿功夫太阳就晃得刺眼，就像现在这样。

习惯拉上一半窗帘，打开昨晚临睡前做的 To Do List，然后慢慢开始在家上课的新的一天。其实网课也挺好，这样的上课方式牺牲了一些效率但给了生活更多自由。就这个书桌，从早到晚都在这里，省下了在校园里奔波的时间，省下了在图书馆找位置的时间，时间多了生活就从容了许多，也规律了许多。但不管怎样，还是期待能更早地跟各位在明媚的阳光里相聚。

2018 级钱轶旻同学

两周前也就是开学的前几天刚接触全线上授课还蛮有新鲜感的，看着老师在另一边的屏幕上直播时也不时恍惚自己坐在教室里，还可以随时举手和老师互动。两周过去，新鲜感消失之后真的需要点自律能力才能让自己按时上课。线上平台最方便的就是作业提交很方便，DDL 的时间再也不会记错，相当于多了一个自动提醒器。

2018 级连伟涵同学

上网课对我来说很新奇，新奇的是课堂体验，没有改变的是师生们认真上课的决心。在上网课的时候老师会更在意我们的感受，会担心自己的声音传不出来，大家无法收到课件或者是担心我们看了一天屏幕的眼睛。我在上网课期间也会更认真地预习老师提前布置的作业，课后为了赶上 DDL 会更及时地完成功课。但是新奇的体验过后，心里留下的，是更多对学校同学和老师们的思念，想念和同学们在课后讨论问题，在球场相遇，在食堂排队时闲聊……我希望能够早日回校，我更希望到那时一切如故。

@2017 级阿拉伯语专业　程霆宇　王浩东　马俊枫　葛耀阳　赖昱飏

2017 级的学生们正处大三，可以说，这是全面提高语言能力的一年，不少同学希望在这一年能实现语言的突飞猛进，虽然疫情突然来袭，但大三同学学习劲头却丝毫不减。对于快要踏上工作岗位的大三学生来说，其实这也是一个难得与家人共处的好机会，如果将来到另外一个城市工作和生活，还真的很难有这样的机会和父母相处这么久。

2017 级程霆宇同学

至于我个人的体验，我觉得学习习惯大体上和在校期间保持一致，并未受疫情的影响。网课的好处很明显。同样在 90 分钟的一节课里，能接收到的信息量更大了。比如，老师在上课的时候会通过屏幕共享把讲义或者课程目标展示给大家看；我可以一边听课，一边浏览讲义，随时能够跟上老师的节奏，对于一时没听到的信息，也可以自己对照讲义，查漏补缺；老师也能够在大家熟悉讲课进度的基础上，稍微提高速度、节省时间，能讲的内容也就更多。

当然这种上课方式也有一些不足之处。比如：作业和 DDL 悄无声息地成堆出现在网课平台的公告栏上；上完一节课才发现忘了去"签到"模块签到；上课时大家都关上摄像头和麦克风，课堂变成老师的独角戏；老师讲课讲到一半，突然掉线……

我还是更怀念教室里同学们奋笔疾书的场景，怀念黑板前老师们绘声绘色、行云流水的讲解，对我个人而言，那才是真实的课堂。

希望疫情早日结束。

2017 级王浩东同学

自从 3 月 2 号线上教学以来，我们已经上课两周有余，最大的感想就是在老师的指导下，渐渐熟悉了网上上课的操作与流程，原本想着线上上课会和线下上课有很大的差别，其实不然，就拿大三年级阿拉伯语报刊选读这一门课来说，老师会提前在 Blackboard 平台上给我们发预习文章，每周都会有个人作业和小组作业，所以学习安排上和线下学习差别不大，Blackboard 平台上还提供讨论板供学生讨论，还有 Wiki 功能，可以供我们分享新学到的语言表达。

但是，我还是更希望早一点回归美丽的上外，早一点回归课堂教学，毕竟课堂教学的互动性要比线上上课好很多，长时间地看着电脑屏幕对老师和学生的视力也有一定程度的影响。所以疫情快点结束吧！待到春暖花开时，我们东方语学院再见！

2017 级马俊枫同学

因为疫情的原因在家在线上课已经两周多了，对这两周多的学习生活也有颇多感受。虽然现在网上学习早已不新鲜了，但能通过网课看到老师同学的样子，熟悉得不能再熟悉的阿拉伯语精读和其他课程，心里还是有些按捺不住的小兴奋。

通过网课学习很方便，但也有很多不便利的地方，一天下来眼睛胀痛，相信是大家都或多或少会有的经历。在家学习，也是个巨大的考验，每天在睡觉前自己都会发起"今天我是不是又浪费时间了"的灵魂拷问……在家学习的这两周，时常为自己的效率不高而烦心是真的，但是因为视频教学而能有更多自己的时间去阅读、反思和回顾也是真的；对出门在外学习的学子来说，在家中学习而能有更多时间陪伴家人也是真的……

因为疫情在家学习终究是暂时的，大家肯定也还是会更希望在学校中学习，这个阶段在家中学习也是出于保护大家的健康和照顾正常学习的权宜之计。也正是利用这段在家学习的时间，我们可以在反思中为将来的返校学习做大大的助力。老师们和同学们在这段时间也肯定能够劳有所得，学有所成！（手动比心）

2017 级葛耀阳同学

我使用 iPad 来听网课，体验最深的是由于互动过于有限，老师们的语速都放飞自我了，笔记经常来不及记；自己很容易分心，长时间盯着屏幕看也有些疲劳，而且 Blackboard 这个软件经常有莫名其妙的 bug，上周的报刊课麦克风收音效果奇差，效率大打折扣；不过上过的课都有回放，尤其是外教课，上课没有全部理解的可以课后回放再仔细复习，而且接收各种材料再也没有文件大小限制了，作业上交和查看老师的批改也很方便，再也不用担心找不到了。

所以网课虽然有些不尽如人意，但总的说来，只要课后注意回看，还是可以掌握很多知识的。

2017 级赖昱飏同学

网课上了三个星期了，可以感觉到无论是老师还是同学们都在不断向好的方面调整适应。老师面对网络授课时更加从容老练，同学们也从起初的时常关闭麦克风慢慢参与到课堂中来了。

比起现实课堂，在电脑屏幕背后听课的我们也更能够找到让自己舒适的听课方式，从而让自己更好地集中精力专注于课堂；从另一方面说，网络授课还节省了同学们在教学楼之间来回奔走的时间，也算是减少了身心上的疲惫，提高了自己的学习效率。虽然身不在校，但网上学习同样给了我们回归学习正规的选项。

其实，不管从大一学生，还是大二大三学生来看，对网课的感受基本相同，网课受制于网络条件的影响，在互动方面比课堂略微逊色，但在可以回看方面所具有的优势就比较明显了。

逆水行舟，不进则退，这个特别的时刻是考验大家自律的时刻，不能专注学习可不能再甩锅给文汇路美食的引诱，也不能再埋怨校园生活的丰富了！

对于开学，大家的心声也基本一致，网课虽好，但我想念同学，想念老师，所以还是快点让我来学校吧！快点让我摆脱在父母眼皮下的学习生活吧！

（编者：上海外国语大学本科教学督导、东方语学院副教授史月）

从语言服务角度，大学生可以为防疫做什么

姜 霞 王雪梅

2020 年的春天，举国上下齐心协力，共克时艰，为防疫做出自己应有的贡献。语言对于宣传推动防疫工作也发挥着重要作用。据人民网报道，联合国开发计划署 (UNDP) 和世界卫生组织 (WHO) 携手在中国社交媒体上联合发起的 "宣传防疫 算我一份" 倡议活动，数十万网友积极参与，用 50 多种语言和方言分享了应对新型冠状病毒的防护措施。

作为新时代大学生，作为以培养 "多语种 +" 卓越国际化人才为目标的上外的莘莘学子，对此有何思考呢？在面向全校的 "生活中的语言学" 通识课程中，同学们针对 "从语言服务角度，大学生可以为防疫做什么？" 这个论题，纷纷建言献策。下面我们一起分享一下他们思想的火花。

英语学院张晨星

我想谈一下语言抚慰在此次疫情中所体现出的显著价值，这离不开大学生的积极贡献。大学生们通过评论、转发、私信等方式，给予求助者安慰、鼓励和陪伴，一定程度上减轻了他们的无助感和孤独感，缓解了他们的心理压力。语言在疫情防控中的贡献可以说是举足轻重的。语言服务不仅对于当前的疫情防控，更对疫情过后社会秩序的恢复、人民精神世界的重建，有着无法替代的、具有极强专业性和社会价值的贡献。同时，也有着更多的能量和潜力等待着我们语言学习者和研究者的挖掘和发挥。

德语系涂婧怡

疫情当前，全国上下万众一心，共同面对。前有医者逆行，替我们负重前行；后有八方支援，为人间增添温暖。在国家危难关头，语言工作者和学习者们也在以自己的方式服务于抗疫的前线后方。多语种翻译人才为此次疫情完成了出色的涉外工作。对外联络沟通、对外防疫宣传、为外宾答疑解难、翻译疫情报告文件等工作都有我们的身影。在对外联络沟通时，我们用外语向友邦寻求帮助，向援助表达感激，面对误解极力反驳。在对外防疫宣传时，力求语言简明扼要，

用最精练的语言宣传防疫，用最专业的知识科普新冠病毒。用精妙的观点和话语回击外界的诋毁和质疑，用文明的利剑刺向诽谤者的胸口，让世界看到中国的努力和团结。

为外宾提供翻译支持时，友善的态度让外国友人宾至如归，精准的服务帮助他们不再心慌，受到来自世界各国的赞誉。翻译疫情报告的工作也至关重要，稍有不当在国际上可能引起不必要的紧张和误会，翻译不仅要求精准更要求及时，把疫情状况实时发布。但无论要求多么苛刻，我们的志愿者们也能不折不扣地完成工作，这体现了中国态度，展示了中国速度。还有一群人，在疫情之下，参与到"停课不停学"的教育计划中，用自己的专业技能给人们带来便利和帮助，给全中国的每一个角落带去有温度的知识。语言工作者遍布于世界各地，活跃在各行各业，不论何时何地，我们都在用最严谨的态度和最专业的技能服务社会、贡献国家。

国际工商管理学院钟广浩

我认为，语言服务能够从技术、工具和使用三个方面为本次防疫做出贡献。如语言技术服务方面的语音合成技术、语言文字识别技术、机器翻译技术、检索技术。本次疫情期间在不少地区投入使用的配送机器人、街道消毒机器人都带有播放合成语音的广播装置，这是语言技术服务的一个体现。在本次防疫中应用最广泛的语言技术服务应该是语言信息检索技术，它帮助人们通过搜索引擎等方式了解疫情相关信息，如疫情传播的新闻和防疫小知识等，为抗击疫情的医护人员和相关群体提供了多维度的语言服务，为抗"疫"贡献了语言学的力量。

国际教育学院唐可嘉

身为大学生，在疫情期间虽不能像医护人员和基层工作者一样献身在一线，但是可以通过自身语言服务的学习，给身边人带来帮助。

例如，身边长辈对新闻理解有偏差或者不能完整理解时，我们可以用一种更简洁易懂的方式（方言、口头语）向他们解释，让他们了解到疫情的现状。新闻记者或许离他们很远，但我们离他们很近，用自己的知识逐步让长辈们建立起防疫意识，从身边小事做起，发挥语言学习者的力量，为防疫工作贡献自己的绵薄之力。

防疫需要各种群体的共同努力，语言服务能很好地将大家联系、联合起来，我相信用自身的语言服务能力能够帮助到更多的人。

国际工商管理学院殷若甜

疫情期间需要隔离，作为大学生的我们无法像医务工作者与科研人员那样冲锋在一线，但我们可以借助语言的力量为防疫助力。首先，我们可以根据不同群体所能接受语言的特点，制作不同语言版本的防疫注意事项。比如针对儿童的顺口溜等，尽可能使社会不同群体都能接触并了解。其次，我们可以为不懂普通话的患者及其家属提供特殊的语言服务。比如方言服务或外语翻译服务，以大学生语言服务志愿者的身份到防疫一线帮忙。另外，我们还可以利用自己语言方面的能力与优势帮助其与国外对接。比如为外来的医疗科研团队提供翻译服务或对接国外医疗产品工厂等。当然，我们也应该讲述好、传递好中国的防疫故事，不只是用自己的语言去记录、用自己的方式去传播，还要将发现的优秀防疫故事翻译成英文甚至更多种语言，让世界了解中国的防疫精神。最后，我们还可以将中国的防疫经验与注意事项翻译成不同语言版本传递给世界，借助语言的力量帮助国外抗击世界疫情。

日本文化经济学院董毅飞

我想强调的是语言服务中的方言服务。中国幅员辽阔，人口众多，防疫不仅仅是针对城市和受高等教育的人群，同样需要面对身处县城、乡村的人们，方言是最贴切当地人民日常生活的语言方式。使用当地的方言进行防疫宣传，能够让受众真切感受到疫情距离我们的日常生活并不遥远。方言服务可以更方便、快捷、准确地把信息传递给不同的群体，在全国一盘棋的防疫工作中可以起到事半功倍的效果。

国际工商管理学院朱睿

首先，我要去了解新冠疫情，要知道由于其与呼吸有关，所以传染力非常强，出门戴口罩是一定要做到的。身为一个大学生，我要多方面搜集新冠疫情的相关知识，进行普通话与方言的转换来帮助周围的人。我认为这一点可以算作是语言服务中的语言翻译或者是语言教育部分。

其次，由于新冠肺炎传染性极强，许多小区村庄要限制人流，甚至禁止外来人口进入，这种强制性的手段容易引发冲突，我们可以组织语言进行有效的沟通，或者主动为管理人员提供有效的广播稿，从而减少或者杜绝感染的可能性，并且不破坏亲友之间的友好关系。

再者，我们可以充分利用新媒体，利用网络，进行语言支持，比如说当时上热搜的手写武汉加油。虽然我们没有明星的影响力，但是滴水聚而成海，我们可以在关键时期给予武汉人，给予奋战在一线的人爱与鼓励。

最后，我们可以进行语言艺术服务，我发现地方电视台在新闻播出前后都会播放一首由本台主持人编写的歌曲，或者是反映疫情中的感人瞬间。我们可以写诗，可以写歌，可以写加油文章，充分利用自己的学识，相信黑暗只是一瞬，白昼终将永恒。

身为一个大学生，我们的能力可能还有限。语言服务以帮助人们解决语际信息交流中出现的语言障碍为宗旨，通过提供直接的语言信息转换服务及产品，或者是提供有助于转换语言信息的技术、工具、知识、技能等，协助人们完成语言信息的转换处理（袁军，2014）。实际上，语言服务的范围不止于此，我们可以在此基础上帮助更多的人。

以上各位学子从语言服务角度，对防疫工作提出建议。从科学宣传到语言救援，从语言技术服务到教学平台和资源分享，从参加对外翻译到方言疏导，都体现出上外人结合专业知识助力防疫工作的思考。在一定意义上，语言也是战斗力，希望各位学子充分发挥语言优势，有效运用这一战斗力，为防控疫情做出自己的贡献。

（编者：上海外国语大学国际教育学院教师姜霞；教务处副处长、教授王雪梅）

课程思政篇

编者按：根据教育部和上海市有关会议文件精神，结合疫情防控和教学实际情况，保障"停课不停教，停课不停学"，经前期精心准备和严格测试，我校于 2020 年 3 月 2 日正式开始线上授课。各院系结合专业和课程具体情况，出台了一系列保障举措和实施方案，广大一线教师全力投入密切配合，有效保障了线上教学的顺利进行。学校征集各院系的优秀经验做法，通过"SISU 教学院系篇"栏目宣传推广典型案例。为交流课程思政建设优秀经验做法，挖掘课程思政改革先进典型，本篇推出课程思政篇。

在线教育教学中的课程思政案例

高洁 曾婧 凌蓉

根据教育部和上海市教委精神，结合疫情防控和教学实际情况，保障"停课不停学、停课不停教"，经前期精心准备和严格测试，日本文化经济学院于2020年3月2日正式开始线上授课。教师们精心准备线上课程内容，同时丝毫没有松懈课程思政环节的导入。

汉日翻译理论与实践课程

1. 以习总书记关于疫情防控的讲话为例，学习主谓句倒序翻译，在疫情之下坚定信仰。

2. 以外交部发言人关于访日时机的回答为例，学习主谓句倒序翻译，关注中日关系时政要闻。

3. 借用方舱医院"清流哥"的故事，学习长状语倒序翻译，关注抗击疫情的正能量。

4. 关注疫情之下经济发展变化，学习长状语倒序翻译，关注疫情引发的产业变革。

基础日语课程

1. 开学第一课，观看日语洗手法，学以致用抗击疫情。

2. 线上接龙互动，观看日本抗疫新闻，学习防疫单词，练习日语句型，训练日语思维。

日语语音学课程

录制题为"治国理政金句朗读"的系列微课视频供学生学习，受到学生们的欢迎。学院请日本专家录制了《习近平谈治国理政》日文音频。语音学任课教师从中挑选出一些难度较低适合大一学生学习的句子，制作中日文对照的"治国理政金句朗读"文字稿及微课视频。

传统课堂教学并不仅限于知识传授，还"春风化雨"般"润物细无声"地对学生进行"全人格"教育，在线教育教学也不能忽视这一点，半个多月来，日本文化经济学院开展在线教学中积累的心得体会，为课程思政环节的全方位实施积累了更多宝贵经验。

（作者系上海外国语大学日本文化经济学院院长高洁，教师曾婧、凌蓉）

线上教学战"疫"　探索云上"课程思政"新途径

缪文龙

面对疫情,法语系按照学校总体安排,结合院系实际,精心组织,多措并举,全体师生戮力同心,克服重重困难,开辟线上教学"课程思政"新天地,确保战"疫"不停学,线上教学不断线。

一、落实主体责任统筹谋划线上教学

法语系多次召开教学管理网络会议,研究在线教学事宜,制订 2020 年春季学期教学工作方案。以教研室为单位建立课程负责人教学工作微信群、以课程为单位建立授课微信工作群,统计在线学习困难学生情况;组织教师参与线上教学培训,支持和鼓励教师采用 Blackboard、课程中心、中国大学 MOOC、智慧树等课程平台开展线上教学准备工作,为学生提供多元化的网络学习方式。

二、全方位保障师生在线学习顺利开展

根据毕业论文工作安排明确本科论文初稿、盲审以及评阅时间节点,要求老师通过微信、QQ、邮件等多种方式指导学生撰写和修改论文。通过直播平台开展博士生预答辩工作,并视疫情发展做好本硕博毕业论文在线答辩的准备工作。

及时收集线上教学反馈,并通过完善网络教学设备、协助在线教学平台建课、在线教学资源核查、在线教学日报等方面实现在线课程顺利开展。

针对法国日渐严重的疫情,法语系留法"疫"线工作组积极掌握学生思想动态,疏导学生情绪,协助学生办理回国手续,并根据学生需求办理国内补选课或交流院校远程网课学习手续,确保每位学生都在线。

三、利用线上教学开辟"课程思政"新天地

注重云上"课程思政"的开展,利用网络平台传播的便利性与形式多样化特质,多层面多维度融合"课程思政"内容。结合法语教学法中交际教学法、任务教学法、教学素材三大板块理论学习,探讨如何将《习近平谈治国理政》

有机融入法语外语教学；通过"导师引领计划"，结合中国大学 MOOC 在线教学平台，探讨《习近平谈治国理政》在公共法语初级慕课中的教学价值和应用，服务于初级法语的语音、词汇、语法和文化教学，推进思想政治工作并培养学生的爱国主义情怀。

组织全系学生通过直播和录播的方式观看"疫情防控思政大课"，同时就"思政大课"的内容出发，结合实际情况，发表自己的感想。通过这样一堂不同寻常的课程，学生们深刻认识到我国政府科学有效的疫情防御工作，见证了逆行战"疫"中的最美守护者，以及全国人民万众一心、众志成城为抗击疫情所做出的努力，更从中感受到了人民、国家与民族的力量。正如习近平总书记所说："人民有信仰，国家有力量，民族有希望"。

（作者系上海外国语大学法语系教师缪文龙）

课程思政改革进行时

肖维青 等

上海外国语大学英语学院 2010 年起创新性地提出"人文化"教育，开展了一系列综合改革，引领英语专业回归其人文学科属性。学院从课程、实践、专业多个维度推动"三全育人"，2019 年入选教育部第二批"三全育人综合改革试点院系"。2015 年，首门专业教师和思政教师联袂授课的"中外时文选读"开创了外语专业课程思政教育教学改革先河，得到光明日报、人民日报、文汇报、青年报等多家主流媒体报道。在疫情防控的特殊时期，英语学院将疫情"危机"转化为课程思政教育的"契机"，精心设计全方位、多层次、立体化的课程育人环境，在网络课堂中融入战"疫"金句热词的翻译教学，把抗"疫"事迹作为课堂教学的"活教材"，在"译"实践大课堂中拓展党建新阵地，为广大学子上好"人生大课"。

"译"课堂 师生热议抗"疫"金句热词

肖维青教授的"英汉影视翻译实用教程"课程今年加入了一个特殊的单元——"口述影像"。口述影像是视听翻译为残障人士（主要是盲人）提供的无障碍翻译服务。课上任课教师首先邀请"全国自强模范""上海市三八红旗手"盲人韩颖女士讲述盲人对影视节目的渴求，随后介绍上海市现有的口述影像志愿者服务，并对 12 组学生口述影像进行细致的点评，主要指出学生口述影像中如语速过快、信息密集、描述不精准等不足之处。课后学生再根据点评，修改口述影像稿，不断提升口述影像的质量和效率。这是一节把育人元素巧妙融入知识体系教学的课程思政精彩课堂，引导外语专业的学生发挥语言特长为社会弱势群体服务，从而很好地培养学生的社会责任感。

此外，在"汉英翻译"课程上，肖维青尝试将"投我以木桃，报之以琼瑶""山川异域，风月同天"等经典名句，以及"疫情无国界，人间有真情""不获全胜决不轻言成功"等时政金句的翻译纳入网络课堂中，引发了学生的热烈讨论。肖老师表示，将时下的金句热词加入课堂中，一方面是希望大家关心时事，了解社会热点,另一方面也可以帮助学生加深对专业知识的透彻掌握,更重要的是,鼓励大家今后能用自己的专业所长为国家服务。此前,肖老师曾与外教合作讲解《习近平用典》的翻译难点,引导学生学习习近平总书记重要的讲话、精彩用典和现实解读,有意识地培养学生的翻译能力和翻译素养,学习有原则地讲好中国故事。

在一堂二年级的英语精读网课上,任课教师侯靖靖选择了不少跟疫情相关的官方表达融入作业,并通过分组竞赛的方式进行巩固。线上第一课,她还邀请班上武汉同学用英文介绍自己和家乡近况,师生相互勉励早日迎来面对面上课的日子。

对于这种将社会大课堂融入专业思政小课堂的教学方式,二年级谭婳同学感触颇深,"老师常常鼓励我们关注社会民生、解决社会问题,在精读课堂上,我们不仅能通过中外对比,在古文翻译练习中深切体会到中华文化的智慧和魅力,增进对自己国家文化的自豪感,还会广泛讨论历史建筑保护、种族歧视、英国脱欧等问题,极大地培养了我们的全局观和社会责任感。"

"译"名师 化身网络"主播"言传身教课堂

首次尝试新平台和新技术的肖维青老师难免有一些不适应,并且肖老师的其中一门课程是与外教 Curtis 老师一起进行的"双师教学",难度就更大了。在开始准备线上授课之初,肖老师就与 Curtis 老师反复联络沟通,尝试录播及各种平台,找寻效果最好的方式。初试网课,让肖老师有了很多技能上的收获,还留下不少美好有趣的回忆。肖老师说,网上授课以前没有尝试过,开课前两周一直处于焦虑状态,"我这学期有两门本科的课程,一门是和外教一起上的,另一门是我自己的。我们没有实践经验,只能摸着石头过河。我要在短时间内学会很多东西,克服对技术的陌生感。因为担心正式开课后出现问题,所以在开课前做了很多准备工作,尤其是我与 Curtis 老师合作的课程,我们进行了反复演练,直到所有问题都解决,保证课程顺利开展。"

同样担任两门课程教学任务的李梅老师,也经历了一个从抵触、担忧到充满信心的阶段。李老师说,起初的复杂心态主要源自各种不确定性:担心平台操作不熟练、网络异常,也担心无法达到实体课堂的互动效果等等。但是,随着直播授课的推进,李老师逐步适应了这种教学方式,内心也更加稳定专注。

她坦言，"最大的动力来自学生"。在"社会文化专题研究与讨论"这门课上，每次提问话音一落就有闪动的"举手"示意，有时连续五六个同学要求发言，讨论板上帖子不断。在"西方修辞学"这门课上，每周有一位同学介绍读书心得，通过屏幕共享等操作功能，大家可以随时交流，读书报告的质量非常高。尽管实体课堂直达人心的力量仍然不可取代，但是同学们线上的积极参与和配合，让李老师对在线授课更加充满信心，同时也让她切身体会到了信息技术在教育中的力量。

杨祎辰老师表示，线上教学虽然因缺乏面对面即时性的交流而少了直观的互动，但也从某些程度上促进了教学思路的清晰和小组讨论模式的完善。线上平台成了教学所依赖的主要工具，刚上手还是有些许难度的。另外，杨老师教授的平行班比较多，为了保证稳定的教学水平，采取了录播的形式。"我还是觉得线下的有趣，一录课就一本正经。但这也是件好事，对教学思路的清晰度提出了更高的要求，逼迫我打磨课件"，杨老师说道，"录播是很花时间的。我录一节课基本上需要花一天的时间，因为我觉得学生的体验很重要，已经看不到老师在讲台上讲解了，如果还录得磕磕巴巴的话，学生更不愿意听了，所以不断在 NG，回过头重录，讲得口干舌燥。虽然如此，但还是很开心，很有成就感。"

侯靖靖老师教授的基础英语课程在教学过程中涉及大量的互动，线上授课无疑会对互动产生一定的影响。但是，从目前的情况看，总体教学效果比侯老师预想的要好很多。在实际的线上教学过程中，老师和同学们都非常努力地克服困难，跨越空间的阻隔，尽可能实现线上讨论互动。"社会在进步发展，这也许是一种趋势，线上授课、线上互动、线上学习都可能会越来越多地参与到我们教与学的过程，虽然有不足，但是它的优势也是显而易见的，它让远在天南海北的我们聚在了一起，一起学习，一起讨论，这足以让人感动。"

"译"实践　品牌社团实践活动纷呈

学院以打造校园文化优质品牌活动和拓展高质量、多维度社会实践平台为两大抓手，配合第一课堂育人思路，夯实第二、第三课堂的改革与创新。

作为学院党建活动的网络阵地，公众号"英华心泽"一直将思想引领与专业知识相结合，成为英华学子的精神家园。其中的"热词英译"板块致力于英译形式，结合当下热点及英语专业特色，呈现科普热点话题，在广大师生中引起强烈反响。自新冠疫情发生以来，14 亿多的人口大国在党中央的领导下众志成城、同舟共济，用中国精神、中国力量、中国效率勇战疫情。为此，"热词英译"专栏特别策划"战'疫'专题"，由专业教师指导把关、学生党建中心团队策划执行，目前已出两期推送，从中央决策、政策部署、服务人民到青年一代的切实行动，多维度解读这场全国人民共同攻坚的战役，帮助学生巩固专业知识、夯实理论基础的同时，进一步增强责任感、使命感和担当作为。

英华笔译社是学院的一个品牌社团。笔译社配强专业指导教师，以接轨高级翻译训练、培养可用勤思人才为目标，主要社团活动由翻译项目、竞赛辅导、专题讲座与工作坊和社刊编撰。笔译是一门虽无定式但注重章法的艺术，既需要理论的指导，更需要大量的实践将其内化。新学期伊始，社团便就第一次笔译任务采用了全新的"笔译实践 + 视频讲解"模式，让同学们既亲身参与到笔译实战的过程中，又详细了解了其背后的翻译理论、目的和美学。参加本学期第一期上外英语新闻（SISUNews）翻译的社员同学表示，杨祎辰老师的讲解让我意识到在翻译时要抓住重点信息，适当运用翻译策略，更清晰地传播上外人心声。

学院"教师荐书"活动始于 2015 年，旨在为师生提供课外交流学习的机会，激发读书热情，打造"学习型"学院。疫情防控期间，学院将这一活动延伸到院微信公众号，进一步打造全员阅读的人文氛围。目前，学院已征集 30 多位老师推荐 80 余本书籍，经学院"爱心阅览室"师生策划组织，将按照"领略通识人文之美、品读英语语言艺术、穿越历史的隧道、徜徉学术的殿堂、感受小说的温度"等板块分批分享给全校师生。

打通课堂内外，联结网络上下，在抗"疫"关键节点，英语学院及时把握契机，不断深化课程思政教育教学改革，从"译"课堂、"译"名师、"译"实践三个维度，把育人资源从书本拓展到了社会现实又回归到课堂，打造了特殊时期特色的网络育人环境；学院党政与教学团队齐心协力，将专业能力提升与社会责任感、中外文化比较意识等相结合，引导青年学子读懂"家国"和"人生"这本"大书"，在学习专业知识技能时深刻认识个人权益和国家利益、人与自然和谐共生、个人与人类命运共同体的关系，勇挑时代的重担。

（作者系上海外国语大学英语学院教师 肖维青、侯靖靖、李梅、杨祎辰、Curtis Evans）

专业性和实践性相结合 立体构建战"疫"思政课程体系

程 彤 陈晓黎 高陆洋

外语实践课程体系包括以"听说读写译"为主体的专业课程和作为第二课堂的外语类社会实践和志愿服务活动。作为上海市课程思政改革领航学院，上外东方语学院一贯将课程思政有机融入课堂实践课程与课外实践活动，形成专业教师提供专业指导和引领，学工团队负责社会协调和学生实践活动管理，以及学生深度学习和实践为核心的育人闭环，不断丰富和完善具有外语专业特色的思政实践课程体系。在此次防疫抗疫过程中，东方语学院把握机遇，发挥专业优势，将其作为课程思政的重要内容，融入课程教学全过程，融入实践服务全过程，取得了良好的育人效果和积极的社会效果，为当前的抗击疫情工作做出应有的贡献。

针对疫情，东方语学院的老师们充分准备了课程思政内容。他们充分利用网络平台，一方面在短期内迅速掌握在线教育技术，保证在线课堂平稳实施，同时积极在网上收集各种防疫抗疫和卫生健康宣传材料，各国防疫抗疫的舆情以及我国与对象国的相关互动，作为提供给本科生、研究生学习和调研的基本材料，并为承担各种志愿实践任务而进行前期和及时的专业外语培训。

负责学院学生工作的老师，在校学工党委、团委的积极协调下，负责合理安排各种分配给学院的各种外语志愿任务。同时，鼓励学生在确保自身安全的情况下，积极参与各类抗击疫情线上外语类实践和志愿者服务，保证学生课外实践活动的有序和高效进行，并及时与各专业对接，搜集课程思政建设和师生社会服务的优秀事迹，及时总结报送，进一步激发大家的抗疫热情。

东方语学院的学生们虽然分布在全国各地，甚至远在海外对象国，但他们能够一方面认真学习在线课程，积极掌握有关防疫抗疫的外语语料、外语表达技能和中外翻译技能；另一方面充分利用所学外语的听、说、读、写、译技能，将其切实运用到防疫抗疫的外语实践中。甚至有的还结合视频制作，舆情资料处理，将外语与其他技能综合起来，参与到防疫抗疫的实践活动中。

在教师，学工团队和学生共同参与下，学院进一步深化课程思政建设，探索防疫抗疫外语实践课程体系的综合构建，努力做到专业性和实践性相结合，真正在实践工作中体现课程思政建设的育人效果。

就课程体系的打造，具体来说就是教师在自身搜集网络上大量最新的防疫抗疫视听说材料（特别是简单的会话内容）的基础上，鼓励学生也多方收集类似的内容，加入低年级本科生的课程中，与现实结合有利于激发他们的兴趣和学以致用的动力。在高年级翻译课上，直接进行防疫抗疫内容的翻译训练，帮助他们投入社区境外人员防疫服务，边境口岸的防疫，社区宣传资料、网上视频的中外文翻译和校对，线上外语翻译服务；针对研究生，教师带领他们进行医疗专业翻译服务、抗疫图书翻译和有关国外舆情调研报告的撰写等更高阶的外语综合实践训练。这些都取得了课程思政良好的育人效果。

据不完全统计，东方语学院共有超过 1/5 的师生（100 多人）参与国家和上海市抗击疫情的相关社会实践和志愿者服务中。例如，朝鲜语专业研究生张坤加入武汉翻译志愿者总群，协助武汉采购国外医疗产品，翻译国外医疗产品标准等，不少主流国家和地方媒体报道了以他为代表的上外青年志愿者事迹。朝鲜语专业多位师生积极报名参加上海市外办志愿服务工作，李佳朋等志愿者事迹得到团中央的关注报道；阿拉伯语专业师生共同参与抗疫材料词汇整理，阿拉伯语专业研究生王宇制作抗击疫情、反对歧视的视频，视频走红阿拉伯国家，得到了近 30 万次的播放，很好地起到了澄清事实，促进中外理解的作用；阿拉伯语专业学生还在国情观察方面协助参与了编译工作。在伊朗疫情最严重的时候，波斯语专业师生协力，共同翻译了汉波对照的医疗词汇表，以及相关的抗疫视频、经验帖和流行病学调查材料等；两位研究生同学也在志愿服务、资料翻译和童书外宣项目中承担重要任务；而本科生的课程学习成果——对伊朗疫情状况的编译整理已在媒体发表。泰语专业师生共同参与抗击疫情童书项目翻译，并将翻译项目作为专业课程实践的重要环节，中外合作、师生共译，翻译成果已向全球发布。越南语专业教师在专业课程中融入抗击疫情内容，提高学生的思想认识和外语水平，越南语专业本科生积极参与抗击疫情资料搜集、翻译和外宣视频制作。土耳其语专业师生参与了流行病学调查材料和防境外输入宣传材料的翻译，并参与制作了外宣视频。斯瓦希里语专业师生积极参与区域国别研究中心——上外东非研究中心建设，编译了两期东非国家抗击疫情情况简报。

学院在党建思政工作中，注重将抗疫中的实践感悟提升为理论思考，内化于心、外化于行。在 2020 年 4 月组织三场交流分享会，分别邀请参与抗疫外语志愿者活动的党员、服务于雷神山医院 ICU 病区的上海援鄂医疗队队员、赴武汉一线采访的新闻媒体记者等与师生分享经历和感受，进一步巩固课程思政体系建设的成果。

（作者系上海外国语大学东方语学院院长程彤，书记陈晓黎，副院长高陆洋）

相约思政大课　金贸学子有话说

国际金融贸易学院团委

2020 是特殊的一年，突如其来的疫情改变了大家的日常生活。在这个特殊时刻，从医务人员到公安民警，从基层社区工作者到志愿者……14 亿多中国人民众志成城，创造了一系列中国速度、中国奇迹。

为弘扬新时代精神，落实思政课立德树人的根本任务，教育部与人民网联合于 3 月 9 日举办了此次在线直播课——"全国大学生同上一堂疫情防控思政大课"。本次"思政大课"特别邀请了艾四林、秦宣、王炳林、冯秀军四位教授，结合大学生通识教育必修课内容，解读疫情防控的决策部署，分析中国抗疫领导优势，讲述战疫一线的感人故事。

观看了这节别开生面的疫情防控思政大课的直播之后，我院的学生纷纷通过文字来抒发自己对这次疫情的所思所想。

面对党之大考，我院党员同学们基于国情，进行了深刻思考，提出了自己的理解与看法。

2019 级会计专业孙伟业

通过这次思政大课，我深刻意识到我们党和国家在抗击疫情中发挥的中流砥柱般的作用。武汉火神山医院十天建成、方舱医院速成规模、基层防疫抗疫党组织临危受命、群防群治联防联治工作展开落实，这一切无不体现中国共产党集中统一领导制度的优越性。全国各地城市驰援武汉，医疗、食品等生活物资纷至沓来，医疗人员、志愿者前赴后继，这一切更是对全国人民团结一致、心系一方的最美诠释。

我们的民族是伟大的民族，我们的国家是伟大的国家，我们的党是伟大的党。在实现中华民族伟大复兴的中国梦的征程上，我们会遇到很多的困难，但是我们的民族具有克服任何困难的勇气和智慧，我们的党依靠人民、为了人民、全心全意为人民服务。

冯秀军教授说："爱国是最大的责任担当"。青年人承载起历史的重任，在重要关头点燃一代又一代的希望。此次疫情中，学院积极组织志愿活动，让青年学子投身到防疫抗疫的辅助工作中，更有部分同学冲到一线，以己所能为抗疫工作献出自己的力量；国际金融贸易学院党委也响应国家号召，倡议党员同志进行抗击疫情自愿捐款，国际金融贸易学院党员师生们，积极响应党中央的号召，体现了基层党支部的强大组织能力和党员同志们的响应力。

抗击疫情的战争中，全国人民皆是战士。我们个人的命运依托于民族命运，而民族命运则需要吾辈之顽强拼搏以强盛兴旺。新一代青年学子应做吾辈之人，扛起建设祖国、民族复兴的大梁！

有了学生党员主动带头，预备党员作为中国共产党的预备队伍，也紧随而上。正处于思想觉悟、工作态度不断提升阶段的他们，在这次防疫思政大课之后，也都收获颇丰。

2017级金融专业胡雅俐

今天，全国大学生一同上了一堂疫情防控思政大课，令我受益匪浅，印象深刻。四位老师有不同的侧重点，但他们向我们传达的中心思想却是有共通点的，即是重创之后必能重整旗鼓，勇往直前！

回顾历史，令我明白了历史进步的前提是善于化危机为机遇，总结历史经验，分析形势，增强必胜信心。习近平总书记也说，中国自古以来遇到了数不清的磨难，但从未被打倒。大难之前，我们更要汲取经验，安乐时，也更加需要增强忧患意识，居安思危。

中国采取的坚决有力的防控措施，展现的出色领导能力、应对能力、组织动员能力和贯彻执行能力，是其他国家做不到的，为世界防疫赢得了时间，确定了标准，积累了经验，树立了典范。各省份互帮互助，每一个中国人都有强烈的担当和责任精神。雷神山，火神山的建设足以体现，在疫情前，中国人民集中力量办大事，齐心协力是可以创造一个又一个奇迹的。

最后，对于我们当代中国青年人来说，我们肩负着责任与担当来实现伟大复兴的中国梦。士不可以不弘毅，任重而道远。尽管当今"90后""00后"身上有诸多标签，但爱国是我们最大的标签。建设中国的新一代年轻人，理当为祖国繁荣复兴贡献力量！

2017级国贸专业辛潮

2020年春节前，一场没有硝烟的战争打响了。在这场与新型冠状病毒肺炎的战斗中，白衣战士义无反顾地奔赴前线，救死扶伤；武汉人民，湖北人民做出了巨大牺牲，毫无怨言；全国人民严防死守，足不出户，爱己顾人；全国人民心系武汉，一方有难，八方支援。我们用各种形势和实际行动投身于这场战争中。当我们看着那一系列让人揪心的数字时，我们知道严峻的形势摆在面前。但是为什么这时候全国 14 亿多人民能上下一条心，众志成城，这一切都是因为有党的坚强领导。

同时，这次疫情也又一次给我们敲响了警钟。我们不能挑战大自然，而是要与大自然和谐相处。我们要建立健康的生活方式，注重环保，共同守护我们的地球家园。作为上外的一名学生，同时作为一名党员，我认为我们应发挥自己的长处与优势，积极参与到防疫当中去，虽然无法到前线抗击病毒，也应在社区、家中积极参与志愿者活动，或在线上提供翻译服务，为国尽自己的一分力。

在这堂全国大学生共同参与的防疫思政大课中，党员和预备党员作为中国共产党的一分子努力升华思想觉悟，而国际金融贸易学院的学生干部也积极响应党和国家的号召，认识到了自己的责任。

2018 级国贸专业杨亦奇

自从疫情爆发以来，我一直都密切关注着相关新闻，我想所有中国人的心都在牵挂着武汉以及其他疫情严重的地区。在浏览新闻报道时，我深深感动于医护人员的英勇无畏和无私奉献，一句"不计报酬，无论生死"的背后是他们对人民郑重的许诺，更是他们保家卫国的坚定决心和信念。一双双被消毒液侵蚀的手，一件件被汗水浸湿的防护服，一道道在脸上留下的印痕，他们是逆行者，是最值得我们敬仰的战士。同时，我也被武汉人民的坚强与乐观深深打动，身处疫情的中心，无数平凡的武汉人相互帮扶、齐心协力抗击疫情。快递小哥、环卫工人、交通辅警、社区志愿者等等，他们都在默默守护着武汉，保障着人民的生活。

虽然不在一线，但作为大学生群体也可以做一些力所能及的事情，比如我们可以向长辈们科普防护知识，呼吁禁止食用野生动物，担任志愿者来发挥自己的力量等等。总之，有一分热，发一分光，我们也应该肩负起自己的社会责任，而不做一个旁观者。

"没有一个冬天不可逾越，没有一个春天不会来临。"我们终将在春暖花开时再相聚。"一花独放不是春，百花齐放春满园。"世界人民同呼吸、共命运，我殷切期盼疫情能早日结束，各国人民都能平安幸福。

2018 级金融专业赵心佑

课堂中有很多论述的片段让我印象深刻，如从抗击疫情延伸到人类发展的方式和前途，从防控工作的调度联系到国家政治制度和人民群众的优势，从疫情战场来自四面八方的前线人员的责任担当进一步上升到中国青年、中国人民的信念和行动。这些令人敬佩、动容和振奋的片段汇聚成了这次抗击疫情的冲锋号，不管是前线还是后方，我能感受到，大家都是一条线、一颗心，众志成城、勇敢无畏。

观看这次疫情防控的思政大课后，我们应该对四位老师提出的各类问题和阐述有更加深入的理解，同时更应该做出实际行动，将课堂中对我们作为青年大学生、也作为普通公民所提出的要求、对我们的希望付诸实践，这是一份义不容辞的责任。

2018 级国贸专业简怡君

这或许是一场百年难遇的春节，在本该一年一度张灯结彩、阖家团圆的时刻，千千万万的家庭选择了闭门不出。人们不走亲访友，而是在家宅了整整一个月。街上不见行人，街边的小店纷纷挂上了闭店的通知，往日繁华的商场变得萧瑟，好像只有依然熙熙攘攘的超市证明着这座城市还"运作着"，可惜每个人脸上都带着厚重的口罩，大家行色匆匆，面色沉重。而这一切发生的原因，仅仅只是一个肉眼都无法看见的致命武器——新冠病毒。

为了应对这场疫情战争，我们举国上下，动用所有医疗资源，用尽一切努力，打赢这场疫情攻坚战。无数医生在前线奋斗，无数居委干部在守护着小区的防疫"底线"，他们直面着"被感染"的风险，却依然义无反顾地抗争在最前线，只为了保障更多人的生命安全。

当前，中国的疫情防控已经取得显著进步，疫情蔓延趋势基本被控制住。而在防疫的过程中，由中国共产党领导下的中国特色社会主义制度发挥了非常显著的作用。只有社会主义才能做到，"一声令下、全城封锁"，严格杜绝病患输出；只有社会主义才能做到，高效调配有限的医疗资源，支援疫情最严重的武汉；只有社会主义才能做到，一批又一批的党员自愿奔赴"战场"，只为挽救更多生命。在这场战疫攻坚战中，中国展示出了大国的风范，为亿万的中国人筑起了防护的堡垒，守护了华夏大地的万千子民。

在中国共产党集中统一领导全国上下共同抗击疫情的时候，各位青年团员们同样关注着此次的疫情。在这堂思政大课之后，他们都更加坚定了自己的志向与担当，决心要像抗疫一线英雄们学习，用自己的力量拥护祖国，为祖国建设添砖加瓦。

2017 级会计专业张茜瑶

在举国上下万众一心、众志成城做好新冠疫情防控工作的特殊时刻，灾情就是命令，防疫就是责任。"白衣天使"是战"疫"一线"最美逆行者"，他们舍小家为大家，义无反顾地奔赴疫情防控一线，用专业的医疗技术与病毒抢时间,用强大的责任心守护着每一个病人的生命安全。他们的精神让我泪流满面，更是化作一股无形的力量激励我不断前行。

尽管无法亲临一线，但通过这堂思政大课，我更加坚定了在这场疫情防控阻击战中不畏艰难，积极进取，自强不息的决心。正如冯秀军教授所言，"当年在父辈护佑下的孩子已经长大成人，成了我们今天身在前线最勇敢的人。一夜之间，是责任与担当让他们在青春中破茧成蝶。在灾难面前，我们所有人同呼吸，共命运，而中华文明绵延不断五千年，正是无数青年勇于面对挑战和自强不息的硕果。"

面对此次疫情，我认为，在奋斗与担当中谱写自己的青春，将自己的青春与国家的大我融合起来，是每位大学生义不容辞的责任。虽然无法亲临现场，但只有勤学奋斗、增长才干，才能用科学精神和专业本领保护我们的国家，用卓越的自身能力来担当时代的挑战与责任。作为上外学子，我们更是应该在扎实掌握专业知识和跨文化沟通本领的基础之上，努力奋斗、自强不息，在一次次挑战中让世界领略一个强大的中国，这就是我们最大的责任与担当。

2018 级会计专业黄静欣

艾教授讲的一个词"病毒无国界"最打动我，人类命运共同体告诉我们，全人类是一个整体，世界人民应该胸怀天下，携手抗击新冠疫情，而绝不应给武汉人民、中国人民扣上"病毒"的帽子。前段时间世界各国积极援助中国，日本"山川异域，风月同天"，世界卫生组织的称赞与鼓励，还有巴基斯坦、俄罗斯等国家倾尽全力地援助物资，都令我们十分感动。目前新冠病毒在全世界肆虐,中国也积极为世界提供可供借鉴的战疫经验,同样是心怀全人类的善举。

目前疫情受到一定控制，但我们一定不能掉以轻心，要继续加强防范。希望在不久的将来，我们能相约在武汉赏樱花，在上外尝青团。

2018 级会计专业沈奕晨

通过直播课堂的学习，我认识到中国共产党是我国的最高领导力量。在疫情防控过程中，正是党中央统一部署、协调各方，使得疫情防控工作得以及时有效地展开。这彰显了坚持党的集中统一领导的显著优势，证明了中国特色社会主义的制度优势是完全可以转换为治理效能的。

我也更加深刻地认识到伟大团结的中国人民守望相助，同舟共济，"一方有难，八方支援"，将传承"国家兴亡，匹夫有责"的责任，将接续"苟利国家，生死以之"的爱国精神。爱国主义始终是中国人民激昂的主旋律。

与此同时，我看到在这场战"疫"中，新一代的青年们也发光发热。作为其中的一分子，我更明白了我们青年应当回应时代的挑战，担当起时代赋予的使命和责任。

2018 级会计专业韦祎潇阳

艾教授用马克思先生的话告诫我们，"不要过分陶醉于人类对自然的胜利"，让我们明白要时刻保持对自然的敬畏。本次疫情由食用野生动物引发，其中关于道德、关于法律、关于人与自然关系的警示值得我们铭记。秦教授对党的领导作用的分析让我更加清晰地了解了中国共产党领导下中国特色社会主义制度在面对重大灾难时的优越性，让我们能够更加紧密地团结在党的领导下。王教授则从"多难兴邦"的角度给予了我们强大的精神力量，鼓舞了我们，让我们对抗击、击败疫情有了更加坚定的信心。冯教授向我们描绘了一幅未来的美好蓝图，阐释了我们新时代青年应该肩负责任，鼓励我们勇敢前行、不负韶华。

2019 级会计专业李奕萱

面对突如其来的疫情，无数国人逆行而上。八十四岁的钟老，虽年及悬车，仍披挂上阵；韩红倾其所有，支援武汉。不仅她们，更有许许多多医护人员千里迢迢来到武汉，帮助武汉人民一起度过这难关！每一个时代都有不同的英雄，有人在寒冷的冬日里把整箱的口罩送到警察局，却转身离开，有人在战斗一线救死扶伤，迎难而上，有人时时刻刻陪在患者身旁，甚至奉献出了生命，有人献出了自己的一点点力量，奉献出了自己的一份爱心。他们亦是英雄。一盏灯，一份心，一种情。

抗击疫情不仅是中国的事情，也是世界人民的事情。打赢这场"战疫"，人人有责。需要我们坚定信心，万众一心，同舟共济，构筑起抵御疫情的严密防线。

相信在党中央的坚强领导下，在人民的共同努力下，一定能打赢这场新型冠状病毒大战。希望明年春天，武汉的樱花开得烂漫。中国加油！武汉加油！

2019 级国贸专业刘颖倩

一个半小时的课堂，四位教授从不同的角度去深挖这次疫情带给我们的经验与启发，关于人权、自然、制度、历史和责任担当等等。这次疫情为我们敲响了警钟，让我们不得不再次深思人类与自然、人类与人权、个体与国家的问题；同时它也是一份考验，一份对于中国大国担当的考验、对于制度和执行力的考验、对于每个个体身体和内心的考验；它更是一次课堂，让我们更深入了解国家、了解疾病、了解自我……

课堂中，最触动我的其实是提问环节中的第三个问题：个人的"小确幸"与家国情怀是否矛盾？冯教授的回答让我深刻明白，两者不仅不冲突，甚至是相互依存、相互融合的。国家情怀是一份责任，但也是千万人民"小确幸"的基础，个体命运仅仅依存着家国命运，同时，社会、国家更是这无数个体命运的集合体。尤其是在当今这个和平的年代，时代和家国赋予个体的使命，它不仅仅意味着奉献，更不等同于牺牲，而是一种难得的机遇，是个体提升自我、展现自我的绝妙舞台。

我想，通过这次课堂，作为大学生，也是新时代中国特色主义社会建设者的我们会重新认识自己的国家，能辩证地去看待这次疫情，树立"青年成长道路千万条，爱国大义第一条"的信念，从而更积极地投入学习中去，奋力践行"知国、爱国、报国"！

2019 级金融专业姚欣

我想，在这个春天，我听到过的最温暖的一句话，便是那句"隔离病毒但不隔离爱"。在这个不平凡的春天，伟大的医护人员们是最不平凡的存在，他们不顾脸上被勒得生疼的红印，不顾手上磨得破裂的手泡，不顾早已累得无力的身躯，始终奋斗在一线，为身后千千万万的人们换去平安喜乐，这该是怎样的奉献与大无畏精神啊。

2003 年的 SARS，于那时还是孩童的我，如此陌生。曾经，上一辈用生命来守护我们，现在，你们当时所守护的苗儿已长成大树，是时候该换我们来守护你们了。哪有什么岁月静好，总有人替你负重前行，曾经是你们，现在是我们，正如王炳林教授所讲，这是多么美好的一句话啊。

疫情牵动人心，安危事在人为。中国在 15 天内建造了雷神山火神山医院，开设了各类方舱医院，展现了震惊世界的中国速度；党中央统一部署、协调各方，坚决站在疫情防控第一线，体现了舞动人心的中国力量。在来势汹汹的疫情面前，全国人民都是一个命运共同体，一方有难，八方支援。一批批志愿者驰援湖北，一群群白衣天使主动请缨奔赴防疫第一线，一组组科研工作者与疫情赛跑科研攻关……无数中国人民众志成城、万众一心，为这次的疫情防控阻击战而奋斗着。

而作为新时代的大学生，未来的砥柱，我们要秉持冯秀军老师所说的"胸有大志，心有大我，肩有大任、行有大德"理念，成为一位具有执着信念、优良品德、丰富知识、过硬本领的新时代多样化人才。求真务实、脚踏实地，把小我融入祖国的大我、人民的大我，与时代同步伐，与人民共命运。做坚实可靠的接棒人，用奋斗谱写最美青春！

没有一个寒冬不可逾越，也没有一个暖春不能到来，待凛冬离去，雪融草青，我们一起去吃热干面，去看武大的樱花，一定会有新的相逢将温暖延续！

2019 级国贸专业王钰

疫情爆发，我们看到了国家的有力措施和坚定信心，感受到了党中央领导下一方有难，八方支援的积极形势。而从个体来看，大多数人"在家躺着就能为国家做贡献"，不用上班上学。但是内心的恐慌，焦虑，惊惧不断地折磨着人们。事实上，这类群体已是最幸运的。患病者，无论轻症重症，会默默想着自己活下来的概率，甚至是承担着感染给他人的内疚；一线的奋斗者，与死神抢夺他人或者自己的生命；空巢老人无助地飘荡在空旷的街道……我们可以看到，重大疫情面前个体的渺小，命运的无奈和凄苦。此时，许多人的命运已经是自己无法主动选择的了，但在被迫地接受这一切后仍然可以选择如何去度过它。我们可以看到在此次疫情中有些个体的身形渺小但力量强大。无论是各地的志愿者，努力求生的患者，坚韧奋斗的医务人员，积极募捐的普通群众，还是号召力极大的公众人物，关心宠物的爱心人士，关怀孤寡老人的热心居民等等，他们在接受了现状后选择了自己认可的方式去度过它。

（编者：上海外国语大学国际金融贸易学院团委）

学生观"疫情防控思政大课"有感

周欣怡 奚雨萌 董越 贾逸梵 江思佳 等

新型冠状病毒引发的肺炎疫情让中国在 2020 年伊始就经历了一场不同寻常的历史大考。在这场考验中，中国举国上下一盘棋，中央成立应对疫情工作领导小组，绝大多数省份启动最高级别响应，医务人员主动请缨，社区工作者默默付出……14 亿多中国人万众一心、众志成城，创造了一系列的战"疫"中国速度、中国奇迹。

作为学生的我们，虽然不能在这特殊时期亲临主战场，但也能在大战中坚定信心。为了将高校思想政治理论课教学优势转化为支持防疫斗争的强大力量，3 月 9 日下午，教育部社科司与人民网联合组织了"全国大学生同上一堂疫情防控思政大课"，本次"思政大课"特邀艾四林、秦宣、王炳林、冯秀军四位教授，解读了党中央关于疫情防控的决策部署，分析了中国抗疫彰显的中国共产党领导和中国特色社会主义制度的显著优势。

为了提升自己的爱国情怀，坚定自身的政治信仰，国际关系与公共事务学院同学们认真观看了本次"思政大课"，同学们都进行了深刻思考，同时就"思政大课"的内容出发，结合实际情况，发表了自己的感想。

2016 级本科生奚雨萌

此次疫情，我身处浙江湖州。浙江在 1 月 23 日启动了重大突发公共卫生事件一级响应，各市县及时开展了排查和隔离工作，作为一名党员，我也主动参与了两次社区路口的轮岗。各项措施开展得相当迅速且有序——公共场所所有人都带好了口罩，商场、菜市场等人流较多的场所也定期消毒、做好了消毒记录等。

结合这堂疫情防控思政课，我再次认识到，立场不同，选择不同，中国在此次疫情防控中把人民群众的生命安全与身体健康放在了第一位，把保障人民群众的生命权作为最紧迫的任务。在灾难面前，我们同呼吸共命运，人民群众众志成城，跟随党的科学决策领导，才能形成万众一心，同舟共济的合力，才能尽快取得抗"疫"斗争的胜利。

2016 级本科生董越

通过观看学习此次"思政大课",我对此次疫情有了更加全面的了解,也对我国在疫情期间实施的各类防控政策和措施有了更加深入的认识。我为在疫情中冲在一线的各行各业的"逆行者"所展现出的强大担当而动容,也为全国上下在疫情中表现出的巨大凝聚力而自豪。同时,我也深刻认识到,无论是国家还是个人,都不能安于舒适圈而丢掉忧患意识,"任何时候都要居安思危,未雨绸缪"。

回忆家乡云南在之前的防控中做的各项举措,作为一个医疗条件并不算发达的省份,各级政府能够顶住压力、迅速响应,及时开展各项防控工作,有序分配人员和资源,对滞留的大批旅客也做了妥善安置,让人民群众感受到了党和政府良好的决策力和执行力。

2016 级本科生贾逸梵

观看了"思政大课",我更进一步地了解了此次疫情,也更进一步地感受到了在党的领导下全国人民的团结一致与家国情怀。习近平总书记说"要以更坚定的信心、更顽强的意志、更果断的措施,紧紧依靠人民群众,坚决打赢疫情防控的人民战争、总体战、阻击战。"中华民族从不畏惧磨难,也在一次次磨难中变得更加强大。

我的家乡河南郑州在此次疫情防控工作中做得十分及时和到位,在网上有很多人说要来河南"抄作业"。我真的感动于每一个平凡人的付出:在我们小区,物业工作人员做好了社区电子信息统计,进出小区都要严格地登记和测量体温。我的父亲在医院工作,春节期间没有一天休息,单位的医护人员中也有很多人奔赴武汉支援。所有奋战在前线的工作人员,不论岗位、不论年龄、不论职位,都用自己平凡的大爱,成为我们这个时代的英雄。

2016 级本科生陈泽琦

通过观看学习此次"思政大课",我对我国政府和人民抗击新型冠状病毒感染肺炎疫情所做出的努力有了更深刻的认识和了解。在党中央的领导下,中国紧紧抓住疫情中心地区和病毒源头发力,加强病例诊疗和疫苗研发,澄清不实言论，完善防范手段，增加资源投入，与世界卫生组织分享信息。

中国不仅做到了保护好本国人民，也全力阻止疫情向其他国家蔓延，这体现了中国的责任担当、信心和能力。正如几位老师在课上所言，中国政府和人民有决心、有信心、有能力战胜疫情。不获全胜决不轻言成功。面对接下来的防疫，我相信中国将继续保持必胜的信心，中国也将给其他国家带来信心。

2016 级本科生江思佳

通过观看此次"思政大课"，我对祖国在疫情中的担当感到骄傲自豪，同时也对新型冠状病毒有了更进一步的了解和认识，学习并掌握了预防措施。磨难压不垮、奋起正当时。举国上下万众一心，坚持把新冠疫情防控工作做好做实。我们虽不能亲临主战场，但也能以坚定的信仰与支持做出自己微小的贡献。

在我的家乡青岛，仍记得韩国飞青岛航班一票难求的热闻，为坚持隔离减少外出的本地人带来了一定恐慌情绪，市区政府立刻召开会议部署应对措施，机场在入关处设立隔离点，落地旅客由各区政府派车接回住址，无固定住址的外籍旅客被送到指定酒店。这波热潮过后无新增病例出现，政府的有力应对令市民放心，令我们骄傲。

2016 级本科生岑博远

通过学习在线的"思政大课"，我对这次新冠疫情有了更加全面深刻的认识，也对我们政府在防疫工作中所做出的各项举措有了更加深入的了解。多难兴邦，一个经历了重重磨难的民族才能长久地屹立于世界之林，和 2003 年的非典相比，我国的基层医疗水平、疾控水平以及处理危机事件的能力都有了大幅提高，疫情在第一时间得到妥善的控制。

我的家乡北京也是深受本次疫情的影响，尤其是随着复工的进行，可能还会有新发病例的出现，但我对这次"战疫"有着十足的信心，这是一场全民动员、众志成城的战役。在党和政府的领导下，统一包括人民群众、医疗科研人员、各类社会组织等强大的战线，坚决打赢这场疫情防控的阻击战。

2016 级本科生龙思璇

寒假期间我对武汉疫情的情况持续关注，自豪于"火神山"建造完成的中国速度，敬重于奋战疫情前线的人们，揪心于每个确诊死亡数字的上升，又振奋于一个个不断传来的好消息。看到自己的同龄人已经勇敢地奔赴疫情前线贡献自己的力量，敬佩之余，我也要求自己做好力所能及的事。减少外出，主动居家隔离，增强信息分辨能力，用平凡的方式为早日战胜病毒做贡献。

在这场无硝烟的战争中，党和国家给了我们强大的安全感。此次疫情也引发了人们对自然的再认识，我们应该保持头脑清醒，认识到人本身是自然界的产物，人与自然不能分割、不能对立。这次疫情也敲响了警钟，我们应提倡文明健康、绿色环保的生活方式，构建人与自然的和谐关系。最后，我坚信这是一场必胜的战役，全国上下一盘棋，全国人民一条心，团结奋斗，众志成城，期待病毒消散的春天到来！

2016 级本科生杨佳琪

社会主义制度的优越性在这次防疫中得到了充分的体现，十天建成一所医院的"奇迹"只能在中国政府和中国人民手中实现。在这次抗击疫情的战争中，党和政府始终将保护人民群众的生命安全放在首位。同时，全国人民表现出的强大凝聚力也使我动容。普通百姓积极响应政府号召，牺牲了春节与亲人的团聚，坚持不走动，不聚餐；医护人员不分昼夜，与死神赛跑，战斗在抢救生命的第一线；还有很多社区，公安的工作人员，坚守岗位，为防疫默默奉献。

我的父亲就是一位人民警察，疫情发生后他就一直奔波在一线，每天总是很晚才能回到家。我也参与到了社区的志愿活动中，希望能为防疫工作奉献一点绵薄之力。我坚信在习近平总书记的指挥下，在全党，全军，全国各族人民的紧密团结下，我们一定能够打赢这场疫情防控的阻击战、总体战和人民战争！

2017 级本科生朱文超

"安得广厦千万间，大庇天下寒士俱欢颜"，身处上海，在过去的两个多月里，我的心同全国人民一样时刻牵挂着疫情最为严峻的地区的人民。同时我也坚信只要在党中央的领导下，坚持全国一盘棋，集中力量办大事，就一定能够发挥中国特色社会主义制度的显著优势，打赢疫情防控阻击战。我国应对突发公共卫生事件的实践表明，发挥好制度优势，各地各部门各司其职、通力合作，我们一定能有效控制疫情。

历史无数次证明，伟大的中华民族是在风雨中发展进步的，越是伟大的民族，经历的风雨沧桑也就越多。面对危难挑战，中华民族从不畏惧，在一切难关面前，伟大的中国人民必将更加团结一致、众志成城。灾难击垮不了我们，反而会让我们紧紧拥抱在一起，凝聚最强大的战斗力！

2017 级本科生张建伟

这次在新冠疫情尚未结束的特殊时期上线的全国高校在线"思政大课"，是一堂生动、深刻的思想政治教育课。对于我来说，这无疑是一次精神层面的洗礼和思想认识的升华，也让身处疫情重灾区的我对党更加依恋，对人民更加感恩，对夺取抗击疫情全面胜利的信心更加坚如磐石。

作为处于疫情风暴区的湖北襄阳人，在面对疫情时虽然也紧张焦虑，但是在党中央的指导下、在全国各地的医疗工作组的援助奋战下，我心暖如春。一直以来，有不少声音为我们加油打气，称赞武汉人民、湖北人民是英雄的人民。我想，英雄的人民对于感恩的理解只会更深。代表湖北同胞向全国人民致谢不是我能够做的事情，在这个相对小的圈子里向身处全国各地的各位道一声感谢则义不容辞，感谢你们的宽容理解，感谢你们的关心关怀，感谢你们的援助支持，感谢你们一直与我们同在！抽芽吐蕊的春天到了，相信疫情被完全控制的春天也不会遥远。祝山河无恙，愿各位安好！

（编者：上海外国语大学国际关系与公共事务学院师生）

疫情大考的青年思索

雷鸣洲　等

在举国上下万众一心、众志成城做好新冠疫情防控工作的关键时期，为将高校思想政治理论课教学优势转化为支持防疫斗争的强大力量，3月9日下午，教育部社科司与人民网联合组织的"全国大学生同上一堂疫情防控思政大课"面向全国大学生在线进行直播。英语学院积极组织安排全院学生、辅导员老师等共同聆听思政"云"课堂。本堂大课结合疫情防控工作中一个个鲜活的案例，有温度、有深度、有高度、有维度，直击心灵、入脑入心，引发英华学子的强烈反响。

2016级本科生

在这样一个特殊的时期，我通过互联网聆听了这堂面向全国大学生的疫情防控思政课。四位老师围绕战"疫"，分别从不同的角度进行了精彩解读，进一步加深了我们对这场疫情的认识和理解，增强了我们战胜疫情的信心和决心。尤其是冯秀军教授讲到的"战疫里的最美青春"令我印象深刻。在这场关系到中国前途和命运的战"疫"中，"90后""00后"成为驰援湖北医护人员的主力军，他们用实际行动展示了中国青年的责任与担当，同时也为我们这些同龄人树立了榜样。我们也该思考这样的问题：当祖国需要的时候，我们能否挺身而出，勇敢接过前人的接力棒，完成我们这一代人的历史使命？对于我们青年人，尤其是青年党员而言，虽然时代背景和生活方式日新月异，但是"为有牺牲多壮志，敢叫日月换新天"的责任和担当却历久弥新，将成为永恒不变的时代精神！

2016级本科生

今天，我收看了全国大学生疫情防控思政大课，课程令我受益匪浅，刻骨铭心。

首先，我非常赞成清华大学艾教授提出的"人类不应站在自然的对立面"这一观点。据研究，现在超过70%的新发疾病都来源于野生动物，我们人类不应该与自然界为敌，为征服自然而沾沾自喜；相反，我们应该保护自然，保护野生动物，与自然和谐共处，这也是在保护人类自己。

其次，这次疫情能够如此迅速地得到控制，不仅要感谢奋斗在一线彻夜不眠的医护人员，也要感激党和国家的政策与应对。疫情发生后，党和政府迅速决策，制订有效措施保护人民生命安全，取得了良好效果。现在，世界不断聚焦中国防控疫情的成功经验，认为中国采取了"最勇敢、最灵活和最积极的"严格防控措施，有效遏制疫情，为世界公共卫生事业做出了重要贡献。

通过这次思政课，我对于此次疫情又有了更深入的了解，感动于中国政府的有力举措，感动于中国人民的团结信念和责任意识。相信一切都会更好！

2017 级本科生

大学生疫情防控思政大课是新时代高校思政课堂的新形式，其紧密结合当前疫情防控的现实情况与具体要求，以大学思政课堂为抓手，充分使用网络平台整合全国高校顶尖"大牛"，为大学生居家学习与整个社会的疫情防控提供科学、有效、全面的理论讲解。

本期学习由四位教授从理论指引、历史实践、法律思修等方面细致解读当前疫情，不光生动演绎课本上的知识理论，还广泛结合当前疫情情况，串联中外媒体报道，以客观公正的立场分析本次事件。在开场视频中，医护人员奋斗在病床前的身影，还有无数同龄人在全国各地志愿服务的情景让我印象特别深刻。从中可以看到，党中央领导全国人民齐心协力抗击疫情，把人民群众的生命安全放在首要位置，这充分彰显了中国共产党领导下的社会主义制度的优越性，更让这优越性生动地、具体地、真实地走进了高校"云"课堂，走进了每一名大学生的心中。

2017 级本科生

今天，全中国的大学生共同上了一节"疫情防控思政大课"。其中令我感触最深的，是中央财大冯秀军教授对"中国青年责任与担当"的讲述。从五四大学生到红军娃娃兵，从工人到学者，我们青年人，不仅仅是未来的希望，更已经是此时此刻的建设者、责任人。正如冯教授所说，此次疫情应当让青年们学到的是应记得"胸有大志、心有大我、肩有大任、行有大德"。同时，我们也应记得，这场席卷全球的疫情本身，就是让所有人都亲身体会、深刻学习的一堂大课。希望我们能带着抗击疫情传递的正能量，更好地担当、传承、前进。

2018 级本科生

这堂全国大学生疫情防控思政大课，让我深切明白了中国是如何打赢这场战"疫"的。是"人类命运共同体"的大国责任和担当，是中国共产党领导下高效正确的决策部署，是在各个岗位上勇敢逆行、舍己为人的工作者们，是每一个中国人众志成城的爱国情怀。多难兴邦，我们大学生也会在这次战"疫"中破茧成蝶，做到冯秀军教授所说的心有大我，肩有大任，行有大德。未来，我们会担当历史使命，将我们的青春梦想扎根祖国的广袤大地！

2018 级本科生

在抗"疫"战争即将迎来曙光之时，教育部与人民网联合为全国大学生开展了一堂别开生面的"疫情防控思政大课"，教授们结合思政理论基础，通过过去两个月党与国家艰苦奋斗的鲜活事例，向我们形象地阐明了中国的胜利归功于其"人类命运共同体"的大国情怀与制度优势；离不开党的正确领导与科学谋划；更少不了每位中国人的爱国热情与责任担当。

而其中最令我动容的是冯教授寄予每一位新时代青年的谆谆教诲："心有大我，肩有大任，行有大德。"这或许是对作为时代接棒者的青年们而言最好的人生准则，只有当我们始终心怀一腔爱国赤诚，将爱国视作最大的责任担当之时，我们才能站上世界的舞台，为每一个人争取福祉，亦成就自我。

最后，愿自己以梦为马，天地驰行。

2019 级本科生

今天下午，来自全国各地的大学生共同上了一堂疫情防控思政大课。四位专家教授从多个方面给予了我们正面教导。几个月来，我亲眼见证了疫情的爆发，我知道，我的祖国正在经历着苦难，人类正面临着巨大的挑战。虽然内心极度伤感，但仍充满希望——我看到了 80 多岁的钟老以及中央抗疫专家组冲在前线；来自全国各地的医护人员不顾一切支援疫情爆发中心武汉；志愿工作者不分昼夜地提供服务；全国上下响应国家防疫政策；百姓居家减少外出避免聚集性社交活动；"停课不停学"，老师克服困难当上了"主播"；多地新增清零，各行各业复工……这一切都让我想到了一个词：多难兴邦。正如习总书记所说，越是在这个时候，越要用全面、辩证、长远的眼光看待我国发展——危机本身就包含着"危险"与"机遇"，中华民族就是在这样的磨难考验中艰难前行，在一次次斗争中奋起飞跃。我始终相信，疫情的冲击只是短期的，积极抗"疫"的中国势必会更加强大，积极抗"疫"的人民是会更加团结向上的。作为当代大学生，新青年，我也更加坚定了正确的价值观，努力学习科学文化知识，提高自身思想道德修养，为祖国奉献出一己之力。

疫情爆发以来，以习近平总书记为核心的党中央运筹帷幄、决策部署，全国人民上下一心、众志成城。抗"疫"战争中，大国院士精准研判、冲锋在前，医护人员无悔逆行、守护生命，青年学子志愿服务、夙夜不眠，人民群众捐款捐物、宅家抗战……在这场疫情大考中，中国特色社会主义制度充分展现了中国速度、中国力量、中国精神和中国担当；伟大的祖国人民同呼吸、共命运，同生死、共患难，彰显了中华民族的家国情怀。而这一切，对所有青年学子来讲，是生动的思政素材，鲜活的民族传承，更是激励他们胸有大志、心有大我、肩有大任、行有大德的时代力量。

（编者：上海外国语大学英语学院学生雷鸣洲、钱梦怡、杨佳男、王博雅、严婷文、

谭娲、瞿舒航）

"美国社会与文化"课程教学实践

林　玲

　　"美国社会与文化"为上海外国语大学英语学院英语语言文学本科专业核心课程、英语翻译本科专业方向课程，也是英语专业本科阶段美国学的核心课程。课程旨在通过对美国多元地域文化与族裔文化、政治体制、选举制度、宗教文化、公共政策等美国社会文化各层面的系统研习，对美国社会与中美文化差异形成较为全面深入的认识，进而理性审视美国社会，培塑家国情怀、国际视野与跨文化思辨能力。近年来，课程在授课方式上进行了研究型教学改革探索，旨在突破传统的讲座授课方式，通过组建学生合作探究的学习共同体，改变单一的教师讲授、学生识记的模式，对课堂讲座、课堂讨论、课外研读、课堂小组辩论等形式相结合的教学方式进行了实践，以调动学生学习主动性，激发其研究潜能。与此同时，学生通过课堂研讨、辩论、课外调研等探究型学习模式，对美国社会在平权法案、枪支管控、同性婚姻与同性恋群体权益、堕胎权问题、医疗改革等一系列重要议题上的社会分歧有了较为深入的认识，对分歧背后的利益集团政治、党派政治、选举政治、保守派宗教力量等具有美国文化特性的问题的认识得以逐步推进，为"批判性文化意识"和跨文化思辨能力的培养与深耕奠定了基础。课程教学实践中注重专业教育与思政教育相结合，旨在引导学生认识：学习外国文化的宗旨在于加深对他国文化了解的同时，通过文化对比加深对本国文化的理解与认识，扎根于本土文化，进而建构跨文化交流中的中国视角，成为具有中国情怀的跨文化外语人才。

　　课程分为两大内容板块，第一部分围绕美国多元族裔与区域文化、美国政治体制、政党以及自由派和保守派价值观分野与博弈、利益集团、选举政治、宗教文化、历史发展等主题展开，旨在对美国社会机制各层面进行较为系统的梳理；第二部分聚焦当代美国社会一系列重要公共政策议题，包括平权法案、枪支管控、同性婚姻与同性恋群体权益、堕胎权问题、医疗改革等，考察围绕这些热点议题的争议及其背后蕴含的社会矛盾。两大内容板块旨在体现"点面结合"，使学生在掌握系统基本知识面即对美国社会机制的了解的基础上，能运用相关理论知识框架对具体社会问题进行深入分析，探讨议题背后的理念之争、利益分配以及政治社会力量博弈等深层次社会动因，进而培养"批判性文化意识"，对美国社会存在的主要问题及其社会分歧、社会矛盾形成深入认识。

对于第一部分内容板块，课程采用讲座与课堂研讨结合的方式，讲座以相关主题的中心问题导入，围绕中心问题展开讲座内容与课堂讨论，讲座最后再对中心问题进行总结与回应，并提出相关问题引导学生在课后做进一步调研。以"美国选举制度与选举政治"一讲为例，讲座围绕"美国选举制度中存在哪些主要争议？"以及"总统选举实质上是否为一人一票制？"等中心问题展开，在系统梳理美国总统选举、国会中期选举的基础上，集中探讨了美国联邦选举制度中存在的争议问题，包括美国国会选区划分中的"杰利蝾螈"现象(Gerrymander)、党内提名总统候选人的全国代表大会选举中由党内精英组成的"超级代表"（Super delegates）的"特权"与作用、联邦制下某些州出台的带有限制性的大选"选民身份法"（Voter ID laws）、总统选举人团制度（Electoral College）下可能产生的"少数人票总统"（minority president）现象以及人口大州与小州之间选票票值不均等问题，聚焦这些问题所引发的社会争议与矛盾，结合具体实例，引导学生对于党派政治在其中所起的作用及其与联邦制政体的关联性进行思考，从而对美国的选举政治、党派政治形成更为深入的认识。

第二大内容板块聚焦当代美国社会一系列重要公共政策议题，鉴于这些美国社会关注的热点问题所存在的公众意见分野与争议性，课程教学采用了讲座结合辩论的方式，引入"美式公共论坛辩论"环节。按照课程内容设计，要求全体选课学生组成 10 个辩论小组，研读推荐的参考书目与阅读材料，在课前小组讨论与充分酝酿的基础上，小组分别在 5 次主题课上选派正反方各 2 名辩手，代表小组针对各个特定议题展开正反方两组间的辩论，并请其他各组成员作为观察员对辩论中的相关问题进行提问与探讨。美式公共论坛辩论通常聚集于社会热点问题，学生通过参与辩论对课程讲座关注的一系列公共政策议题进行深入探讨，辩论所注重的论据、论点与推导结论的逻辑链条，需要辩手掌握大量的论据和资料，使学生的资料检索与阅读分析能力、思辨能力、外语驾驭能力等都得到了锻炼与提升。同时在辩论过程中对于相关社会问题上存在的中美文化差异的历史根源、文化传统、社会动因的探究亦有利于培养学生跨文化意识与思辨能力，为培养具有中国情怀与国际视野的跨文化英语人才提供了有效途径。

（作者系上海外国语大学英语学院教授林玲）

教育采风四面来　教育传播八方去

李雪莲

上海外国语大学自 2014 年在全国率先提出"建设具有外语院校特色的思想政治教育体系"以来，持续推动思政教育与外语教学深度融合，初步建构起"同心、同德、同频、同向、同进、同行"的外语院校特色思政体系。学校连续三年入选上海市课程思政教育教学改革"整体试点校"，2019 年入选"上海高校课程思政整体改革领航高校"，多项改革成果获国家级、上海市级教学成果奖。

2020 年，学校继续全面推进课程思政教育教学改革。为交流课程思政建设优秀经验做法、挖掘课程思政改革先进典型，教务处近期推出"课程思政优秀案例"系列报道。本期推介的是国际教育学院李雪莲老师在"教育技术综合实践"课程思政建设过程中的心得和经验。

教育技术学作为一门综合性、交叉性学科，一直强调理论与实践并重的人才培养理念。学生要在建构理论知识体系的同时，通过大量实践教育课程提高技术实操能力。"教育技术综合实践"课程即要求学生综合运用教学讯息设计、视频拍摄与剪辑等知识和技术，完成教学产品的设计与开发。在以往课堂上，学生根据兴趣自主选题，与老师沟通确定可行性，之后在老师指导下进行设计与开发，最终完成实践作品。自课程建设以来，本人就一直思考和尝试如何将思政内容浸润到专业实践课教学之中，使实践类课程与思想政治课同向同行，形成协同效应。于是，"行走、记录、传播"的专业实践课程思政的建设思路便日渐清晰。

选题：界定红色主题，点燃初心火焰

不同以往学生仅凭兴趣选题，课程将实践作品选题主要界定在三大领域：红色经典，非遗探寻，文化传承，并对学生的选题逐一把关。鼓励学生结合时代背景，从身边入手，认真思考有意义的选题。例如，2018 年是改革开放 40 周年，同学们的选题便围绕改革开放 40 年来我国在教育、建筑、服饰、交通、电影和歌曲等方面的变化而展开。最后呈现的作品既鲜活接地气，又有历史纵深感，

在完成作品的过程中，学生也完成了对曾经不甚熟悉年代的历史巡礼。

在 2019 年的选题过程中，我要求学生带着思考和责任，走进红色纪念场馆 / 基地和非遗传承基地 / 人物等，怀着对历史、对文化的敬意和温情记录所观、所感的一切。同学们探访前辈，深入调研，拉近了自己与历史、文化的距离，呈现的主题更加多元。红色场馆里的珍贵遗物、英雄史诗，山歌评弹里的非遗瑰宝、曲水流殇都成为同学们触摸历史厚重，探寻文化广博的沃土。中共一大会址、长征第一渡纪念馆、东北抗联史实陈列馆、瞿秋白纪念馆、西南联大博物馆、黄梅戏博物馆、苏州评弹博物馆、东归文化博物馆……学习过程中的感动和感悟点燃了正处在"拔节孕穗期"学生的初心火焰，也唤醒了血脉里的文化基因。

内容设计：置身历史文化背景，探寻今日之我与历史之关联

在实践作品内容设计方面，课程鼓励学生在每一个作品中都积极融入自己的思考，不做旁观者，不做"照相机"，不做景点介绍式的作品，而是将自己放置在历史文化的大背景中，反复打磨，深入挖掘，探寻今日之我与历史的关联。这一要求敦促学生做更多的反思，让学生更加深刻认识到，红色印记就在我们身边，红色血脉也一直在绵延赓续。

一位同学在向大家介绍红军长征第一渡的实践作品时告诉我们，他的家就住在长江第一渡纪念碑的对面，家里的门板也曾为红军搭建过江的浮桥而拆下，小时候每一年学校都会组织第一渡纪念馆的参观学习活动。

一位同学介绍她曾就读的景忠中学是因护陵而建，是为了纪念抗日战争中壮烈牺牲的先烈所建，这些英雄们所在的部队"越时六年，转战数省，大小百战，歼敌数千"，曾经两次参加淞沪抗战，后又战台儿庄，战南京，战武汉。三攻安庆，占领机场，炸毁敌机，缴获舰艇，战功赫赫，但也伤亡惨重。而今既是学校，又是烈士陵园的"景忠中学"之名即取景仰忠烈之意。校歌中"励品学，健体魄，莫彷徨，立地顶天期救国，开来继往志坚强"的语句激励着一代又一代景忠学子继承先烈遗志，刻苦攻读，报效祖国。

一位来自新疆的同学记录了她家乡祖孙三代不求回报守护叶城烈士陵园的故事。三代人 42 年如一日守护在 1962 年中印边境自卫反击战中，为维护祖国领土完整和人民利益而英勇献身的维吾尔族战友同胞，当我们的学生从守陵爷

爷孙女手中接过三代人在陵园门前的合影时，内心充满了震撼与感动。学生们一个个展示自己的实践作品，我和大家也在经历着一次次的红色洗礼！

此外，关于太极拳、剪纸、黄梅戏、豫剧、苏州评弹、兴国山歌、荆州古城、襄阳古隆中和齐文化博物院等与文化传承相关的实践作品也纷纷涌现。在展示过程中，有的学生说自己是听着老一辈哼唱的豫剧长大，有的则通过了解学习黄梅戏学生现状，表达出对黄梅戏等传统曲艺后继乏人的担忧。

在完成实践作品过程中，学生们不断体验和思考，让历史照进现实，爱国主义知识不断丰富，爱国主义实践体验和情感认同不断增强，家国情怀得到一次次的淬炼和升华。

使命：教育采风四面来，教育传播八方去

课程还要求同学们不能仅仅停留在记录层面，作为教育技术专业学生，不仅要做学习者，更要做传播人，承担起对红色经典和传统文化进行教育传播的使命。注重作品设计的真实性、教育性和故事性，挖掘亮点，表现张力，共鸣情感，深度传播。

同学们根据已经积累的相关知识和技能，认真地记录、设计和传播，在专业公众号上开辟专栏，将从各个地方用心采集，精心制作完成的实践作品向公众推出，实现更大范围的教育传播。让那些曾经只在角落，只为少数人所记忆的英雄们被更多人铭记，让那些几近尘封于历史长河的传统文化焕发新的生机与活力。

文字记录锦绣，

影像再现华章，

讴歌大浪英雄，

弘扬传统文化。

百年辉煌，

千年穿越，

都从这里传向八方……

（作者系上海外国语大学本科教学督导、国际教育学院副教授李雪莲）

院系教学篇

编者按： 根据教育部和上海市有关会议文件精神，结合疫情防控和教学实际情况，保障"停课不停教，停课不停学"，经前期精心准备和严格测试，我校于 2020 年 3 月 2 日正式开始线上授课。各院系结合专业和课程具体情况，出台了一系列保障举措和实施方案，广大一线教师全力投入密切配合，有效保障了线上教学的顺利进行。教务处征集各院系的优秀经验做法，通过"SISU 院系教学篇"栏目宣传推广典型案例，努力建设在线教学质量文化。在此推出院系教学篇。

教学"疫"线 线上教学正式开课

高立新

3月2日，经过前期充分的准备，英语学院线上教学正式开课，以别样的方式开启了2020年的春季学期。当日共有45门课程的授课教师按照课表，按时与同学们在线上"见面"，通过"直播、直播＋录播、平台＋微信"等多样化的教学模式，师生"连线互动"，开启新学期忙碌的一天。

目前，疫情形势依旧严峻，而疫情期间如何做好教学工作，对我们来说也是一大挑战。英语学院积极响应"停课不停教、停课不停学"的号召，紧抓教书育人的核心使命，积极开展"线上教学"的部署工作，投入新的教学方式的改革和探索之中，实现本科课程130门（含通选课，占总课程近90%）、研究生课程58门（占总课程82%）的线上课程建设，所利用的平台包括慕课、Blackboard平台、学校课程中心、腾讯课堂等。开学第一天，线上教学秩序良好，教师学生按时到岗，直播、互动、签到、答疑，地点形式在变，但老师和学生们的热情不变。52位教师、53个教学班、852名学生实时通过网络有序开展教学活动。

学院线上教学活动的顺利开展，得力于全院教师开拓进取的勇气、同心同力的协作和高效有序的准备工作。

快速响应，建立细致周全的整体部署

按照"上海外国语大学2020年春季学期本科生课程教学工作安排"的1号通知与2号通知，英语学院积极响应，专门成立了由院长书记统筹，教学院长具体负责的春季"在线教学"管理工作组，与学院教学委员会相配合，确保疫情期间每一项工作都可以得到充分的讨论，集思广益，有效推动工作的有序开展。工作组迅速做出细致的工作部署，第一时间内制定出明确的时间表和责任人，确保教学和科研两手抓，全院师生一盘棋，并发挥课程组长等基层教学组织负责人的积极作用，统筹安排课程组的教学安排，与学院保持有效沟通，发现问题及时反馈、及时解决。

同心同力，紧凑有序地开展各项准备工作

学院成立教学工作组之后，便组织设计调查问卷在所有的本科生和研究生授课教师中进行了初步的情况摸排，积极鼓励老师开展线上授课，实现大部分春季课程进行线上授课。随后，学院教师们以奋发图强的精神风貌，在短短一周时间内，克服种种困难，积极通过直播系统参加线上直播培训，自搭"教室"，自主建课，打造出别样的课堂。紧接着在两天半的时间内，有序高效地完成了所有课程的在线教学压力测试。在这期间，学院定时对全院教师进行问卷调查，保证每一门课程的前期准备工作都得到切实落实。

重点落实，"不少一个人，不丢一堂课"

在学生工作方面，工作组制定了"英语学院线上教学网络情况统计表"，对每一位学生进行问卷调查。在全面摸排中，全院有 6 名本科生、2 名硕士生及 1 名博士生因为所在地网络等原因，无法参加在线授课。对于经济特别困难的同学，学院给予必要的资助，协助购置 4G 网络，最终只剩下 4 名本科生因其他原因无法参加网课。对这 4 名同学，学院积极与相关教师沟通，先保障学生得到每门课的教学材料、学习要点，保证学生答疑的时间与通道，在复课后通过补课等方式找齐学习的进度与深度，保证教学不落掉任何一位同学。针对问卷中教师所反馈的问题，也进行了有效的应对处理。例如对于技术问题，包括网上平台容量是否够；如何解决互动性，实现师生的实时讨论、问答，实现线上讨论课；如何实现学生的分组练习；录播课程是否可以中间停顿；Blackboard 是否可以实现学生端的口头报告等，落实到具体的技术人员快速有针对性地解决。对于如何建立课程微信群的问题，则由教学秘书汇总所有课程的微信群二维码，统一落实到每一位学生，学生根据不同的课程扫码进群。

严格把控，确保每一门课都保质保量

工作组组织学院教学委员会及班子成员、课程组组长开展教学质量的检查与监控，审核所有的线上课程的授课计划安排，检查教师上传的所有教学内容，确保上传教学内容无意识形态、民族宗教等问题，无危害国家主权、国家安全、社会安定等内容，无知识产权纠纷，无涉密及其他不适宜网络公开传播的内容等。此外，开放畅通的意见反馈渠道，保证师生的问题和建议及时得到反馈解决，

并定期与学院教师及学生进行线上沟通，了解教与学的问题与困难，共性问题及时调整、完善并分享至教师群，保证正常的教学。

在这场不见硝烟的抗"疫"战中，学院全体师生克服了课程层次多、课型复杂多样、选课学生规模不同等各种困难，不忘初心，立足本职，同样为抗"疫"贡献力量！上外英语学院人也必将以其所具有的不惧挑战、开拓进取的勇气和毅力顺利、圆满地完成春季学期的教学任务，应对疫情的必要举措也将成为推进学院教育教学水平迈上新台阶的契机！

（作者系上海外国语大学英语学院教师高立新）

线上授课　我们一起摸索前行

经冰如　等

一场突如其来的疫情，让处在天南地北的上外英语学院人以一种特殊的方式相聚。老师同学们都开始了全新的工作和课业尝试，老师们化身网络新主播，同学们也开始了不一样的网上学习。自 3 月 2 日正式线上授课以来，已经过去两周的时间，老师们和同学们对这种新的教学模式有着什么感受和体会呢？我们一起来看看吧。

教师篇

我们首先联系到了本学期有两门课程任务的肖维青老师。由于首次尝试新平台和新技术，难免有一些不适应，并且肖老师的其中一门课程是与外教 Curtis 老师一起进行的"双师教学"，难度就更大了。在开始准备线上授课之初，肖老师就与 Curtis 老师反复联络沟通，尝试录播及各种平台，找寻效果最好的方式。初试网课，让肖老师有了很多技能上的收获，并留下不少美好有趣的回忆。

Q：您在网上授课遇到了哪些挑战？

肖维青老师：网上授课，以前没有尝试过，让我有些担心，开课前两周一直处于焦虑状态。我这学期有两门本科的课程，一门是和外教一起上的，另一门是我自己的。我们没有实践经验，只能摸着石头过河。我要在短时间内学会很多东西，克服对技术的陌生感。因为担心正式开课后出现问题，所以在开课前做了很多准备工作，尤其是我与 Curtis 老师合作的课程，我们进行了反复演练，直到所有问题都解决，保证课程顺利开展。除此之外，正式开课后，在线上布置学习任务也没有那么顺手。因为刚上课，我对同学的水平了解不多，不知道作业的难度是否合适。而且，如何利用平台更快地得到学生的反馈也还需要更多的探索。不过，我相信，随着网课的深入和对技术手段的了解，这些问题也会迎刃而解的。

Q：您在教学过程中有什么趣事？

肖维青老师：因为疫情"受困"在家，我不仅要在线授课，还有我的儿子也需要在线学习，我想很多家中有孩子的老师也像我一样面临这样的问题。我和我的儿子使用同一个手机号登陆 ClassIn， ClassIn 平台就出现了一件搞笑的事情。我的儿子在 ClassIn 平台上变成了授课老师，我变成了我儿子的助教，由此又产生了很多"乌龙"的事件，让本来就焦虑的我一时间哭笑不得。后来，在教学助手和技术工程师的帮助下，终于解决了这个问题。现在回头看，这些"囧"事也成为线上授课的一份难忘的回忆。

因为缺乏面对面即时性的交流而少了直观的互动，但也从某些程度上促进了教学思路的清晰和小组讨论模式的完善。杨春雷老师和此前就已经常用线上教学工具的杨祎辰老师对网络教学进行了利弊分析，并介绍了他们如何扬长避短的策略，让我们一起来听听两位杨老师对此的见解吧。

Q：网课与线下课堂相比存在哪些不足？

杨春雷老师：受限于网络，老师缺少同学的即时反馈，有时需要停下来确认大家的步调是否一致。所以网络授课给教师的距离感是真实存在的。

Q：您在网上授课的感受如何？

杨春雷老师：因为起初就对虚拟课堂期望不高，不期望能完全达到真实课堂的效果。但是，具体实验下来，网络速度顺畅，同学们主动积极地与老师配合，课上的交流也比较多，这是超出我的预期的，总体来说已经非常满意了。

杨祎辰老师：之前我在给大二年级翻译班的学生上"笔译基础"这门课时，就已经开始使用一些线上的平台进行教学辅助了。但是这次，线上平台成了教学所依赖的主要工具，刚上手还是有些许难度的。另外，我教授的平行班比较多，为了保证稳定的教学水平，所以采取录播的形式，但趣味性和情感交流就进一步减少了。我还是觉得线下的我有趣，一录课就一本正经。但这也是件好事，对我的教学思路的清晰度提出了更高的要求，逼迫我打磨课件。

Q：线上授课对您来说有哪些挑战？

杨祎辰老师：录播是很花时间的。我录一节课基本上需要花一天的时间，因为我觉得学生的体验很重要，已经看不到老师在讲台上讲解了，如果还录得磕磕巴巴的话，学生更不愿意听了，所以不断在 NG，回过头重录，讲得口干舌燥。虽然如此，但还是很开心，很有成就感。

Q：请您进一步谈谈网课有哪些优势？

杨祎辰老师：主要分以下几点：（1）这些教学平台为小组活动提供了很好

的空间，同学们可以随时随地进行讨论，而且可以和日常微信交流区别开，更有一种专业化 work space 的感觉；（2）论坛功能可以使课后讨论结构化，线上平台的论坛是采取创建话题和跟帖的形式，整个界面看上去一目了然，方便提炼出问题和重要内容，补充课用资源。

老师们体悟出了线上教学的优势，也鼓励同学们一同克服可能存在的问题，顺应时代的潮流，将科技更多地融入教学当中，在重回课堂之时，也将新的方式方法融入传统的教学模式之中。正如侯靖靖老师所言，双方都在积极努力地克服困难，迎接新的挑战，期待回归相见的那一天更加美好。

Q：和传统教学相比，线上教学对您来说有什么不同之处？

侯靖靖老师：不同是客观存在的，相比传统的教学，老师讲课时无法实时地关注学生反应和接受情况；对一部分需要面对面检查的作业影响较大，比如背诵课文，默写，presentation 等；另外，同学们在家上课，相对处于比较放松的状态，可能会在一定程度上影响学习状态。当然，传统教学和线上教学都有利弊，我们能做的就是尽量发挥科技的手段，让线上上课的优势充分展现出来。

Q：通过两周的线上教学，您有什么感受？

侯靖靖老师：基础英语课程在教学过程中涉及大量的互动，线上授课无疑会对互动产生一定的影响。但是，从目前的情况看，总体感受比想象中要好很多。在实际的线上上课过程中，老师和同学们都非常努力地克服困难，跨越空间的阻隔，尽可能实现线上讨论互动。社会在进步发展，这也许是一种趋势，线上授课、线上互动、线上学习都可能会越来越多地参与到我们教与学的过程中，虽然有不足，但是它的优势也是显而易见的，它让远在天南海北的我们聚在了一起，一起学习，一起讨论，这让人感动。

学生篇

老师们辛勤打磨课程材料、准备相关内容并尝试全新模式，积极迎接新挑战的勇气给同学们带了莫大的鼓舞。同学们面对着被打乱的学习计划，为这样大规模的网络授课付出的心力，同样也值得赞扬。以下这些同学的想法是否也说出了你的心声呢？

谈到对线上和线下课程的不同感受时，杨诺茜同学坦言，当然会更加偏向于实体的沟通交流，但线上灵活安排时间的优势也的确是无可取代的。

Q：你对线上课程这种方式有什么感受？

杨诺茜（2019级翻译2班）：线上课程是之前一直很想尝试的教学模式，但真正执行后，挑战很多，和线下是不一样的体验。在线下的课程中，可以和老师、同学面对面地沟通，而线上课程通过摄像头或者麦克风进行交流的方式，刚开始多少还是有些让人感到尴尬的，但是熟悉之后，反而会觉得更加自在、从容。同时线上课程给予了我们更多可以自由安排的时间，这对我们个人的自控力提出了更高要求，合理安排的话，学习效率和对于时间的利用比以往都有很大改观。

对课程量比较多的同学，可能会出现同时应对几个平台的局面，对此闫星合与杨笛两位同学颇有感触，多个教学平台和作业任务有助于提高自身的条理性和笔记能力，同时线上学习也对每个人的自控力有着更加严格的要求。

Q：经过两周的网课学习，你有什么感受？

杨笛（2018级翻译3班）：线上授课的最大的不足就是需要用到的平台多，刚开始使用会觉得有些麻烦。但是，老师们都花了很多时间精力去学习各种平台的使用方法，为同学们提供最好的网上学习环境，身在其中，我能够深深体会到这种责任感，这对我也是很大的鼓舞。在上课过程中，同学们也都非常积极地配合，讨论也很主动。我也很愿意参与其中，感受到大家的回应很真诚，是一种很快乐的体验。

Q：上网课的状态与平时在校有什么不同？

杨笛（2018级翻译3班）：上网课刚开始很不适应，没有老师和同学在身边，就好像没有人陪伴和监督，所以也没有紧迫感，整个人会不自觉地懒散起来，这时候会意识到自控力的重要性。还有就像前面说的，老师和同学们向上的正能量会传递给我，我想这也是会传染的。这种氛围鼓舞和督促着我去改变，去高效地学习，利用难得的大把的时间好好学习，充实自己。

尽管暂时无法相见，但英语学院师生一心，努力克服困难，通过多方配合与探索，以期达到各门课程学习和安排的效益最大化。同时，总结和积累新的、好的授课和学习方式，用今天的每一份努力去迎接明天更好的自己和学院。

愿相见指日可待，共赏红砖白瓦，再与莎翁相视一笑！

（编者：上海外国语大学英语学院经冰如、牛旭蕾、淦丹、高立新）

停课不停教，停课不停学——青年教师线上教学

钱 琴 等

根据教育部和上海市有关会议的精神，按照学校的防控疫情和线上教学的部署，俄罗斯东欧中亚学院全体教师自 3 月 2 日起开展线上教学，目前已经实现本科课程百分之百线上授课。

根据学校的推荐，教师们采取的线上授课方式主要有以下几种：（1）网络直播课程，通过学校推荐的上外 Blackboard 教学平台上的 ClassIn 进行直播，或采用其他的直播形式，如：腾讯会议直播、Zoom、钉钉、企业微信等直播授课；（2）网络录播课程 + 答疑辅导，教师事先将课程以各类形式录播，并将录制的课程视频和课件上传至教学平台，对学生提出学习要求，并布置作业，与学生展开在线讨论；（3）慕课 + 答疑辅导，学院利用已有的慕课课程，布置学生上网学习课程，并布置作业，进行答疑辅导；（4）学校在线课程 + 答疑辅导，组织教师在学校的 Blackboard、课程中心和 E-learning 平台上建设课程，教师指导学生线上下载并学习该课程，同时通过微信、QQ、邮件等多种社交媒体进行答疑；（5）教师推荐阅读资料（纸质版或者扫描版），规定学生阅读内容和进度，并要求学生撰写相关读书笔记和学习论文，同时通过社交媒体进行答疑等。

在一线教师中，最活跃、最聪慧的莫过于我们的青年教师，他们可以轻松把握最新技术，并运用于教学实践中，本着不懂就问、敢于实践、勇于创新的精神，上好每一节线上课程，在准备资料、上传录入、课堂实践、线上测试、课后作业等每一个环节都能熟练操作，且保质保量，不亚于甚至超越线下授课的水准。

哈萨克语教师陈思宇

线上教学开展三周以来，我的心路历程是"又怕又慌"到"网课真香"。

受疫情影响，原定赴哈萨克斯坦留学的四名同学滞留家乡。我第一时间与学生建立在线沟通，安抚学生的同时，了解他们上一学期在哈萨克斯坦的课程进度，在对照培养方案共同商讨后，及时向学院汇报了学生下一学期的课程需求。

最终确定本学期为哈萨克语专业大三年级开设精读、报刊阅读、视听说三门课程的授课任务。

随后，为了尽快全面了解各在线平台的特点，我与同事们和同学们预先对钉钉、ClassIn、腾讯课堂等多个平台进行了测试。通过不断的测试和摸索，最终为每一门课程选择出最适合的平台和授课方式：钉钉的投屏延迟最小，适合报刊阅读课上与学生共同"追踪热点"；bilibili直播姬软件录屏不掉帧，用来录制课程视频；ClassIn能够实现播放视频的同时讲解语音，适合视听说课程答疑。此外，线上教学对我们的信息化素养提出了更高的要求，我开始学习视频制作、网页数据爬取、电子笔记等各类软件。"无纸化"备课与线上教学对接，让备课和教学两个环节都更加简洁、高效。

匈牙利语教师宋霞和吴玉凤

2020年春季学期受新冠病毒疫情影响，上外全校组织开展线上教学，保证学生在家也能上课学习知识。

匈牙利语专业低年级学生目前主要学习匈牙利语语法和匈牙利文化，需要接受语音、语调以及语言应用等训练。本专业在线下教学中就经常需要借助多媒体，为学生展示匈牙利人文相关图片和视频等，线上教学可以基本满足教师对多媒体的需求。

语言学习最重要的是训练，线上教学带给匈牙利语专业的困难是教师无法面对面与学生沟通，无法带动学生积极性，无法及时纠正学生的发音等问题。针对这些问题，专业教师们总结线上教学经验，得出了解决方案。

关于调动学生积极性的问题，教师要求线上教学和线下教学模式保持一致，即将教师讲解和学生互动相结合，线上也点名学生回答问题，阅读段落等，教学过程中如果发现学生的发音以及语法有问题可以及时纠正。线上学习时，学生容易被网络吸引，容易走神，经常与学生互动可以保证学生保持比较高的活跃度，保证学习效率。

关于纠正学生发音以及口语训练的问题，除了课上关注外，课下教师们还会要求学生朗读相关材料并录音，教师听录音，逐个给学生讲解发音问题以及语言用语技巧。

由于各门课程学习目的以及方法不同，教师们还积极与学生就每门课程的线上教学平台进行选择，为每门课程找到合适的学习平台。比如语言语法以及口语训练等课程上师生互动频繁，使用操作方便的钉钉平台即可。而匈牙利历史和文化课程以及匈牙利语口译课程，需要老师向学生展示视频，而钉钉平台无法满足，此类课程则选择 ClassIn 平台，虽然操作相对复杂，但是可以满足上课需求。

总结：疫情期间线上教学最重要的原则就是师生沟通，教师多探索和创新，充分利用教学平台，保持耐心。和对抗疫情相比，克服线上教学遇到的困难对于广大师生群众来说根本不算什么。

捷克语教师童嘉

突如其来的疫情让大家被迫体验一回全面线上授课的新鲜。为了充分利用互联网和各类教学平台，我和同事们一样开始尝试各种可能的办法。这一学期我主要负责三门本科专业必修课的教学——基础捷克语Ⅳ、捷克语语法Ⅱ和捷克语报刊阅读Ⅱ。

基础捷克语的教材已经与外教在上学期期末商定，只是纸质版的书大家都还没有拿到，于是我们在外网上找到了电子版的资源分享给同学们。其他两门课我们都没有现成的教材。由于担心上课时无法保证视频通畅，我把语法知识点和要阅读的报刊文章做成了课件提前上传到 Blackboard 平台上供同学们下载。

虽然隔着屏幕上课会有些不习惯，但是 Blackboard 平台线上批阅作业的功能保证我可以及时追踪学生的学习进度，学生也可以及时看到作业反馈。此外，我们还保留了周测的"优良传统"，督促学生在家学习也不放松。

俄语专业教师杜韵莎

2019—2020 学年第二学期，我承担两门专业课程：一门是专业必修课"基础俄语Ⅱ"（即大一俄语精读），另一门是专业选修课"俄语语音学 I"。

从教以来，我一直教授大一俄语精读课程。本着以学生为主的教学原则，每一轮课程我都会根据该届学生的实际情况做全新的备课，加入新的教学思路、方法和练习。"俄语语音学 I"是我第二次开设的课程，需要在教学设计上花很多心思。两门课加起来一周 14 个课时有着不小的备课压力。因为疫情的关系，必须及时开展线上教学，着实让工作强度大幅增加。

在线上课程准备阶段，课程平台和直播软件的选择我也做过好几次修改。

最后根据实际效果,决定使用自己操作更熟悉、个人也比较喜欢的上外课程中心。

我在俄语精读课的 MOOC 中设置了学习计划、课堂笔记、作业 / 习题答案、值日生报告、录屏存档等多个模块,上传了课件、对话和课文录音等教学材料。但从实际教学效果和学生反馈来看,实践语言课程仅凭线上课件和练习是无法达到预期的教学效果的。在询问学生意见后,决定使用他们更熟悉的 QQ 群课堂进行课程直播,实现线上"面对面"的交流。

在直播课上,我借助 QQ 屏幕分享 PPT 来进行教学。直播的优点在于,不仅可以实时获取学生对我讲解内容的反馈,同时,同学们也可以及时提出疑问,实现了与面授课程比较接近的教学效果。除此之外,同学们还可以线上组对话、做值日生报告等锻炼听、说、读、写、译能力的实践练习。

考虑到专业选修课"俄语语音学 I"前半阶段课程理论知识占比较重,所以我采取的教学模式是上外课程中心课件 +PPT 录播。每次将录播的 PPT 转为影片格式,供学生们在上课时间观看,并在课程中心设置相应的练习。同学们也都特别配合,积极并及时完成作业。

线上教学的成功实现,不仅需要老师的努力,同时也需要学生的配合。借此机会,我也想感谢积极配合老师教学的各位同学们。你们都棒棒哒! 祝大家身体健康! 学习进步!

波兰语专业教师毛蕊

为响应教育部"停课不停学"的精神,根据学校统一安排,我也从 2020 年 3 月 2 日起开始了"云上的日子"——线上教学。尽管我在以前的传统课堂中也会经常使用现代多媒体工具,然而完全与学生"零接触"式教学也是初次体验。

经过了二月中旬的两次线上教学平台工具使用培训和对课程模式的思考,针对不同课程的侧重点和教学目标,我为这学期所教授的"波兰语口译""波兰语报刊阅读"和"波兰语翻译理论与实践"三门专业课准备了丰富的教学材料。三门课的授课方式均以 Blackboard 平台为依托,在课程开始前将课前预习资料,补充阅读、视频、音频材料上传到每一单元内容中,在课程结束后也要求学生将上传完成的作业、测试,及时批改回复;授课以 ClassIn 课程直播为主,之所以选用这样的方式是为了更好地与学生沟通互动,了解学生的知识掌握程度,观察学生的课堂反应并及时对问题进行答疑和讨论。特别是口译这种对实操要求较高的课程效果非常好，让学生感受到虚拟课堂也可以很真实；在报刊阅读课上，除了教材中的材料，我还带领学生进行时事热点追踪，学习国内外战"疫"热词金句；而侧重理论部分的"翻译理论与实践"课程则结合录播与直播方式，让理论不再枯燥的同时与实践相结合，让翻译学习循序渐进，有理可依。

除此之外，我还与两名外教，每周进行一次"云端"教学研讨，对学生一周的学习情况、教学难点重点进行总结分析，分享教学经验。

这一特殊时期的教学一定会成为一段难忘的回忆，尽管我们无法见面，我每次上课前，除了做好相应教学准备外，也会注重自己的仪容仪表，注重在镜头前的坐姿，精神饱满，让每一堂课都有仪式感，尊重知识与课堂，通过薄薄的屏幕联结起我们浓浓的师生情谊，让"云端"不再触不可及。

塞尔维亚语专业教师费正健

可能与多数师生不同，考虑到新设专业的特殊性，我们早在大年初六起就开始通过微信平台给大家布置复习作业并追踪新闻动态，同时为了提前应对突发可能，我们在 2 月 11 日就开始利用 YY 语音直播平台提前多次进行远程直播教学的尝试，因而后来我们也主动选择 Blackboard 与 ClassIn 平台进行直播教学，测试期间就已快速适应。

本学期我所教授的专业课程是"基础塞语 II"与"塞尔维亚历史与文化"。"基础塞语 II"是基础语言延续教学，内容衔接完整，远程在线直播教学虽然辛苦，但我和 Ema 老师还是坚定选择，对于基础阶段的语言教学，直播是当下最有成效的实时互动教学方式，课后回放也是在线教学的得力辅助，二者综合也最有利于本专业现阶段的实际教学。

第二门课程是新开设的"塞尔维亚历史与文化"，由于与上学期的国情课在内容上衔接有限，而对于学生的人文背景要求较高，考虑到现实学生中理科生占比较高，课程测试期间我便带领学生对照地图来拓展学生们的历史文化背景知识，借助于直播平台中的桌面共享机制，实时对照地图进行区域讲解，这也最大限度地还原了真实的教学环境，在有限的时间与空间内提高了学生们的认知效率。

（编者：上海外国语大学俄罗斯东欧中亚学院教师钱琴、杜韵莎、毛蕊、费正健）

线上云答辩　质量不掉线

钱　琴　潘敏洁

2020年5月6日下午，俄罗斯东欧中亚学院2020届俄语专业本科毕业生"云答辩"顺利进行。本次答辩利用腾讯会议远程视频技术平台，涉及俄语专业5个答辩小组：区域国别研究组、语言学1组、语言学2组、翻译学组、文学组。为了确保此次答辩顺利进行，学院成立了答辩委员会，在答辩委员会主席许宏的带领下，制定了精细的毕业论文答辩方案，该方案明确了答辩资格、答辩流程、答辩学生注意事项、答辩小组成员注意事项等规定，并由每组指定技术支持老师和答辩秘书共同负责该组的平台技术问题，确保视频答辩顺利进行。这一系列举措保证了答辩程序和规范。

"云答辩"结束之后，让我们来听听同学们的反响吧！

区域国别组

答辩秘书　钱书著

区域国别研究组的答辩有条不紊准时展开，五位老师、十位同学提前在会议室中等待开始并调试设备。答辩小组主席章自力老师全程都在帮助组织和推进答辩流程。同学们或是准备了精美的PPT，或是直接对着屏幕自信从容地阐述自己的论文内容，老师们对于论文的反映总体良好，无论是插入数十张配图的生动呈现形式，还是引入量化研究，紧跟科研潮流的研究方法，都得到了老师们的一致嘉奖。同时，老师们也不吝耐心细致地提出自己的进一步建议，涉及格式、规范还有具体概念的阐述等等，同学们在展示自己的学术成果时，又学到了新的知识。本来参与答辩，面对直播镜头的紧张感，被亲切和蔼的老师们一扫而光，答辩氛围其乐融融，十分温馨。最后，老师除了总结希望以后的论文可以着重从小处出发之外，还赠予我们毕业寄语，表达了对未来的期许。距离隔断不了我们的师生情，这场四年的金顶之缘永远不会褪去！

语言学 1 组

答辩秘书 王佼佼

临近下午 1 点，老师同学们陆续进入会议，老师们亲切的聊天为这次云答辩创造了诙谐轻松的氛围，语言学组的八位同学依次进行 3~5 分钟的个人陈述，从精美的 PPT 和详实的内容介绍能看出同学们都为本科阶段的最后一次大作业付出了努力和汗水。语言组的答辩委员苏祖梅老师、李利群老师、钱琴老师耐心倾听同学们的陈述，并针对每篇论文的优缺点进行点评，同时还就论文中的问题与学生进行探讨。老师的评价都非常中肯切实，同学们也都虚心接受，表示将继续完善自己的论文。答辩最后，老师们关心地询问同学们的毕业去向，多数同学打算读研继续深造，也有个别打算迈入职场，相信经过这四年大学的历练，2020 届的学子们能共克时艰，继续创造美好未来。

语言学 2 组

答辩秘书 阴琦玉

因为疫情的爆发，我们不得不放弃传统的面对面答辩方式，转战线上答辩。

老师们和同学们前期做了大量的工作。早在一周前，学院已经组织各答辩小组秘书准备本次毕业视频答辩工作，确保硬件、软件无误，以及保证答辩程序和规范。线上毕业视频答辩的同学在答辩过程中需要遵循几项原则，一是要熟悉自己的 PPT 和文稿，这是基础；二是一定要提前测试设备和线路，熟悉答辩流程；三是要保障室内光线充足，网络通畅；四是要准备两部手机，打开手机热点，以防无线网络断线备用。此外，最最重要的是，要调整好自己的心态。

其实，当看到屏幕前老师和同学们熟悉的面容，同学们的紧张感就一扫而空。答辩过程也十分顺利，老师和同学们都积极地互动，线上答辩获得了很大的成功。虽然疫情使我们不得不相隔千里，但是各项活动仍然在有序进行着。

文学组

答辩秘书 张洛蕙

因为疫情原因，虽然不能和老师同学们面对面，但还是在下午一点通过腾讯会议如期见到了大家。在文学组答辩组长叶老师的主持下，这场独一无二的线上论文答辩井井有条地进行了起来。同学们通过屏幕共享展示自己的答辩 PPT，随后悉心听取老师们宝贵的改进建议。老师们在意见不一致的地方时而还会展开一场热烈的讨论，让作为围观群众的我们大饱眼福！

翻译组

答辩秘书　郭婧怡

翻译学组所有（共 4 名）同学的本科生毕业论文均得到了老师们的肯定，组员们悉心听取了建议，表示将继续对论文进行调整和修改。在答辩过程中，大家全程打开摄像头，聚精会神地看展示 PPT，聆听其他组员的答辩内容以及指导教师的问题建议。指导老师们也认真负责地对每位同学的论文进行了提问和补充，整体答辩氛围十分活跃轻松。

大学四年的最后用这样云答辩的方式也算画上了一个句号，感慨万千。虽没有想象中的庄严，但大家都认真地准备了展示 PPT 和答辩内容，对自己的论文了如指掌，应答如流。总之，虽然没有面对面的现场答辩，但是依然没有影响对毕业论文敲定的流程。结束后大家合影留念，气氛融洽，师生和睦，这毫无疑问是场令人满意的答辩。

2016 级俄语专业张思雨

2020 年毕业生的论文答辩方式（集体云答辩）可以说是几乎没有过的，但在如今的形势之下却是有必要的。云答辩相比线下答辩可能会更方便一些，通过视频功能也能起到见面的作用。首先，非常感谢每位老师的认真倾听以及给出的建议，还要谢谢我们的答辩小秘书为这次答辩的顺利进行做的所有工作！但是，对于这样的毕业方式个人觉得还是稍稍有点遗憾的。没有和朋友们见面，也没有给老师拥抱，反而是隔着屏幕大家互相道别。这样特别的毕业方式，我想，也是值得永久铭记的吧。也不知道我们 2020 届毕业生还能不能拥有毕业典礼的机会。最后，还是祝愿大家都可以拥有似锦前程，我们的国家能平安昌盛。

2016 级俄语专业顾羽佳

答辩的顺利结束也意味着我们离毕业又近了一步。今天的答辩是我从来没有体验过的"云答辩"，与之前一个人站在讲台上，其他老师和同学坐在底下看着那种高压的感觉不同，云答辩让我没有那么紧张，也能够借助 PPT 更有条理地叙述自己的观点。老师们也以交流的方式来跟我们探讨论文的进一步修改，感谢老师们认真审阅我的论文并提出一些建议。祝大家毕业快乐！

2016 级俄语专业古丽

首先非常感谢每一位老师能抽出宝贵的时间，在这特殊时期同我们一同完成论文答辩。本来想，线上答辩会有很多问题，比如没有线下的仪式感，不能面对面同老师进行交流探讨。但经过这一轮的答辩下来，发现这些问题都微乎其微。整个答辩过程都很愉快，每一位同学也做足了充分的准备，每一位老师也很认真地聆听和提出自己的修改意见和建议，不得不说网络通信在此刻发挥了很大的作用。最后，感谢白屹老师和章自力老师在论文过程中的帮助和指导，同时，也感谢所有辛勤工作的每一位老师。也祝每一位 2016 级同学积极听取老师论文修改意见，按时完成学业！

（编者：上海外国语大学俄罗斯东欧中亚学院教师钱琴、潘敏洁）

首届匈牙利语毕业生　线上精彩云答辩

钱　琴　潘敏洁

俄罗斯东欧中亚学院首届匈牙利语专业本科生于 2016 年正式入学，经过四年精心培养，2020 年 5 月 6 日下午，十名学生顺利在线上完成了毕业论文"云答辩"。目前，4 名匈牙利语毕业生已保研或出国读研，其余学生都已确定了就业方向，有考入外交部等国家部委的，也有被银行等企事业单位录用的。

本次答辩利用腾讯会议远程视频技术平台。为了确保此次答辩顺利进行，学院成立了答辩委员会，在答辩委员会主任许宏的带领下，制定了精细的毕业论文答辩方案，确保了视频答辩的顺利进行。

匈牙利语组答辩秘书楼铣洁

在答辩开始前，各位老师、同学通过屏幕相互送上了诚挚的问候。毕业答辩由答辩委员会成员 Hegedűs Gabriella 老师主持，宋霞老师翻译，主要介绍了答辩规则并宣布答辩开始。之后，各位同学按照答辩安排表顺序，依次展示答辩 PPT 并进行论文陈述，陈述结束后由答辩委员会成员提出 2~3 个问题，各位答辩同学都有条不紊、思路清晰地展开了回答，最后根据答辩人的论文及答辩情况，由答辩委员会成员进行打分。在正式答辩结束后，大家一起完成了云答辩合照，以作留念。整场云答辩的气氛相较线下更加轻松愉悦，减少了面对面的紧张感，每位同学的答辩准备也都很充分、细致，在轻松的学术氛围下 2020届匈牙利语班本科毕业论文答辩画上了一个圆满的句号。

2016 级匈牙利语专业唐潇

看到久违的同学老师，很是兴奋感动。答辩过程中听到同学们一个个流畅自如的陈述和沉着冷静的回答不禁感慨：不在校的日子里，没有人停止学习的脚步。而我自己自我感觉答辩准备不是很充分，对于老师的问题没能给出最准确的回答，在老师追问的过程中略显慌乱，这也成为毕业前的一个小遗憾吧。不过既然在本科结束前将句号打得不够圆满，那就把它看成一个逗号，意味着未来不可有一丝懈怠才能把语言学得更加扎实，运用得更加自如。答辩结束前大家一起合影留念，有点不舍，希望离开校园之前能够再多拍几张合照。外教 Gabi 老师可能回不到国内了，很感谢她把我的论文的许多小细节都指出来，并耐心纠正不足之处，Gabi 老师从匈牙利到上海一直陪伴着我们的成长，结束时没能有一张合照，当面道声感谢多少有些遗憾，有缘江湖再见吧，可爱的 Gabi 老师！

2016 级匈牙利语专业沈瑶草

在 2020 年之前，有谁能够想到我们会遇上毕业论文线上答辩的新奇事呢？这个春夏之交看似诸事不顺，但我们仍能苦中作乐。线上答辩需要我们对视频软件的娴熟操作与随机应变的能力，但为我们提供的方便也十分之多。我们能够灵活安排时间，有充足的时间准备答辩演讲。5 月 6 日下午 2 点钟，我们又看到了久违的老师同学的脸庞。尽管多了屏幕的阻挡，大家的交谈仍然亲切，彼此之间的距离感也并不明显。整个答辩的流程十分流畅，在规定的时间内每个同学都顺利完成了报告和问题回答。总的来说，同学们预先准备得十分细致到位，过程中也表现得机敏从容，很好地发挥了自己的水平。答辩的气氛和谐亲切又不失正式庄重。当然，答辩也圆满收尾。这确实是一次别致的体验。

2016 级匈牙利语专业黄競誼

疫情期间一直一个人呆着，当进入线上会议看到熟悉的大家，很开心也很感动。整个答辩的流程非常顺畅，线上答辩似乎让每一个人都少了些许紧张。大家的学术成果都很棒，我替每一个同学都感到骄傲和高兴。一直以来，因为大学的最后一个学期没能跟同学老师们一起度过，我都觉得十分遗憾，这次答辩一方面是我们完成大学学业的重要里程碑，一方面也让我得到了许多宽慰。除了仔细聆听老师同学们从容流畅的陈述和问答，完成了最后一次学习以外，我们也进行了有趣的互动，回顾了四年来温暖的同学情谊。总之，庆祝这一次答辩圆满成功！希望同学们前程似锦，老师们越来越美丽快乐嗷！

（编者：上海外国语大学俄罗斯东欧中亚学院教师钱琴、潘敏洁）

云端相见　隔屏不隔心

东方语学院

在线教学阶段的第四周即将结束，东方语学院的老师们从一开始的紧张探索，到现在的得心应手，不断创新教学方式方法，力争在线教学仍然保持线下教学同等的温度和热度，逐渐成长为一位位优秀的"云主播"。新学期的教学模式变了，但不变的是东方语学院老师们对教学的热爱和对学生的关爱。

在线授课既是挑战，也是机遇。网络平台的使用也提供了更多教学的可能性。老师们在网课教学中积极使用在线教学工具，打造知识性、趣味性、有效性为一体的"云课堂"。

在印地语专业章雨桐老师的课上，她充分运用了在线课堂的各种工具——鼓励大家使用趣味答题器、给同学发"小皇冠"以表鼓励、背完课文后同学之间互相打分等，让同学们感到耳目一新。同时，为了达到本学期手写体字母教学的目标，章老师还准备了一个小白板，以便更加清楚地向同学们呈现课堂内容。"网课的形式让我感到了线下教学未曾有的'科技感'，课上的许多创新教学方式让我印象非常深刻。"一名印地语专业的同学这样说。

Blackboard 平台中"小组 Wiki"功能的灵活运用，给土耳其语的专业教学也增添了许多乐趣。

土耳其语专业的陈清老师充分利用了这项功能，引导学生在讨论区提出自己的疑问和见解，并对其进行针对性的讲解。由于这个平台可以由大家一起编辑，可以使讨论的过程可视化，同学们提问的积极性也提高了不少。同时，同学们可以通过多次翻看问题从而加深理解，弥补了在自学过程中可能出现的漏洞。

此外，他把每周五的课程定为了周测，以了解同学们对单词和课文的掌握情况。陈老师还会在上课时选取尚未学习的课文，让每位同学们接龙朗读和翻译，旨在培养同学们遇到生词时联系上下文"猜"词义的习惯。土耳其语专业的同学说："一开始连麦时，我很害怕出错，所以感到一些压力。但后来我觉得，这种教学方法对翻译能力的提升和词汇量的扩展来说是大有裨益的，因此心情也轻松了许多。"

印度尼西亚语专业的黄跃民老师与郁倩老师给同学们带去了新花样——黄老师在课程中给同学们分享了印度尼西亚的民俗故事和传说等，在提高同学们兴趣的同时，增进了同学们对印度尼西亚传统文化的了解。黄老师还鼓励学生们上网检索印度尼西亚的文化小故事，并在上课时用印度尼西亚语分享。一次作业中，为了完成黄老师布置的了解"多巴湖传说"的任务，同学们在黄老师的带领下绞尽脑汁多方搜索资源，终于找到了不少的有用资源，提高了大家对印度尼西亚文化的兴趣。

一位同学认为，黄老师的创意作业既锻炼了同学们的口语表达能力，还增加了同学们对课堂的参与度。为了提高同学们自主学习的积极性，郁老师给同学们分享了不少课外补充阅读以及音视频等材料，希望大家能自觉进行课外学习，感受语言与文化的魅力。

波斯语专业的王振容老师看重线上授课在使用多媒体方面的便捷性。比如在课堂上播放视频、在网络上实时查询等创新教学方法，通过屏幕共享实施起来非常轻松且高效。此外，她还准备了许多课堂外的自学材料，这对于学习语言的同学们来说，可以鼓励大家在课余时间进行更多的独立思考。

一位波斯语专业的同学说："老师在课后为我们补充了这段时间伊朗发生的所有大事的新闻资料。这启发了我，学习语言的最终目标是对语言对象国的观察和了解，这些细微的变化和收获也自然地流淌在我们每天学习的文字之中。"

线上授课使得师生之间的交流被屏幕阻隔，容易造成信息传递滞后。东方语学院老师们针对这个问题，主动了解同学们的需求，并尽量进行一对一的辅导，冰冷的屏幕隔不开老师对同学们的暖心教导。

开设"越南文学史"课程的越南语专业冯超老师，在教学准备阶段仔细分析了该课程的教学目标，认为该课程是高年级专业选修课，学习门槛较高，需要老师的大量讲解，于是冯老师采取了 ClassIn 在线讲座＋课堂提问的直播授课形式，并尽量将备课内容做得丰富、有趣、图文并茂。冯老师担心，这门略有难度的课程用网课的形式讲解会增加同学们的理解困难，因此贴心地给同学们发布在线学习"攻略"，帮助同学们顺利开启在线学习之旅。

课堂之余，冯老师还向同学们了解毕业论文的写作情况，通过微信语音指导同学们的论文撰写、就业等毕业准备。一位越南语专业的同学谈到，"线上教学的多媒体手段能够直观地演示越南汉文学、喃字文学的识读、书写及输入方式，我们也可以同步在网上查阅相关的知识，与老师形成良好的互动，提高了网络教学的效率。"

而早在开学半个月前，朝鲜语专业的金慧婷老师就开始进行了网课的资料准备。正式开学后，让金老师印象最深刻的一点，是班级里同学的学习的自律性很高，早上 8 点前就已经全员就位，这让她非常欣慰。在课堂的全班连线中，金老师会给出一个主题，让同学们根据主题用朝鲜语自由发言，她会将同学们的发言内容以文本的形式实时记录在微信群里，并指出一些用法错误，或者给出更恰当的表述方式。

朝鲜语专业的一位同学说，"金老师非常注重对每一个同学进行针对性的指导和点拨，并给我们很多批判性思考和口头表达的机会。这对于语言学习者来说非常重要。"

"与线下授课相比，线上授课会促使老师和学生共同加强时间管理意识，这对教学双方来讲都是挑战——意味着对旧习惯的变更，而改变自然需要一定时间的磨合和适应。"

阿拉伯语专业的潘潇寒老师这样理解线上授课的特点。第一周的时候，潘老师采用录播方式授课，但他认为直播形式更能掌握学生的学习进度，并及时获取同学们的疑惑之处，增加课堂效率，因此在第二周的教学中，潘老师改为了直播方式，并配以回放功能，让同学们在课下可以进一步地钻研问题。一位同学说道，"让我印象深刻的是潘老师尽量用阿拉伯语布置每日作业，这样能够提高我们的阿拉伯语熟悉程度。"

希伯来语专业的杨阳老师和杨露老师也做了积极的准备与安排，反复调试课堂软件，仔细观察网课能否正常进行，同外教进行沟通、协调，保障课堂有序进行，积极回应学生的反馈。杨露老师全程参与外教课程，随时辅助外教的教学工作。在每堂课程开始之前，老师们会带领同学们用希伯来语讲述生活中的那些"光点"（美好的小事），这件小事有可能是杨阳老师给家人做大厨的快乐时光，也有可能是杨露老师和孩子相处的温馨时刻，也有可能是同学们出门踏青时寻找春意的欣喜之心。希伯来语师生一同用语言表达生活，期盼春日。

一位希伯来语专业的同学谈到，"老师还会在课堂中提醒全班同学做好个人防护，督促大家锻炼身体，增强抵抗力和免疫力，引导大家增强战胜疫情的信心和决心。这让我非常感动。"

语言学习不只是书里的要点和习题，它和时事热点是分不开的。东方语学院老师充分利用网络平台信息输送的便捷性，重点引导同学们将书上的知识和现实结合，培养同学们关注时事和日常生活的习惯。

周五的阅读课中，一年级泰语专业的宋帆老师会对最近热议的新冠疫情的新闻材料进行详细讲解，让同学们养成关注时事的习惯，并增加同学们时事热词的词汇量。老师还布置了一项个性化的作业，让每一位同学到泰国的新闻网站上找一篇新闻并翻译成中文，这不仅让低年级的同学熟练掌握了较为复杂的泰语输入法并进行了翻译训练，还提高了大家对泰语网站的检索能力。同时，在宋帆老师的协助指导下，泰语专业的同学们在"泰度青年"公众号上发布了翻译的泰国网站上有关疫情的新闻。

"虽然一开始担忧自己的能力是否不足，但是完成了第一篇后我很有成就感。这既能够锻炼自己的语言能力，还能利用互联网优势让更多人了解到泰国疫情的近况。"一位参与公众号运营的同学分享了他的感受。除此之外，在宋帆老师的鼓励下，泰语专业同学正在筹备拍摄为泰国抗疫加油的视频，体现当代大学生的责任与担当。

在每周的"越南语口译"课上，越南语专业的卢珏璇老师会带领学生进行《习近平治国理政》的内容翻译及每周的时政热点听译练习，提高同学们对时政热点的掌握程度。口译课需要即时反应，实时互动，对线上教学的要求较高，因此卢老师采用了多种方式努力克服线上教学的一些不足。一位越南语专业的同学介绍说，"卢老师一直要求我们把每一段材料充分吃透、理解透并充分吸收。这对我们提升口译能力很有帮助。"

斯瓦希里语专业的马骏老师非常注重将语言学习和现实生活相结合。在课堂上，马老师给同学们分享了大量的有关疫情报道的斯瓦希里语新闻，学习了许多疫情相关的斯瓦希里语表达。学到名胜古迹时，马老师引导同学们思考如何用斯瓦希里语介绍自己家乡的著名景点。在戏剧课上，马老师通过生动的例子阐释文学艺术中晦涩难懂的专有名词，并由此让同学们思考戏剧的特点。

"马老师让我印象最深刻的一点是，他引导我们通过语言来思考生活中的各种现象，并充分尊重我们每个人的观点，即使我们的个人观点与主流观点可能不一致。"一位斯瓦希里语专业的学生这样说道。

"从软硬件配备到网络教学资源筛选再到授课平台的熟悉和选择，这些过程不堪为外人道也。唯有在极短的时间内，从技术小白开始，听培训、勤提问、多实操、收反馈，才能迅速成长起来。"阿拉伯语专业周放老师这样形容一个"云主播"的成长史。她幽默地谈起了网课中令她印象深刻的那些"糗事"：辛辛苦苦录了一个小时的网课，回看时发现麦克风接触不良，声音含混不清，无奈返工；上课前一秒还书写流畅，下笔如飞的写字笔，一进入直播课堂就艰涩无比，点哪儿哪儿不灵；课堂上对着屏幕干讲半小时以后，得不到任何反馈，陷入独角戏的落寞中伤心不已，才发现把学生全体禁言了……

尽管一开始困难重重，但让周老师无比欣慰的是，经过一段时间的摸索和适应，东方语学院师生已经慢慢步入网络教学常态化，既定的教学任务有序开展，该上的课程该布置的作业也反馈良好。

创新教学方式、了解学生需求、贴近时事热点，东方语学院老师们独创的"一热一暖一活"的三部曲，以及在特殊时期仍心系学生、紧抓教学的敬业态度让在云端相见的各位同学感到无比温暖。

"唯见春色渐浓，窗外春光烂漫，但愿能早日脱下口罩和蓝光眼镜，回到美丽校园与美丽的老师同学们再次相聚。"

（编者：上海外国语大学东方语学院师生）

同心战"疫" 国教在行动

李雪莲

充分利用互联网和信息化教育资源为教师和学生提供教学与学习支持，在防控新型冠状病毒感染肺炎疫情的非常时期实现"停课不停教、停课不停学"，上外国际教育学院发挥专业优势，积极采取应对措施，启动各项网上教学筹备工作。目前，各项工作正有条不紊地深入推进。

构建组织：立足学院，服务全校

2 月 5 日，国际教育学院成立了院长书记任双组长的"国际教育学院教学应急工作组"，学院领导班子全体成员、各系部负责人全部参与，并专门设置了培训咨询、建课咨询，网站和资源建设、数据统计协调等岗位责任人。工作组制定了详细的工作方案，建立了联动、定期线上会议工作机制，分工明确，责任到人，层层落实，确保学院在线教学顺利展开。

结合学院教育技术专业的学科优势，学院还将承担全校教师在线课程建设的咨询和培训工作。因此，学院同时组建了由教育技术学学科带头人，在线教学专家金慧教授和教育技术学专业骨干教师组成的"抗疫教学设计小分队（工作群）"，专门负责全校在线教学培训课程设计开发与技术支持工作，教育技术学专业研究生、本科生也积极参与并组成培训助理团队。目前已在全校范围内组建了 7 个"Blackboard 平台支持群（培训工作群）"，各群组内均设有在线教学专家、技术支持人员和学生培训助理，参与教师总人数已达 800 多人。各工作群组的建立为后续开展本院及全校教师在线教学培训奠定了组织基础，也明确了管理边界。

明确机制：全员参与，快速响应

制度保障，规章先行。在当前疫情严重的特定情境下，学院制定了一系列的规章制度并以文件形式发布给大家，鼓励全员参与并对各项工作做快速响应。

协调机制：学院教学应急工作组设置了对外协调和学院内协调的专人负责

机制。除本院四个专业教学工作外，学院同时还承担全校双语教学和少数民族预科班的教学工作，因此，各系部主任，双语教学负责人，少数民族班负责人都分别在各自工作版面进行动员和协调。系统联动的协调机制保证了每一版面工作群建设和沟通工作都能有条不紊、细致深入地开展。

征询机制：在确保下学期所有任课教师进入各工作群组后，各群组负责人便积极开展了在线教学相关问题征询以及问题汇总工作，以期更有针对性地开展教师在线教学培训工作，帮助教师更高效地开展在线教学。

反馈机制：在对外、对内协调过程中，每个负责人在其工作群组发现的问题都会统一进行汇总，并在专家群内进行及时而深入讨论后给出问题解决方案，对一些关键性、代表性的问题进行汇总和梳理并最终形成文件，由培训助理进行反馈并统一发布在各"Blackboard 平台支持群"中。目前已发布完成"上外在线建课问答手册"（培训 1 号）。

开展行动：需求导向，使命必达

围绕如何开展线上授课和线上学习等在线教学活动，切实保证疫情防控期间的教学进度和教学质量，国际教育学院开展了一系列的调研、课程设计与开发工作。

前期需求分析：在组织不断完善和制度先行基础上，围绕教师在线教学需求和问题，国际教育学院已经完成前期需求调研和数据统计分析，包括对教师平台使用意愿与需求，以及学生是否具备设备和网络进行在线学习情况的在线调研等。

学习平台开发：学院早在 1 月 28 日便成立了"宅学天下"网络平台开发小组，经过连续奋战，于 2 月 4 日正式推出综合类寓教于乐的"宅学天下"学习平台，上线了"防、闻、读、器、讲、视、听、链、学"九大版块内容，助力"停课不停学"，为大家提供了一个便利的在线学习平台。

培训课程设计开发：针对在线教学必备知识和技能，结合前期需求分析，"抗疫教学设计小分队"1 月底便着手我校教师在线课程开发培训方案的设计以及培训课件的开发工作，并已取得初步成果。

直播平台测试：为方便教师了解和选择适切的在线教学直播平台，学院专门组织了直播测试团队对目前一些有影响力的在线直播平台进行教学功能测试，对其优势和不足进行比较与分析，对 PPT/ 视频 / 语音直播、学生观看方式、学生发言、白板（板书）、课堂互动、回放与点播等每个可能的教学活动细节都反复测试和讨论，以期为教师选择最适切的直播平台提供参考，获得良好的在线教学和学习体验。

"初心永擎，使命在肩"。国教师生有信心充分利用线上教学优势，协力推进信息技术与教育教学深度融合的教与学改革创新，在战"疫"过程中，保质保量地完成各项教学计划与任务。

"上下同欲者胜"。大疫面前国际教育学院的全体教师都成为"战士"，不忘教育初心，牢记教育使命，同心努力，守土担责，众志成城，共克时艰。

惟愿山河无恙，国泰民安！

（作者系上海外国语大学本科教学督导、国际教育学院副教授李雪莲）

"疫"起宅在家　停课不停学

新闻传播学院

3月11日下午，《解放日报》首席摄影记者张弛受邀通过 Zoom 软件向新闻传播学院全体师生开展了一期别开生面的线上党课，与老师同学们分享他深入"战疫最前线"——上海市公共卫生临床中心，与医护人员同吃同住三天的故事。这是一堂特殊的党课，通过线上分享的方式，让师生们感受到医护人员在病毒爆发时是如何负重前行的，体会到主流媒体工作者如何通过新闻人的"四力"践行马克思主义新闻观，体现媒体人的责任感和社会担当。

事实上，网络授课已在新闻传播学院开展两周了。新冠疫情的突然爆发打乱了本该按部就班执行的春季教学计划，阻挡了师生回校的脚步。面对虽有好转但仍然严峻的疫情形势，新闻传播学院师生与全国人民一起认真听取党中央指挥，众志成城，共同战"疫"。

2月上旬，上外新闻传播学院根据教育部、上海市和学校关于疫情防控工作的最新要求，在做好疫情防控工作的基础上，积极做到"离校不离教，停课不停学"，逐步启动了网络教学的相关准备工作。

前期，新闻传播学院领导班子与相关教学负责人积极做好组织网上课程建设、颁布相应开学通知、提供网络教学资源和培训等相关网上教学准备工作。教师们认真制定教学大纲和教学任务，开展线上教研活动，讨论在线教学授课方式和教学设计，积极参加在线教学培训，互相学习在线授课工具，提升在线教学质量。

2月24日至2月28日期间，学院组织学生提前加入课程微信群，并在该周完成在线教学压力测试。同时，学院对每门课程的在线课程平台内容进行审核把关，并成立院级督导组，开课后抽查在线授课情况，评估在线授课效果，并给予改进建议。

3月，线上教学正式拉开帷幕。全体教师严阵以待，精心备课与同学相逢在互联网"云"端。全体学生闻令而动、听令而行，认真踏实、按时按量上好每一堂课。

英语教研室苗萍老师分享了一些她前期 Blackboard 平台使用培训的体验。当时，老师们接受了包括 Blackboard 公司的在线直播培训和 Blackboard 平台上的在线课程建设培训，她下载并自学了 PPT、PDF 等培训材料，并且在 Blackboard 平台微信群实时关注老师们的提问和培训师及培训助理的解答，认真学习线上授课软件的使用方法，以期达到更好的上课效果。

计算机公共课教研室冯桂尔老师指出，通过此次线上授课的方式，可以让同学们有机会体验到什么是以学生为主体的教学方式，有利于培养学生的自主学习能力与探索能力。但同时也存在一些问题，比如说老师不能像实体课堂面对面、手把手指导。为了解决这个问题，冯桂尔老师采用了在线平台答疑、直播课互动来解答学生在计算机操作中碰到的问题。冯桂尔老师认为，要利用一切可以利用的信息化手段来保证教学质量。

17 级金殊羽同学表示，老师们根据授课内容的不同有着不一样的授课方式。比如刘佳老师的编译实践课使用的是石墨文档，大家可以协同创作，这样有利于调动学生上课的积极性，也方便老师同学们整合上课内容。

17 级任依涵同学分享了她在吴瑛老师的实践课上的上课经历。学生们通过 Zoom 语音连线讨论选题，通过这种线上方式，反而更有利于她关注平时线下所忽视的其他同学的发言与分享。

18 级史纪同学提到，Blackboard、ClassIn、Zoom 等平台几乎还原了课堂的情境，让学生课上能积极提问、表达想法，课后也能与同学、老师交流沟通。老师在平台上传的学习资料、录音回放等也对自主学习做了很好的补充。印象比较深的课是诸廉老师的"世界广播电视事业"，老师用英文授课，在课堂中安排了丰富的环节与内容，并对学生在讨论区的留言及时反馈、解答，受益良多。

18 级郭诗萌同学提到，在线学习是一种特殊的学习体验，同时她也能保持着良好的学习效率。通过诸如 Blackboard 或者是 ClassIn 这些课程平台，学生们可以快速准确地收到老师布置的作业任务信息，同时老师通过平台上发表的录播课，方便学生反复查看，查漏补缺。

广播电视系陈大可老师提到网上授课存在的一些问题，比如说视频播放对电脑配置要求较高，以及如何整合不同授课平台的优势等等。但是陈大可老师也指出，学习效果最终还是取决于学生本身。任何老师都希望保证上课效果，而目前老师只能面对冷冰冰的屏幕讲课，学生端到底是热血沸腾还是同时多个

CPU 多线程处理，老师是很难掌握的。因此要求同学们用专注和努力，与老师一起配合去摸索出网络授课的最优解，共同努力完成课程任务。

（编者：上海外国语大学新闻传播学院师生）

教学一线牵 "云端"来相见

夏淑芳

受疫情影响，按照教育部和上海市统一部署要求，3 月 2 日起，学校开启 2020 年春季学期在线教学。国际金融贸易学院根据学校的线上教学工作方案制定院系工作方案，做好前期准备工作，抓好线上教学质量，做到"标准不降低、学习不停顿"。你是否好奇，国际金融贸易学院教学"云端"课堂是什么样的呢？

教之谨——分享与合作

每日早上 8 点左右，各个课程群中就会响起老师们的"温馨提醒"，新一天的学习又拉开了帷幕。老师们会在上课前将本节课的上课内容和要求公布在群中，并采用"直播 +"或"录播 +"的方式，利用各教学平台或软件进行授课，让同学们在虚拟的课堂中学到真材实料。

为了保证线上教学的质量，老师们付出了比线下教学更多的时间和精力，本着严谨的教学态度，结合课程和学生特点，慎重选择教学模式。经过大半个月的前期准备和两周多的实战授课，老师们已经总结出最适合自己课堂的授课方式。在此过程中，教研室和教学团队发挥了重要作用。

我院共有国贸、会计、金融、数学和英语五个教研室。根据我院实行的线上教学四级责任人工作机制，各教研室主任作为第三责任人，需发挥领导、监督具体责任人即任课教师的作用。教研室主任需对本教研室内教师的教学资料质量和课堂授课效果进行抽查、监督，以更好地保证教学质量。以教研室为单位进行管理不仅能提高工作效率，也为老师们提供了交流分享的平台。如在前期准备和压力测试中，有老师发现 Zoom 平台简单易操作且直播效果佳，制作了使用指导视频和 PPT，供有直播需求的老师们参考。除了技术经验的共享，定期的教研室活动可以对工作进行及时的总结与部署，有利于教学工作的平稳推进。

除了在教研室内的交流与分享，平行班课程或相关课程的老师们还会形成教学团队。教学团队成员间的关联更紧密，合作也更具有针对性。他们采用统一课程要求，统一教学资料，统一课程平台，"三统一"的教学模式。每周末团队成员间会进行多次微信电话，分享本周教学经验，讨论本周在线教学中遇到的问题，重新设计下一次课程的教学安排，并分工补充新的教学资料至教学平台。这样的合作方式有利于发挥集体智慧，不同的分工提高了工作效率，无间的合作则促进共同进步。

在没有讲台和黑板的"云端"教室，老师们一如既往地辛勤耕耘，没有粉笔和黑板，就用指头和触板，全力保证"停课不停教，标准不降低，教学成效不打折"。

学之乐——自律与收获

虽然不能相聚于同一个教室，但是身在五湖四海的同学们借助网络的联接相约"云端"学堂，在老师们的引领下，遨游在知识的海洋中，感受云学习带来的乐趣。

2019 级金融学专业王新月

云学习考验我的自律性。纵使居家，学习不能停止。每当我抵制住了舒适的床和沙发的诱惑、玩手机的诱惑，通过云学习收获满满，都会很开心。另外，云学习中，我也会因为长时间看电脑屏幕而疲惫，这时候劳逸结合就很重要。课间做一些运动，放松眼睛，没有课的时候弹弹钢琴，学做一道菜，都是不错的放松方式。

2018 级国际经济与贸易专业宫婉莹

在这个网络发达的时代，云学习对我们来说可能并不陌生，但这样系统的云学习，相信很多人也是第一次。通过这段时间的摸索，我总结出了几点经验与大家分享。第一点，在上课之前熟悉授课平台。第二点，检查好网络、麦克风等条件。第三点，做好预习复习。我们不能因为在家学习，老师无法当面监督就放松，该做的事情还是要做好。

2017 级金融学专业郑舒宁

在每一节网课开始之前，我会先打开 Blackboard 查看各门课程有没有更新的学习资料，然后下载到按照课程分类好的文件夹里面，做好预习工作。除了直播授课的课程以外，对于那些需要看视频自主学习的课程，我也会自觉按照课程表上的时间来学习，这样也更容易给自己营造一种在学校上课的氛围。虽然我挺喜欢网络学习的，但还是非常期待疫情结束，可以回到学校和老师同学们面对面一起快乐学习的那一天！

2016 级国际经济与贸易专业李佳斐

大学最后一个学期如期而至，在这个特殊的学期因为面对疫情，我们大学生活发生了变化：春季学期延迟开学，线下课程转变为网络直播课程。网络是一座桥梁，让相隔甚远的老师和同学们相聚在直播间，虽然只有一门课，老师和学生仍保持一丝不苟的态度。相比于老师全程监督的线下课程，线上课程更需要我们的自律，及时与老师交流，答疑反馈。

在这特殊时期，作为大四的学生也应该按时学习，完成各项任务，保持好自己的学习状态，不枉我们这四年大学青春。相信在不远的明天，疫情消散，岁月静好时，我们能重聚校园，享受我们的毕业季。

（编者：上海外国语大学国际金融贸易学院教师夏淑芳）

Stay Calm, Stay Connected：英语教学部线上教学大家谈

章 艳

疫情期间全国上下"停课不停学"，国际金融贸易学院英语教学部的全体老师均采用 Blackboard+ 其他平台直播的平行方式开展了线上授课。从最初的担心焦虑，到现在能够得心应手地使用各种授课平台，老师们获得了新技能，也增强了应对困难的信心。开学以来，一切进展顺利。今天，我们就来听听各位老师的心得体会。

李绍鹏老师

除了参加学校组织的 Blackboard 平台培训和自学腾讯课堂等直播软件的使用方法外，我还认真学习了一些线上教学专家和名师分享的教学经验和技巧。考虑到很多同学手头没有课本，我准备了课程所用教材的电子版供学生下载使用。我的两门课程均采用腾讯课堂直播和 Blackboard 平台相结合的授课方式。使用腾讯课堂完成课堂讲授部分，并使用该平台的"签到"功能进行课堂考勤，通过"举手"功能实现和学生的连线，进行课堂提问。同时，将课程所用资料上传到 Blackboard 平台，学生随时可以查看并下载。所有课程作业学生均通过课程平台提交，在线批阅后直接反馈给学生。为了提高学生的参与度，解决线上课堂不便于学生讨论的问题，利用 Blackboard 平台的"讨论板"功能设置了和课程内容相关的话题讨论，学生参与度比较高。同时，利用 Blackboard 平台的测验工具，每单元结束后均设计在线测试题，实现对课程内容的考核。在 Blackboard 平台设置"答疑讨论区"，并充分利用班级微信群，随时回答学生提出的各种问题。

徐璐老师

作为特殊时期的权宜之计，这种新的学习方式，无论对老师还是学生们来说，都是新的挑战。从接到线上教学通知的第一天起，我便开始焦虑、担心学

习质量的保证、学习进度的掌控、学习任务的设计和组织、新的教学工具的摸索，这些教学最基本的问题开始凸显。但是两三周时间下来，在学生们的配合和鼓励下，焦虑和紧张的情绪逐步得到缓解，我发现学生们的自觉性和自学能力大大出乎我的意料，交流互动方式比之前更为灵活和多样。更令我感到欣喜的是，教学方式的转变，让我看到了很多学生跟往常不同的一面。

杜涛老师

几个星期下来，从一开始的茫然无措到现在基本上能够从容地应对各种问题，倒是也让我开始考虑网络教学如何在以后的常规教学中发挥更大作用。学校统一的 Blackboard 平台提供了发布教学资料的便利，以后可以利用这个平台提前发布一些教学资料和课后的巩固资料；Blackboard 的测试和作业平台也使老师多了一种收缴作业的途径。学校推广的企业微信可以让我很便捷地开展网上授课。据了解，很多学生也认为网上授课可以提高效率，因为他们可以省下在各教学楼之间奔波的时间，只需切换一个平台或者进入另一个会议室就可以进入课堂。

吴奇志老师

这段时间以来，我们每个人都在疫情带来的纷扰中，克服了各种心理情绪上的波动和各种困难，从开始的完全没有头绪到今天能够基本自如地应对各项网上教学的操作、备课上课、师生互动交流，回头看看真的是有很多人为此付出了努力的。从学校的应急预案，疫情防控工作的延续，线上课程的各项教师培训，以及几乎全天候的线上培训答疑，还有同事们之间的指导、配合与帮助，不断地探讨与摸索，所有这些让我感觉，尽管疫情是一次突发的意外事件，但是也未尝不是对我们能力的锻炼与培养，反而加深了与同事们的交流。尤其是，当我第一次在疫情发生一个多月后在网上和学生再次相遇时，既忐忑又感动，我们虽然看不到彼此，但通过声音，仿佛能感受到比平时上课更多的亲近，这种感觉很微妙，也是出乎我意料的。当学生们互相竖大拇指，对我鼓励，互相加油时，那种感动，似乎已经超越师生间教与学的身份，而是作为平等的生命，互相给予支持与拥抱，真的是一次特别的生命的礼遇。

梁文波老师

我是几个平台结合使用的。

Blackboard平台作为课程资源库，根据教学进度依次上传了每次课的讲义、练习和各种推荐资源，可供学生预习和复习。

Zoom会议室作为上课直播平台，对于我和学生来说，是教室一样的存在。Zoom的共享屏幕让我可以像在线下教室里一样利用PPT进行授课、播放音视频，并实现师生间的语音互动；白板方便书写板书，就课上学生提出的阅读理解和词汇语法问题进行注释；聊天室便于学生将课堂讨论以书面文字的方式进行共享，所有人都能即时看到彼此的思考，给出反馈，我也可以对学生讨论中出现的表达不清及语法词汇等问题即时进行反馈，在课后也方便将讨论导出，整理好并分享给学生，让大家看到自己课堂讨论的结果。学生在Zoom教室中讨论的积极性和发言质量感觉要好于之前的线下课堂。

学生的班级公共邮箱是我用来继续布置作业的平台。为了学生方便，每周作业的提交依然由学生从个人邮箱提交到我的一个工作邮箱，这样便于我针对每个学生的作业发送一对一的详细反馈。学生作业中比较出彩的文章和段落，也可以在尊重学生隐私的前提下，匿名分享在班级邮箱中，方便大家互相学习。

葛现茹老师

考虑到英语课需要跟学生有适时互动，我主要使用了企业微信和Blackboard平台。每次讲新课之前就把相关的课程资料发到Blackboard平台，辅助学生进行课前预习。充分利用平台上的讨论版块，让学生把课文中理解困难的句子发到论坛里，并鼓励每一位同学积极参与讨论，回答别人提出的问题，以此弥补课堂互动的缺失。这种问答式的讨论，能够启发不同的理解，对深度学习课文有很大的帮助。

吴珺如老师

我在Blackboard上传课件PPT和讲义，以及补充的相关多媒体资料供学生自学。每个单元分为预习、课件、复习和作业几个部分。平时布置作业、解释具体要求、通知同学们用哪个教学平台、解答学习中遇到的问题就用微信群联系。Blackboard上每门课开设了一个讨论板"教学相长论坛"，分话题搜集学生对于精读课文、"专四"复习的各种疑难问题，然后在上课时间用 Zoom 直播答疑：精读课文会过一遍，把学生不理解的地方解释一下，再赏析一下课文的写作特点、修辞风格等；每周精讲一套"专四"真题，所有普遍出现的问题都给他们讲解一遍。我感觉除了个别地方略有不便，基本上还是可以保证上课效果的，甚至在针对疑难进行教学这一块可以胜过原来由我主导讲课的课堂。在备课方面工作量比原来更大，因为现在是学生主导的课堂，老师跟着学生的需求走，而且还要学习这些教学辅助平台的功能和用法。

胡越竹老师

我用的是 Zoom 直播和 Blackboard 平台，非常感谢学院老师关于 Zoom 的经验分享和学校安排的 Blackboard 平台使用指导。上课过程中同学们很配合，都能准时上线，积极参与课堂互动，作业都能认真按时完成。因为是网络教学，教学中偶尔有声音不清晰和卡屏的情况，也能顺利解决。与面对面授课相比，感觉网络授课的要求更高，需要教师合理安排和调整教学内容和教学活动。

章艳老师

从上课前两周开始的录课到现在，在线教学已经成为日常且亲切的存在了。最初准备录播时确实非常艰难，且不说录课时总是嫌弃自己不够流利要反复重录，更觉得遗憾的是，录播时要失去很多有趣的即兴分享。后来发现企业微信很好用，一边向学生展示课件一边直播，除了看不见满教室的学生，其他的并无多少差别，一些平时在教室里不太愿意主动回答问题的学生，在耳机里的声音和语音语调原来那么好听。特别欣慰的是，几周下来，我发现学生都非常认真，也许在这样特殊的时期，不管是老师还是学生都有一种共度难关的共情力。我要求他们上传每篇课文的录音以及每周要完成的课外阅读，大家都完成得非常积极，质量也很高。Blackboard 发挥了很好的作用，除了教师上传课件，学生交音频作业也非常方便，第一周让大家在 Blackboard 讨论区分享各自对这次疫情的感想，很多同学都踊跃参与，表达了很有深度的思考。

秦悦老师

在今年的效率手册上，我郑重其事地写下"今年新技能 get"。只是没有想到这新技能 get 是如此的猝不及防。目睹了无数高龄少男少女们的网络授课翻车现场，我对网上授课其实是很抵触的，一是担心自己系统运用不熟练，二是担心学生的课堂投入不足。好在原定开学的前两周，学校就计划开始对我们进行培训。我这个小白参加网上培训、看直播回放、看群里讨论，边学边做，跌跌撞撞，终于学会了录视频，设置作业截止，在 Blackboard 里改作文写评语。

在这个虚拟的课堂里，虽然没有了面对面交流，但意想不到的是我们有了更多的参与和专注。同学偶尔开小差就会被突如其来的点名回答抓个正着。因此他们比教室上课更认真专注，因为说不准什么时候耳朵里就传来"You are wanted"。在这个看不见同学的云课堂里，听着他们的回答，心里默默地把他们名字和声音对上号，把声音和脸对上号，从不一样的角度了解到他们的认真可爱。

王厚平老师

从 Blackboard 教学平台培训开始，我以"活到老学到老"这句座右铭鼓励自己，认认真真地听培训老师的直播培训，在自己的书房里摆好两台电脑，一台看培训课，另一台按老师的讲解，手忙脚乱、一点一点地学习如何操作平台上的各种功能，一遍遍地看培训回放。经历了从一个网课"菜鸟"渐渐到可以顺利利用 ClassIn 直播平台上课的纠结过程，经历了从当初的压力山大到现在较为自信和充满惊喜的心路历程。

经过对比，我认为直播平台从教学工具的多样性及互动功能来说还是 ClassIn 比较好，特别是里面的"小黑板"用于我们高英课的词汇测验效率非常高，加上定时器的使用，可以让学生在规定的时间内完成测试，而且测试结果可以按学生提交的结果存放在自己的电脑里，方便记录和课后的批改。现在上课差不多都用它进行直播教学，利用其中的画笔、计时器，授权学生上台发言等诸多教学工具，课堂的互动活动一下子变得丰富多彩起来。

刘宝权老师

三年级教研组共同教研交流看法和分享课件让我受益匪浅，在此特别感谢高级英语团队各位同事给我提供的各种帮助，让我在新的教学环境里找到归属感。第一堂课大家商议要结合当前疫情形势，将疫情防控和爱国教育结合起来。我让学生阅读英文期刊上刊登的疫情防控的文章，安排学生观看了 To the fighters 视频，布置学生完成 To the fighters 视频演讲，积极将育人元素融入课堂教学中。

教学方法上我采用翻转课堂、线上讨论互动和线上直播等多种教学模式相结合的方案提高学生的参与度。学生提前观看中国大学 MOOC 中的英语演讲视频，将视频中的演讲技巧应用到他们每周要做的 presentation 中。学生需要对视频做出总结。一般情况下，线下课堂教学 presentation 的讨论环节最多 5 个学生有参与分享讨论的机会。线上教学后每位学生均需要录制演讲视频上传至 Blackboard，发表自己的观点，学生的口头表达机会比线下教学时反而增加了。同时课堂引入了自我评价、同伴互评等多种评估手段。通过英语歌曲、英语绕口令、英文故事、英文场景剧和英文游戏等多种形式带动课堂气氛。

杨静宽老师

网上授课已经有一个月了，从第一次压力测试的手忙脚乱，到如今的镇定自若，似乎已经适应了这种新的教学模式。利用 Blackboard 平台上传学习资源，布置作业，组建学习小组，运用企业微信模拟课堂，进行直播授课，师生开展问答互动，利用微信与学生进行一对一答疑，通过布置作业检查学生学习情况。似乎一切进展顺利，但是网上教学，本质上还是一种单向的交流，缺少了师生间的情感交流，非语言沟通，还是不能完全替代传统课堂的教学。但愿疫情早日结束，我们早日回归校园。

（编者：上海外国语大学国际金融贸易学院教师章艳）

师生相约"云课堂"（教师篇）

袁王珏

眼下，全国人民正在奋战疫情防控，受到新冠疫情影响，根据教育部、市教委及学校决策部署，上海外国语大学国际工商管理学院将保障师生健康摆在突出位置，全面开展网络教学，将课堂建在云上，把师生装在心里。

2月以来，学院党政班子协同教学办公室、学生工作办公室等多个部门，通过广泛摸排调研，致力打造精品在线课程，为学生端上可口学习大餐。经过近一个月的筹备工作，3月2日开始，学院本科、硕士、博士线上教育正式开课。

现在线上课堂也已经平稳运行一周有余，让我们来看看师生们的体验吧！

工商管理系：胡娜

第一周"公司理财"在线授课效果比我预期的效果还好。首先是全班同学全勤上线，在线互动率超过90%，这是平时线下课堂授课难以做到的。其次，课堂教学任务全部顺利完成。第一周一般是导论课，除了介绍课程背景、教学计划、评估方式等内容，还重点介绍"公司理财"课程导论的全部内容。另外，还留出充足的时间做课堂练习并讲解习题。

总结下来，线上教学初战告捷得益于充分的准备工作：

首先，课前准备充分。"公司理财"是上海市高校全英示范课程建设项目，选用的教材是国际主流商学院的经典教材，本学期从教材到学习平台配套得到了上海市教材中心的资助。全班同学每人各有一套专属账号分别接入 VitalSource Bookshelf 的电子书 EBOOK 和麦格劳希尔出版集团旗下的CONNECT 学习平台。教师提前两周布置开课任务，让同学们提前预习并做好相关准备。开学前一周，测试在线教学平台，最后在 ClassIn 和腾讯课堂之间选择了腾讯课堂作为授课直播平台，因为腾讯课堂的系统稳定性更佳，学生不会出现掉线的情况。另外腾讯课堂不断升级，其考勤功能不仅能记录学生上课时长，还有录播和回放功能，学生通过课堂链接可以回看授课。

其次，线上授课需要精心设计。比如要先把相关课程资料（大纲、课件、习题等）上传至 Blackboard 平台供学生下载学习，另外还在 CONNECT 平台上设计好了学生要做的任务，包括阅读章节和课后作业。

此外，建立课程微信群也很有必要。授课前半段主要是通过分享屏幕和语音来讲解 PPT，不时穿插课堂讨论问题，学生的回答都可以在微信群中展示出来，一来检查学生在线学习状态，二来检查他们的理解效果。课堂练习和课堂抢答会把课堂气氛推向高潮，微信群能在线记录学生反馈，也是他们积极参与课堂，获得平时加分的凭证。

事实证明，在线教学如果设计得当、资源充足、配套齐全，是能够较好实现教学效果的。不过目前 Blackboard 平台还没有和 CONNECT 平台打通，国外的 Blackboard 平台一般都能与 CONNECT SECTION 配对同步，希望国内 Blackboard 平台早日打通实现配对。

工商管理系：樊骅

为阻断疫情向校园蔓延，确保师生身体健康，教育部日前下发通知，要求2020 年春季学期延期开学，学生在家不外出、不聚会、不举办和参加集中性活动。停课不停教、不停学既是战胜疫情应急之举，也是"互联网＋教育"的重要成果应用展示，任务艰巨，使命光荣。疫情肆虐的特殊时期，数以亿计的师生涌向有限的教学网络平台，一时间各平台人满为患。我和我的同事们一样按照学校要求并根据学院推荐选择"Blackboard"，而且全身心投入，力求保质保量完成教学任务。综合前两周的"公司治理学"与"管理学"课程教学，对于这样的新的教学形式，我总结了以下优势与不足：

优势：(1) 学习了一门技能。通过几天的培训和实践，对网上授课有了较深的理解，并且能给学生上直播课了。(2) 学生的学习克服了时间和空间的限制，学生可以利用碎片时间重新学习课堂上没有掌握的知识。

不足：(1) 和学生互动不方便，不能进行情感的交流与互动。(2) 学生之间不能一起探讨所学内容。

我个人这几天的"网"事历程，很匆忙也很充实，同时也看到了我们的老师为了学生也是尽自己最大的努力去行动、摸索，最后我想说教师行业也是一支召之即来，来之能战，战之必胜的强大队伍。希望疫情快一点结束，同学们都能平安健康地回归校园，老师们也能总结线上教学经验，进一步提升教学能力。

工商管理系：李文超

2020 年春季学期是一个不同寻常的学期。本次疫情为教学工作提出了严峻的挑战，同时又给予我们实现线上教学的一个机遇。由于之前都是传统教学的方式，实施网络线上教学较少，认识了解不多，有较多障碍难以克服。

借此疫情之机，我可以重新学习相关内容，认真收看各种平台的培训，特别是学习了 Blackboard 线上教学平台使用方法，顺利实现了线下线上教学的过渡。我与所属的"宏观经济学"课程组邹春勇老师和曾炎老师共同备课，结合这段时间的学习，主要有以下体会。

第一，要注重线上教学平台的熟练使用。作为教师，需要认真学习线上教学平台和网站，熟悉其各功能，达到熟练操作，为开展线上教学解决技术上的心理障碍。

第二，要完善课程教学设计、教学内容电子化。认真做好和完善教学 PPT，使之更加形象生动，做好教学设计，同时做好各种资料的电子化，包括图书、文档、试题、作业、课程设计、实践环节问题等，为开展线上教学做好充分准备。同时注入思政教育，利用网络化教育培养出能力更强，综合素养更高的学生。

第三，要充分利用网络教学资源。线上教学可以充分利用各个平台提供的丰富的网络资源，如文字、图片、视频、课件等的使用更加便利、更加快捷，以丰富我们的教学内容，提高教学质量。

第四，要重视开展精品课建设。借此机会，可以积累更多的教学资源，更加丰富的教学形式，顺利开展线上线下混合教学，发挥其各自优势，为精品课建设和申报打下一个良好的基础。目前，我们能够按照要求保质保量地开展线上教学任务，效果基本良好，使线上教学得以顺利开展。

信息管理与决策科学系：潘美芹、王海峰、罗莉娟

本次在线课程能顺利开展并获得良好效果，得益于学校和学院领导的指导、课程组老师们的分工协作。

一是提前做足准备，心里有底：课程组成员积极参加学校组织的 Blackboard 平台使用培训，开通中国大学 MOOC 平台，建立课程微信群，同时共同建设教学大纲、PPT、测试题、习题等课程资料上传至 Blackboard 平台，筛选出合适的慕课。

二是合理安排课堂时间，形式多样：课程以 2 个知识点为宜，每个知识点先安排慕课学习 25 分钟，然后讨论 10 分钟，最后测试和答疑 20 分钟。这种慕课＋讨论＋测试的形式能提升学生的注意力，深受欢迎。

三是加强师生互动与交流，气氛浓厚：潘美芹老师充分发挥 Blackboard 论坛的互动功能，精心准备讨论主题，提前在论坛中发布主题，课堂同学们积极参加，讨论氛围甚至优于线下课堂。王海峰老师基于微信群，梳理各知识点的重点，与同学们反复探讨难点，并进行答疑。罗莉娟老师则采用了 ClassIn 直播讨论环节，用 PPT 对每节课内容进行总结复习，提出该堂课的重点、难点，讲解测试题，回答同学们的疑问。

四是统一布置线下作业，巩固知识：接受论坛、邮箱、微信等各途径的反馈，针对课后作业反映出的问题，及时进行答疑。

线上授课一周结束时，课程组老师一致觉得，虽然在物理距离上我们身处各地，但在课堂中，我们彼此尊重，共同进步，学生学习兴趣浓厚，师生关系融洽。

信息管理与决策科学系：尚珊珊

这段时间的主要感受是多听学生意见，同时结合以往经验做调整。开课前，调研学生是更乐于直播还是看 MOOC 视频，大多数学生选择自己观看视频，认为较为自由可以回看而且有很多学生顾虑直播容易卡。但是由于有些担心学生自己观看抓不住重点，因此对比咨询了常用的几款直播软件，最终选择 Zoom，用来直播做补充解说。所以，第一节课的方式是学生观看 20 分钟左右视频，然后教师直播强调解说视频中的知识点和难点，同步微信沟通。课后学生提交作业用 Blackboard 和邮箱，答疑主要用微信，对于学生问的较多的问题将其解释过程拍成小视频发到班级微信群。根据课后对学生的调研显示，几乎所有的学生都认为直播解说非常重要，学生在直播期间的注意力相对比自己的看视频时的注意力更集中，同时学生建议直播时增加提问讨论。因此，下次课程将增多直播时间，增加直播交流互动，也会持续根据学生反馈不断进行调整。总体上看，学生还是认为直播效果更好，也更乐于实时沟通。

信息管理与决策科学系：李玉豪

第一次全面在线上授课，感觉非常仓促，许多的知识需要学习，许多工作需要准备。恰逢特殊时期，上课需要的声音和影像设备难以配送。此外还需要提前准备两周的上课视频，并需要提前设计好上课的具体时间线安排。通过参照同事的时间线设计，我完善了计算机网络课程每一讲的知识重点和时间安排，并提前发布在课程网页上，从而帮助同学们按照时间线开展特定的知识点学习。与此对应，在课程网站上还上传了针对难点内容的讲析视频，方便同学们在课后回顾知识重点。虽然测试的时候，网络速度，系统区域的各种功能都算正常，在实际第一讲时，依然手忙脚乱，深刻感觉到自身的准备还远未充分。

通过网课，有几点心得：(1) 同学们的学习态度特别认真，都能够提前进入网课教室，并开展学习和讨论；(2) 上课中，作为老师需要时刻关注课程讲授、讨论区域以及课程群中同学们的发言，常常难以做到及时给同学们反馈；(3) 线上网络课程系统还存在一些作业提交等方面的小缺陷，目前仍在完善。

总体而言，网络课堂新奇有趣，同学们课后还能进行回顾点播，线上的讨论也能让大家畅所欲言。网课由于不能面对面，信息量大，沟通障碍多，学习效果难以监督保障，需要同学们有较高的自律性。希望疫情早日过去，校园教学能回归正常，也期待线上课程和线下授课的结合能够更好地提升教学效果。

公共关系学系：杨晨

对缺乏主播经验的人来说，找一两个直播小视频借鉴是有必要的；利用微信群进行告知、讨论、答疑和反馈远比 Blackboard 平台方便且高效；感觉 Blackboard 平台的作用主要是可以对教学过程材料加以分类保存；PPT 最好做出简、详两个版本，分别供学生预习思考和自己直播使用；有的学生回答问题时网络声音可能出现卡顿，需要兼用聊天工具书写交流。

第一次当主播发现一个现象，全班竟然没有一名学生打开摄像头——事后猜想很可能是我的电脑未带摄像头的原因。公关沟通强调对等性，看来学生是掌握了专业精髓，自己得花几百大洋买个摄像头来督促这群"小屁孩"对视了。

公共关系学系：刘国华

刚刚开始学习，懵懵懂懂谈不上有什么感受。第一次课下来，大体有三个方面的感想，分别为课前准备、课时陪伴、课后检查。

课前准备，我的做法一是把在线下授课的一部分适合学生独立阅读的材料、调研报告、补充阅读文章等都尽可能放在 Blackboard 平台上；二是寻找尽可能相互补充的慕课资源，除了主学习的慕课外，我还增加了三门补充学习的慕课资源；三是从我院学生国际化特色出发，从国外一些慕课网站、高校网站及 YouTube 上找了些英文视频和资料，作为课后学习的拓展材料。另外，考虑到同学们在 Blackboard 平台上频繁转换链接很麻烦，我都尽可能将视频直接放在网站上，并且在课前以公告的方式，告诉同学们如何按照时间段学习这些材料。由于每堂课的资料较多，除了上课时间要学习的外，其他资料也会尽量批注好哪些要课后一定看，哪些可以选择性看。

课时陪伴，主要是在上课时间会一直通过 Blackboard 平台和课程微信群，随时回复同学们遇到的问题，并对课程进行适度的引导和总结。另外，为尽可能保证同学们全程都在，上课前的签到和结束课程时的签到都要做。

课后检查，主要是通过 Blackboard 平台上设置的课程作业讨论区和资料分享区进行，鼓励同学及时分享与课程相关的资料，提出问题并相互回复其他同学提出的问题，并将此作为平时分评价的一部分，部分章节会配备课程小组作业。对于课后检查这个环节，个人认为要适度，不能太过增加学生们的负担。

整体来说，同学们都非常配合，让我一开始的担忧有了一些缓解。不过真心还是不希望这种方式延续太久，期待疫情早些结束，尽快回到线下教学的正常轨道上来！

英语教学部：吴敏、陆沄、冯晓黎

首先我们认为充分的前期准备工作非常重要。在备课过程中，我们年级组进行了多次电话会议，对单元构架、课堂流程、课件制作、资料收集、互动形式、甚至讲义格式等各个方面都做了细致的规划，目的就是做到每一堂课都线索清晰、形式多样、干货满满。其实这一次网课备课时间并不充裕，但三位老师都非常高效，在 2 月 25 日前完成了四周 12 次课的网上建课工作，进而保证了开学后教学工作能够顺利平稳进行。

这里举一个小例子，我们将课文内容、疫情时政和思政教育有机结合起来，在每一堂课都设计了互动环节，用互动话题代替枯燥的签到动作，让学生从踏入空中课堂的第一分钟就感受到跟线下一样的活泼课堂氛围。

另外，我们认为这次不得已而为之的网络教学，恰恰也是提高学生自学能力的契机。我们运用多媒体技术，将课本上静态的教学内容转变为动态的文字、图像、音频、视频等，使教学内容更为形象、生动。学生可见可闻，同时调动多种感官参与学习。同时我们鼓励学生利用信息技术进行拓展，学会充分利用各种学习资源，主动构建知识。

我们希望教师起到的是组织者、推动者、引导者的作用，学生回归学习过程中真正的认知主体，真正成长为有主动学习能力的学习者。

眼下，全国疫情防控已经到了关键的时候，上外国际工商管理学院将继续在党中央、上海市委、上海外国语大学党委的坚强领导下，戮力同心，关心好全院师生身体健康，保障好线上教育教学有序实施，将各项工作落实落地，抓实抓细，以"咬定青山不放松"的坚定信心，打赢疫情防控阻击战。

（编者：上海外国语大学国际工商管理学院教师袁王珏）

战 "疫" 情　转思路　保效果

殷瑜 等

2020 年新春伊始，一场突如其来的疫情影响了全国人民的正常生活，其中当然也包括莘莘学子。按照教育部"停课不停学"的指示精神以及学校的统一部署，德语系一年级教研组积极应对疫情带来的教学挑战，迅速学习和掌握新技术，持续完善教学方案，跟踪检测网络教学成果，确保非常时期的教学质量。

一、迅速学习和掌握网络教学技能

刚接到任务时，教研组组长殷瑜老师马上和教研组同事商议具体授课形式，针对一年级精读课的特点和学习要求，经反复斟酌，大家确定了 ClassIn 直播 + 微信 /QQ 平台答疑辅导的模式。之后，大家一起制订了线上教学计划，集体制作、共享网上课件。课件的形式充分体现了每位老师的授课风格：有的图文并茂、有的细致入微、有的擅长集中整合 …… 大家通过这个特殊的交流和互相学习的契机，更深一步了解到"战友"的授课思路和风格。

同时，大家迅速学习并掌握用于网络直播的各种技能，克服没有经验的心理障碍，填补这方面的知识空白。学校为老师们搭建的 Blackboard 平台技术支持群，既提供了各种学习资源，又可以在线答疑解惑，着实受用。昔日在讲台上指点江山的老师们在这个群里变身为"直播小白"，各种虚心求教，对直播既紧张又期待。正式开课前一周，师生在线测试 ClassIn 直播教室的各项功能，顺利完成。

二、持续更新完善网络教学方案

从表面上看，线上教学和线下相似，老师们讲解课文、词汇和语法知识，向学生提问，学生在线语音或者用文字消息回答，授权给学生在黑板上书写。但由于直播的技术特点和局限，会不断出现新的挑战，迫使我们调整和优化教学方案。对于一年级学生而言，语音是学习实践的重要环节。标准的发音是上外学生的突出优势和重要特点之一，但在线上教学时，如学生发音不准确，线上纠正效果并不理想。为此，我们除了在技术层面调整音频和视频设备清晰度，还利用微信、QQ等多种平台和渠道实现课堂延展，通过布置语音作业的方式，请学生课后自行完成、录音上传，并进行点评回复，取得了一定的效果。

另外，由于网速等技术条件限制，课堂上学生多人互动效果并不理想。于是，我们调整了教学方案，加大了线上教学时教师示范和教师与学生的点对点互动比例，将学生间的互动放到课后依托其他平台来完成，从而切实贯彻"精讲多练"的教学原则，提高线上教学的课堂效率。

三、多元跟踪检测网络教学效果

对教学效果的检测是确保教学质量的重要一环。网络授课的一大优势是回看功能。一般我们都会在课后观看回放，寻找授课时的疏漏与不足，并确定每位学生的学习状态和学习困难，以便结合课后作业做出有针对性的指导。

新技术的引入丰富了作业形式和教学效果监测手段。文字、音频、视频等各种载体的使用在一定程度上颠覆了我们以往的教学理念。教研组的老师们利用多种平台，多元化地接收学生各种形式的学习反馈，并及时就发现的问题进行沟通。在实践中，我们对不同的作业类型的特点与优缺点进行比较，不断积累经验，筛选与探索适合语言基础课线上教学的作业方式。

就目前看来，经过几周的磨合，老师和学生都对在线教学这种特殊情况下的教学方式有所习惯，可以说，这是目前较为理想的授课方式。当然，对语言教学来说，面授课程仍是不可取代的。我们期待疫情早日过去，在美丽的校园与大家重逢！

（作者系上海外国语大学德语系教师殷瑜、李益、孙瑜、黄艺）

"网课"它来了

金智愚

为了响应国家教育部"停课不停学"的号召，法语系将于明日（2020 年 3 月 2 日）通过网络方式正式开展新学期的教学活动。

寒假一长再长，转眼已将近两个月过去了。这是个不平凡的开学。疫情就是命令、防控就是责任，为了保证大家的安全，学校延迟返校、采用线上教学，这是我们为疫情早日退去做出的让步，然莘莘学子一心向学的拳拳之心却不改，也不会因任何困难却步。在家学习并不意味着放松，我们也该收拾好心情，重新回归学习的阵地了。

因为网络教学的特殊性，同学们在学习过程中可以适当注意以下几点：

一、假期里，同学的生活节奏难免比较舒缓，学习环境的改变也会影响到学习的效率。因此，大家可以尽早开始主动调整以适应新的作息，合理地安排自己的学习和工作时间，以最好的状态迎接新学期。

二、对同学们来说，因为从小就接触网络世界，快速适应并掌握网络课堂等新鲜事物并不是难事；但对于部分老师而言，要在短时间内熟练掌握网络教学方法存在一定的挑战性。所以在教学过程中，需要同学们多多理解，在可能的情况下尽力协助老师顺利展开教学。

三、在硬件和技术支持上，学校尽可能地做了应有的准备。但在网络教学期间，网络承担的流量压力会大幅度上升，在出现故障的情况时，希望同学们主动反馈情况并耐心等待，学校相关部门会实时做好相应的保障工作。

最后，祝同学们在新学期里学业顺利，收获梦想，再登新高！

（作者系上海外国语大学法语系本科生金智愚）

线上教学的几点体会——西班牙语低年级组

李戈 沈怡

相信多年以后，每当谈论起网络教学，每一位老师都会想起 2020 年的 3 月这段不平凡的时期。联防联控的持久战硝烟未散，"保证后方，保证教学"战役便在高校的线上平台打响了。线上教学面临着前所未有的挑战，西方语系的低年级西语教学组，从 2 月份起，便早早为应对这场挑战而奋力工作着。从线上会议讨论、平台应用学习，到教学组集体备课、实践教学调整，西语低年级组在三周的教学实战中，对线上教学有了新的认识和体会。

教学内容模块化

低年级组没有选择全程直播的网络授课的方式，一是直播授课对学生的学习情况的管控难度较大，二是基础阶段的语言学习主要是练习为主，直播授课在语言集体操练或分组练习的实时反馈效率并不理想。因此，经过两个年级教学组集中讨论，确定了翻转课堂的模式，利用"网络平台＋录播／直播"的模式，设置自主学习任务，将学习任务模块化，精确设定每项学习任务的训练时间，将课堂时间分块高效利用，指导帮助学生自主学习。在此基础上，通过视频录播、直播等方式，解析学习重点难点，回答学习疑问，反馈学习情况，形成讲练结合互补的线上教学模式。

线上作业趣味多

线上平台各种各样的工具让外语作业的模式具有了更多的可能性，也给枯燥的学习任务带来了一些趣味。低年级组教师集体献策献力，制订了各种各样的练习模式，把传统的翻译和听写练习与日志、博客、论坛等工具结合，获得了意想不到的效果。

打卡作业：坚持完成传统的翻译和听写练习，打实基础，学生每周完成练习，并通过网络平台上传，教师逐个批改反馈，随后通过直播或论坛答疑解惑。

小组博客：将班级细分小组，开展小组活动，要求小组为单位，针对所给任务进行线上讨论（小组讨论板、视频会议平台、微信群等），随后发布一篇小组博客。博客针对所有成员开放，班级每位学生可以看到每篇博客的内容，并留言互动，学生成了网络写手和"键盘侠"，大大地激发了他们的才智和兴趣。

大一西语 2 班小组博客活动任务

日志：鼓励学生用日志记录每天的学习笔记和学习心得，帮助老师跟踪学生的学习过程。日志不是强制性任务，由学生自愿完成，这也是对学生学习主动性的培养。

Blackboard 平台有保障

全天候的线上教学，可以说对所有的老师都是一个挑战。在收到线上教学的通知后，我们低年级教学组的老师对网络平台的功能性和稳定性都持观望态度：平台的实际效果如何？平台服务器是否能承受大流量访问的压力？学生学习管理如何操作？为此，低年级组预留了好几套备选辅助方案（钉钉、腾讯会议、微信）。不过，通过学习、实验、压力测试和正式教学应用，Blackboard 教学平台的使用感受确实超出了我们的预期，而且多语言的操作系统，帮助外教无障碍学习，获得了外教的称赞！ Blackboard 平台也为我们低年级组的课程开展提供了有力的保障，让许多线上活动有了更多的可能性。

以上是西班牙语低年级教学组的几点体会，相信这段特殊的时期会铭记在每一个老师的心里，也相信这次的线上教学会是推动高校教学模式改革的一个契机。疫情终会结束，西方语系的老师将与学生共勉，期待春日的到来。

（作者系上海外国语大学西方语系教师李戈、沈怡）

多措并举　扎实推进线上教学

张海斌

为贯彻落实教育部和上海市有关会议精神，按照学校总体安排，法学院精心组织，多措并举，扎实推进线上教学工作的顺利进行，有效实现"停课不停学，停课不停教"，确保了疫情防控期间的教学进度和教学质量。

一、成立防控新冠肺炎工作小组

1月24日，法学院召开党政联席会议扩大会议，成立法学院防控新冠肺炎工作小组。在工作小组领导下，制订2020年春季学期法学院本科生、研究生教学工作方案、落实课程建设、教师培训、质量监控、教学检查、毕业生工作等各项任务。

二、全力做好网络教学准备工作

1. 2月14日，制订了"2020年春季学期教学工作方案"，并于第一时间将方案告知每位任课教师，确保每位教师知晓学院线上教学工作安排和具体要求，确保3月2日准时线上开课。

2. 积极组织全体教师加入学校"Blackboard在线课程平台"微信群进行线上培训学习，同时鼓励教师运用中国大学MOOC、超星尔雅、智慧树、学堂在线等课程平台积极开展线上教学准备工作，为学生提供多元化网络学习方式。

3. 组织任课教师与选课学生以课程为单位建立微信群，作为答疑辅导平台。要求所有任课教师在课程表规定的教学时间内，必须全程在线，为学生提供答疑辅导。

4. 及时了解掌握每一位学生的思想动态和心理状态，统计学生线上学习条件，了解学生对于线上学习的建议。针对1名留学生因校园网登陆问题无法参与线上学习的情况，法学院要求相关任课教师通过电子邮件、百度网盘分享等形式将教学资源单独发给学生。另外，该学生已加入每门课程辅导答疑的微信群，在线实时参与课程学习讨论。

5. 制订法学院"2020届本科毕业论文工作计划时间表"，确定了完成初稿、评阅以及盲审的时间，并视疫情的发展做好线上答辩的准备工作。在论文指导方面，要求教师通过微信、QQ、电话、邮件等多种方式指导学生撰写论文，及时为学生提供修改与反馈意见。

三、加强教学质量反馈与检查

1. 安排教学负责人、教学秘书与每位任课教师建立日常教学情况反馈机制，确认线上教学授课开展情况，并协调解决任课教师在线上课程建设过程中遇到的各类问题。

2. 法学院教学委员会定期对每门线上课程教学资源进行政治和专业审查，确保每门课无意识形态等问题，且能够满足至少 2~4 周的教学任务。

3. 要求任课教师保留所有在线教学活动的电子记录，包括线上教学平台教学痕迹、微信群内答疑与互动、作业布置与批改等，以便学院和学校抽查评估教学效果。

4. 3 月 6 日，法学院举行 2020 春季学期首次线上全院大会，及时总结了线上教学第一周的工作经验，明确了下一阶段线上教学工作的目标和任务。

（作者系上海外国语大学法学院院长张海斌教授）

还原课堂　超越课堂——线上重点课程的教与学

郝诗楠　陈炯良　徐谙律

一场突如其来的疫情，让高校教学工作转到线上。"停课不停教，停课不停学"的特殊授课方式让很多老师和学生一开始都无所适从。"一开始听到要线上上课，我还是有点担心和疑虑"，国际关系与公共事务学院的青年教师、比较政治学系副教授郝诗楠如是说。在此之前，郝老师已经承担学院若干专业基础课教学工作多年。但即便如此，线上教学对于他来说无疑是一个新鲜事物。不过在学院的支持下，郝诗楠做了充分的准备，很快他的线上教学就顺利地开展了，并于近日与学院陈炯良、徐谙律两位老师的课一道被同学们票选为学院的"线上重点课程"。

从线下到线上还是有点不一样

郝诗楠老师这次入选线上重点课程的是"比较政治学"。该门课程是我校国际政治、政治学与行政学专业高年级本科生的专业基础课程。从内容上来看，它是政治学学科服务于区域国别研究的重要桥梁。为此国际关系与公共事务学院在成立之初就设立了比较政治系，致力于加强与改进相关课程的教学与研究工作。郝老师长期从事比较政治学的理论研究工作，自入校至今一直承担该门课程的教学工作，至今已经上过了四轮。不过在他看来，如果将线下教学完整地搬到线上的话大概会导致教学的失败。因为不论是老师还是学生在线上与他们线下课堂之中的状态是完全不一样的。

首先是对于课程容量的设计。线上教学的内容应该根据知识点的数量切割成若干小节，每个小节的讲授时间不能超过15分钟。这是郝老师在考察了各种线上授课平台以及网课的基础上得出的结论，在试行了几次之后发现效果也确实不错。郝诗楠认为对于像他一样选择在上外"课程中心"录播上课的老师们来说，一定要给学生留下停顿思考以及知识点转换的时间，不能苛求学生在电脑屏幕面前不间断、密集地接受教师的"灌输"。

当然从另一方面来说，比较政治学线下教学时的一些"规定动作"在线上教学实践中也"一个都没少"。比如在每周课前郝诗楠都会通过微信群、课程网站布置阅读文献的任务，而在课后他也会在课程网站设置每周思考题，并要求学生必须在周末之前提交。这一方面既解决了线上课程的考勤问题，另一方面也督促学生不断地回看、复习课程的内容。

"非常时期的做法尽管也很'非常'，但确实也提供了平时无可比拟的全新体验与经验"，正在编写比较政治学教材的郝老师认为，"今后相关课程的教材应当同时考虑线上教学的要求，这应该也是未来教学发展的趋势之一。"

摇身变"主播"　线上教学也可以有"课堂感"

"由于疫情，我们不得不将课堂搬到线上，但是这种改变未必是坏事"，国际关系与公共事务学院外语教学部的陈炯良老师对于线上教学也曾有一个思想转换的过程。不过，作为一名资深教师，陈老师迅速、高效地投身于线上重点课程"高级英语Ⅱ"的教学之中，摇身一变成了同学们喜爱的"主播"。

在谈到直播与录播两种方式的抉择时，陈炯良老师表示，外语类课程的课中授课环节非常重要，而且外语教学与其他课程相比，更强调互动和练习，所以仅采用录播手段显然不能保证教学效果。在比较试用了多个直播平台和云会议软件后，陈老师决定采用 Zoom"云会议"进行直播授课。Zoom 与许多直播平台比起来具有灵活性强、界面友好简洁、容易上手的特点，与其他云会议软件相比，Zoom 的优势在于教师和学生都可以录屏，课后学生可以重复观看。在 Zoom 会议过程中，教师与学生有问答讨论环节、学生课堂练习的投屏环节，充分保证绝大部分学生的有效参与。"从这个方面来说"，陈老师欣喜地发现，"还是比线下教学有优势的，另外课堂考勤也一目了然。"

而在面对课前、课后的预习、复习和作业布置时，陈炯良老师则转而采用了上外 Blackboard 学习平台（Blackboard 平台）。一方面，课前预习涉及本单元课文的相关文化背景、专用词汇和术语的辞典查询、课文主题的导入，这些版块需向学生提供相对静态的资料（包括文本、链接、音频、视频等），供学生课前学习参考，就此而言 Blackboard 平台是一个不错的选择。另一方面到了课后的作业环节，使用 Blackboard 平台也非常便捷有效。陈老师表示，该平台在布置作业、评改作业反馈可以做到及时详尽，这点也是线下课程所不及的。而课后提问和交流时，陈老师多平台并用，在线实时互动与留言结合，也达到了良好的效果。

如今，在多个平台之间切换得很熟练的陈老师也在思考新技术对于未来教学形态重塑的可能性："可能疫情过后我们的教学习惯和手段都会发生翻天覆地的变化"。

超越线下课堂　线上教学也有意想不到的"红利"

坐在颇有"英伦风"的家中，打开电脑和录音设备，国际关系与公共事务学院外语教学部的徐谙律老师开始了线上重点课程"基础英语Ⅳ"本周的教学工作。由于同为英语老师，徐老师和陈老师一样为了最大限度地还原"课堂感"也选择了直播的授课形式。不过在备课阶段，徐老师却对传统面对面课堂的教学设计做了大幅调整，尤其是在课件制作上，将以往的每单元一个课件文件根据授课环节和课时拆分成为四个文件，便于学生清晰地掌握教师每次课的教学目标与教学主要内容；同时，由于学生手头缺少纸质教材，为了便于呈现并讨论课文，徐老师将以往二十余页的课件扩充到了七八十页，甚至更多。这无疑为自己增加了相当多的工作量。

不过经过一个多月的实践，徐谙律也逐渐发现看似"有点麻烦"的线上教学也有很多意想不到的"红利"。比如课程直播软件的"自由讨论板""答题""举手"等功能可以让更多学生主动参与课堂，促进学生积极思考，帮助教师在第一时间了解并反馈学生对教学知识点的掌握情况，实现"全员参与式"的线上师生互动，让以往线下课堂中那些"不敢举手""不好意思发言""还没思考好答案就被其他同学抢答"的学生有了深入思考和分享的机会。

此外，徐老师也认为上外 Blackboard 平台拓展了学生的英语学习空间，帮助学生逐步形成良好的自学、互学形式的语言学习习惯，有利于教师对每一位学生个体进行反馈和必要的指导。教师在课程平台中上传受课时限制而无法在直播课堂中呈现的视频、音频、电子书等资料，可以作为课前预习或课后自学的补充资料，供有兴趣且学有余力的学生作为学习拓展。还有作业的线上反馈功能可以让老师对学生朗读、写作、课后练习等作业做出"一对一"的详细反馈，帮助老师跟踪每一位学生的学习进阶与改进情况。

（作者系上海外国语大学国际关系与公共事务学院教师

郝诗楠　陈炯良　徐谙律）

同守云舟　学海共济　新晋"主播"养成记

卓越学院

在疫情影响之下，本学期的课程教学从教室走到了"云端"。然而，面对新型教学模式，如何做好教学设计、吸引学生的互动参与、发挥线上教学的优势是摆在所有老师面前的实际问题。我院不少老师化身"主播"，进行积极的探索与尝试，精心设计教学内容，努力让线上教育教学更接地气。今天，就让我们走进三位"主播"的直播间，听听他们的分享吧！

@"主播"杨成

外交外事实务

关于线上线下教学的区别

—— 主播生活，小意思

对于线上线下教学的区别，资深"主播"杨成老师提到："对我来讲，在线授课，尤其是直播授课对我来说没有太大区别，比较容易适应。我从事国际问题研究，经常上电视直播，需要在最短的时间内调动自己的知识储备，用通俗易懂的话讲解给观众听。直播不是所有时候都跟主持人面对面，经常需要一个人在虚拟空间面对摄像机，等于很早就体验了在线授课的主播生活。以往也有在国家发改委国际经济合作中心跟中直机关干部讲课加回答问题近 6 个小时的记录，长时间授课也不是大问题。所以，这一次我尽管课程很多，除外交学与外事管理课程的几次课使用了外交学院的部分精品课程视频外，我都选择了直播方式。课前的准备工作也没什么特殊的，结合最新最前沿的材料认真备好课就可以了。"

线上教学的心得与感受

——统筹安排，平稳过渡

至于线上教学感受，杨成老师接着讲道："我觉得给卓越学院上课还是比较轻松的。毕竟都是选出来的尖子生，所以我的重点放在引导他们自我学习的能力训练上。但每门课的性质决定了不能千篇一律，所以我的做法是根据不同课程特点有针对性地将线上教学和线下辅导予以结合。像"外交外事实务"这种实践性很强的课程主要由我结合具体案例讲述其中的微妙之处，再请同学们课后从相关的新闻、纪录片或影视剧片段中对照课堂所授知识予以体会。这主要是考虑到课堂时间有限，如果播放视频过多，会降低课程的知识容量。而另一门我承担三分之一授课任务的"国别区域研究经典案例研究"，除导论外，我会请同学们提前阅读指定必读书目，上课做 Presentation，我予以点评并留出足够时间总结经典作品的问题意识、研究方法与视角、篇章结构安排、论证逻辑等方面，加深学生对经典案例的理解，从中汲取方法论养分。开学后的五次课下来，同学们的精彩表现时不时让我感觉眼前一亮，达到了教学相长的最佳境地。总的来说，在我看来，线上和线下教学本质上并没有太大的不同。现代技术完全可以让老师们远程掌握学生的学习状态。"

@"主播"汤敏
同声传译

—— 同传教室变大了？

同学 A："你知道吗？同传教室变大了？"

同学 B："？"

同学 A："我的房间比同传箱更大啊！"

这个学期我在英语学院和卓越学院共担任四个班级口译课的教学工作。口译课的一大突出特点是互动性很强，在往年的线下课堂里，我能够轻松地与学生进行直接的交流，也能很快从学生的肢体语言和表情中获得反馈，调整上课进度。而这一切在线上教学的特殊时期则成了"奢望"（为了保证网速，让学生能流畅听到口译原语，我的课堂上不要求大家开视频。结果就是我连学生的表情都看不到了）。

为了增强互动性，加强课堂的沟通感，也为了让对着电脑上课的学生更投入，我在原有课堂内容的基础上试着加入了更多能吸引学生的元素，比如使用现在流行的话题作为口译内容（新冠肺炎、奥运会等），积极分享我自己的口译故事，在 PPT 中加入时下流行的表情包，等等。在一节同传课上，学生提到在纪录片中看到专业口译员会提前到达场地进行麦克风测试，认为这是专业素养的表现。我给予了肯定，并顺着这个话题分享了我自己对前辈口译员的观察，讲解了他们如何在口译笔记本这样的小细节上都做到专业的极致，以及我自己做交替传译时提前到场并解决问题的故事。

线上教学的心得与感受

——设备受限，热情未变

对于这段时间卓越学院课程线上教学的感受，汤敏老师提到："第一个感受是，不论线上还是线下课堂，卓越学院学子们都展现了积极的学习状态。在阅读和 Presentation 中提出了值得思考的问题，课堂上通过语音、文字积极和老师、同学们互动，对自己的口译练习也做了非常好的反思。相信通过这一段时间的积累，回到有同传设备的教室时，卓越学院的同学们一定能进一步感受到口译'痛并快乐着'的魅力。

"第二个感受是，随着课程的进行，有好几位原本在国外交流的卓越学院学子因为疫情原因提前回国上课了。虽然交流中断着实令人惋惜，但健康安全还是第一位的。也希望身边的各位同事、可爱的学生们都能在特殊时期照顾好自己和家人，期待着抗疫早日成功，在美丽的上外校园里和大家见面、探讨。"

@ "主播" 蔡佳颖

人文阅读——依旧精彩纷呈

"请同学们上台发言！"

线上的人文阅读课依旧精彩纷呈，Presentation，小组活动，班级辩论样样都不少！

当被问到线上线下课的区别以及课前准备工作时，蔡佳颖老师说："在卓越学院上线下"人文阅读"课期间，我一直比较注重充分的课堂互动，多元化教学资料。转为线上课后，最直接的挑战就是如何形成良性课堂互动。最终经过比较权衡，我选择了学校 Blackboard 平台 ClassIn 这一教学软件进行直播课，就是充分考虑其完备的师生互动功能。在突击学习了软件应用后，我提前做好资料上传工作，着力设计了课堂的流程，做到所有学习资料电子化，重点段落提前标注，音像资料提前试运行，个别容量较大、难以上传的资料通过分享桌面来及时演示。并且充分运用了 Blackboard 的黑板功能，通过板书把一些重点词汇加以拓展。不仅如此，我也使用了 Blackboard 的在线论坛功能，将一些课内难以完成的讨论，及时延伸到课外，并通过论坛文字互动，给了学生更多思考、写作和交流的机会。在课堂上，考虑到学生举手互动，会损失很多交互反应的时间，而卓越学院学生又比较活跃，很愿意参与课堂互动这一现实，我采用提前请 6 位学生上讲台，轮番交互作答的方式，保证每堂课，每个学生，都有互动和问答的机会。这样，一方面，硬性提高了学生对于在线课堂的专注力，保证他们随时在听，不掉线；另一方面，充分的课堂互动，也迫使学生们提前对学习资料做足充分的预习，提高了学习的效果。"

线上教学的心得与感受

——直面挑战，主动学习

对于这段时间卓越线上教学感受，蔡老师说："线上教学，对教师软件应用的学习能力和操作能力提出了挑战。在经历了开学的适应期、准备期和调整期之后，我能够对软件的各项功能熟悉应用，发现 Blackboard 平台 ClassIn 确实有超越线下教学的一些优势。首先，Blackboard 平台自带签到功能，能及时了解学生出席情况，直播课中学生的出席率都非常高。其次，通过论坛互动，有效地延伸了课堂，给学生更多思考学习和实践的机会。再次，ClassIn 自带课堂同步录制功能，对于网络不好，或因其他原因缺席的学生而言，他们可以通过播放课程回看，弥补错失的学习内容，而在互动层面，丝毫没有因为线上课程，造成任何不便与损失。我的课程仍然延续了线下课程中的个人演示、小组活动、班级辩论等环节。与此同时，由于学生们都处于在线状态，可以随时通过网络搜寻，针对课堂布置的话题，展开更有质量的思考。经过一段时间的应用，不得不说，交互式在线直播教学确实是一种很有前景，有望取代线下课堂的教学模式。这对每位教师来说，既是挑战，又是机遇。督促我们与时俱进，不断完备自己的知识储备和教学技能，以适应全新的教学要求。"

抗击疫情不松懈，云端学习不掉线。看完"主播"们的分享，大家对卓越学院云课堂是否又多了一些了解呢？后续我们还将陆续放送"学习"篇、"外教"篇等系列推送，敬请期待哦！

（编者：上海外国语大学卓越学院师生）

记首次国际组织研究生项目　先修课程"云堂课"

卓越学院

阳春三月，伊始至今，卓越学院已开启研究生项目先修课程一月有余，任课教师与学院迎来的第一批推免拟录取研究生同学们，共同如期完成了授课、学习任务。这不仅是充实的、打牢基础的一个月，更是迎接挑战、破解难题的一个月。新冠疫情下，原本的线下课堂模式转为线上模式，这对同学们的自主学习能力是一个考验，也对任课教师们提出了新的要求。今天就让小编带大家一同来领略卓越学院研究生项目的风采和课程魅力吧！

格高志远，追求卓越

卓越学院自 2015 年成立以来，依托学校强大的多语种学科和高水平师资优势，致力于实施英才教育，培养卓越本科生。立足于此，学院在 2019 年整体启动并推进了"卓越国际组织人才"研究生项目，以全球或地区性国际组织为导向，参考我校多语种+复合型人才的培养经验，培养国际组织研究与实践复合型人才。

今年，研究生项目课程持续推进，根据我校 2020 年春季学期教学安排和疫情防控期间总体工作部署，卓越学院国际组织人才研究生项目先修课程于 3 月 2 日正式开课。课程主要采用"学校在线课程+答疑辅导"的教学模式，师生以 Blackboard 在线教学平台为基础，通过 ClassIn、Zoom、腾讯会议等授课辅助平台媒介，组建"云课堂"。课程进行得井然有序，课堂互动氛围浓厚，充分贯彻落实了"停课不停教、停课不停学"。这离不开各位教师与同学们的积极响应及参与融入。

本学期，卓越学院如期开设 5 门研究生先修课程，分别为"社会科学研究方法""英语演讲与辩论""国际安全事务""发展中地区的政治经济学"以及"国际金融理论与实践"。5 门课程以先修课程形式进行，在 6 周时间里通过密集型远程授课完成教学任务。卓越学院同学们能够充分利用当前相对富余的时间，提前完成修读部分课程，为在研二或研三申请国际组织实习实践争取宝贵的时间。

疫情当前，毅志更坚

利用 6 周时间，相对密集地完成先修课程的学习任务，对于即将步入研究生阶段的同学们，注定是一个不小的考验。一方面，卓越学院的课程设置，具有课程难度系数高、前瞻性突出、强度较大的特点；另一方面，研究生先修课程很大程度依赖于同学们的自主学习能力，每堂课程都相当倚重课程前期的大量文献阅读与准备工作，这样才能有条不紊地在课堂上参与有效互动与讨论。同样，对于任课教师，线上教学平台与授课形式需要一个学习和适应的过程。一些课程，如英语辩论课，对任课教师的软件使用技巧也同样是一个考验。

如何通过线上视听来学习和模拟实时互动性极强的英语辩论呢？师生们又是如何适应"云课堂"的授课模式的呢？让我们一起来听一听老师和同学们的分享与破解之道吧。

师说
Greg DuBois

"英语辩论"课程授课教师

"Teaching online is something I hoped I would never have to do... I specialize in English language development classes—speaking and writing for the most part. My classes have always been active, student-driven, high-energy and high output arenas for language practice. Sadly, going online takes away the dynamism and energy of a real group of people meeting in a real place to participate together in a learning experience.

However, all this being said, I'm deeply thankful that online learning exists. My students can still have cooperative learning experiences (albeit a bit laggy depending on the quality of the connection). I can still see their faces and have conversations with them!!! Besides posting content, recording lectures, and giving detailed personal feedback, I can also make use of the virtual space in fun, cool ways, like putting a fantasy dragon as my background on Zoom or playing games with students. I even figured out a way to have live debates online (thanks to Andy for his helpful suggestions). At a time where uncertainty reigns, at least I and my students have the security of knowing that at least once a week, we'll meet, chat, laugh, and (hopefully) learn something together.

陈金英

"发展中地区的政治经济学"课程授课教师

"本学期为卓越学院开设了"发展中地区的政治经济学"课程,作为研究生阶段学习的先修课程。主要的授课形式是学生自主阅读和课堂讨论,具体来说就是每次课围绕一个专题给学生布置一定量的阅读材料,学生在课前必须提前阅读并做好笔记,我在课堂上邀请学生分享阅读体会并引导学生共同讨论问题。我的这门课程每个专题的阅读量在 2~6 万字,学生倘若不提前阅读并做好笔记,课堂上根本无法参与,再加上每周有三次课,因而对他们的自主学习能力有非常高的要求。但是从这三周的授课来看,很高兴我的学生都非常积极地投入课程的学习中,他们都认真完成阅读任务,并在课堂上也有高质量的发言,同时还能够进行有意义的讨论。这对于目前还处于大四的学生来说非常棒。在这里,我真心为他们感到骄傲,也要为他们点赞。相对于别的课程来说,这门课采用线上教学节省了大家的时间,而且在授课时间安排上对老师和学生提供了更有弹性的选择,个人认为教学效果也非常好,值得今后推广。"

学生感想

范琪琪·卓越学院推免拟录取研究生

不知不觉,为期六周的线上研究生先修课程已经进行了一半有余。刚开始试课的时候觉得不太熟悉,对之后的学习效率持怀疑态度。正式开始授课后,看到老师们为课程内容所做的充分准备,以及线上环境并没有影响到老师和同学们之间的互动和交流,自己也就逐渐找到了适应线上学习的模式,还顺便锻炼了自主学习能力,让自己更加自律了。这几周的课程里印象最深的是 Greg 的辩论课,因为把最需要即时互动的辩论搬到线上进行真的很不容易,但是我们也做到了,并且做得很好。最后,希望所有课程也能顺利且圆满地完成,感谢每一位老师和同学做出的努力。期待能真正见到大家的那一天。

章程·卓越学院推免拟录取研究生

庚子新年诚多事之秋,时运多艰当戮力克险。

由于新冠疫情,卓越学院研究生的先修课程不能在松江校园如期进行,所幸学院安排了充实的网络课程。

几周课程之后,我领悟到此番网课焉知非福。从选课前的熟悉平台到正式开课，学院的各位老师一直积极地处理我们遇到的问题。过程虽有波折，比如选课时我与老师在选课平台后端数据库的课程时间问题上进行了反复沟通，但这些恰恰体现了老师的专注用心。

诸位授课老师更是尽职尽责，直播课堂交流充分，录播课程内容丰富，下课后也在社交媒体上和同学积极互动答疑解惑，虽难说远胜线下授课，但来自师生的共同努力足以弥补各方限制。

多亏此间网课，来自天南海北的诸位同侪得以跨越时空限制，在虚拟的课堂内，习得踏实的真知。

刘良涛·卓越学院推免拟录取研究生

卓越学院研究生先修课程已经进行将近一个月了。这个阶段我的主要课程包括晋继勇副教授的"国际安全"、孙艳老师和Greg老师的"英语演讲与辩论"。晋老师科研调研、行政管理等工作压力很大，却仍然抽出时间为我们国际政治方向的几位同学授课。晋老师的讲解深入浅出，同时营造了轻松愉快的氛围，让我们开拓了国际视野，对国际局势与国际安全有了更加深入的理解。

众所周知，演讲与辩论即时性较强，非常强调参与者之间的互动。课堂上孙老师和Greg采取各种形式，克服远程教学的不便，通过语言、表情和动作，最大限度地为学生传授知识，比如坚持在线演讲、辩论练习等。Greg人在纽约，每次为了上课更是熬夜到当地时间凌晨三点。老师这些点点滴滴的付出让我们由衷感动。

虽然没能与老师和同学面对面交谈、互动，对此很是遗憾，但感谢老师的精心付出，我们依然收获良多。

结语

抗击疫情不松懈，云端学习不掉线。无论是教师还是学生，对于线上的新模式，都经历了从认识到接纳，再到熟练使用的过程，这无疑是一次全新的尝试。基于线上云课堂的研究生先修课程，于卓越学院更是开启了一次崭新篇章：在有限的时间里把大家凝聚在一起，共同学习，共同成长。相信各位优秀的卓越人，定会在今后的学习生活中步履更坚！

（编者：上海外国语大学卓越学院师生）

小荷才露尖尖角　学术之路共启航

——首期 SISU 云端学术角活动圆满成功

教务处　卓越学院

为深入贯彻落实全国教育大会精神，坚持"以本为本"、推进"四个回归"，培养"会语言、通国家、精领域"的"多语种 +"卓越国际化人才，学校自 2020年推出"SISU 学术文化带"系列活动。其中学术角活动由教务处和各学院联袂主办，集学术性、前沿性、创新性于一体，致力于培养本科生学术旨趣、拓展学术视野、打造交流平台、营造互动氛围、提升人才质量。

5 月 15 日晚 7 点，由卓越学院承办的首期 SISU 云端学术角活动成功举办。本期学术角以"新形势下的国际组织与全球治理"为主题，王艺静、梁潇、钱墨馨等三名同学进行主题论文阐述与展示。王艺静同学聚焦世界卫生组织在西非埃博拉疫情后的改革，运用建构主义国际机制理论阐释了国际社会对世界卫生组织改革的影响；梁潇同学通过在上海师范大学联合国教科文组织教师教育中心调研的经历，针对国际组织入驻中国的路径和影响进行了分析讨论；钱墨馨同学通过梳理金砖国家在"保护的责任"相关的决议草案中投票的情况，梳理了各国在相关行动上的合作情况与分歧。

本次活动邀请了上海外国语大学国际关系与公共事务学院副研究员汤蓓老师担任特邀点评嘉宾。汤蓓老师对三位同学的论文展示进行了深度点评，同时就如何进行学术研究、梳理研究思路、撰写论文等话题与大家进行经验分享。她鼓励同学们注重理论与实践相结合，积极参与学术交流，在学术探索和实践中逐步领悟学术的真谛。

卓越学院副院长邓惟佳老师肯定了三位主讲同学的出色表现，她指出，语言优势是上外特色，上外学子要实现语言能力和学术水平"双卓越"。她表示，在新冠疫情防控常态化的大背景下，云端学术角的搭建，既满足了同学们对学术研究的热切需求，又为提高本科生学术水平提供了更多平台。

教务处副处长王雪梅老师用三个"I"总结了云端学术角的特点，即 Interesting，强调学术角有助于激发学术旨趣，开启学术之路；Inspiring，学术交流与碰撞有助于激发智慧的火花，开辟学术交流新途径；Insightful，思维碰撞之后产生的学术思考应是有内涵、有意义的，为学子们提升学术素养、拓宽学术视野带来启发。

受疫情影响，师生只能相聚云端、共话学术。但大家积极踊跃，参加人数达 120 余人次。同学们在线上积极讨论和互动，纷纷表示此次活动让他们受益颇丰，激发了学术兴趣、开启了学术思维。大家在线上留言区里表示"希望可以多办几期""干货很多""是一个能让大家学习到很多的地方"，并对后续学术角活动充满期待。

（编者：上海外国语大学教务处、卓越学院）

相知无远近　万里尚为邻

索菲娅

突如其来的新冠疫情，让 2020 年的春天格外不同。教育部印发通知文件，全国各级学校都做出了延迟开学的安排。"停课不停学"—— 上外国际文化交流学院果断启动抗疫期间教学应对机制，从 2 月下旬即开始马不停蹄地设计、策划远程在线教学方案。3 月 2 日，由 16 位美女教师组成的志愿教学小分队靓丽出场，她们用义务性的、高质量的网课为身处世界各地的汉语学习者提供免费汉语教学服务，帮助他们完成"停课不停学"汉语学习之梦。

"请问你们今天有时间吗？可不可以跟我试个课？"这是课程上线前，网课教师群中最常看到的信息。直播课，对于学院所有的老师们，都是一个巨大的挑战。授课平台的操作使用，系统的调整和适应，如何合理安排教学流程、保证课程顺利地进行，这些都需要在一次次的教学实践中进行摸索。

"紧张啊！每次学完相关的操作后，我都要反复尝试、反复调整，基本上每上一节课，要花上大半天的时间来备课，为的就是能为学生提供有效且有针对性的课堂"，徐欣老师如是说。有的老师甚至付出了更多，"为了减轻孩子对直播课的打扰，我让他的爸爸在我上网课的第一天请了假，替我照看一下孩子"。

老师们辛苦的付出，保证了直播课程的顺利开展：上午和下午的课程无缝对接，周一至周五满负荷运转。"学然后知不足，教然后知困。"有时，也会遇上突发的状况。"这边网络出现了点儿问题，请同学们耐心等待一下。""大家可以看到 PPT 吗？还是黑屏吗？""没有声音？""看不到共享文件？请你退出，重新登录进来试一试。"

"出了问题？没关系，我们一起解决它。"平台技术人员及时的帮助与指导，所有师生共同的努力，让一个个问题迎刃而解。"知不足，然后能自反也；知困，然后能自强也。"正是这一份份努力，让一颗颗心紧密相连。

"一开始的时候，我觉得上网课的方式行不通，"正在学习汉语的阿灵说，"但是现在，我觉得这个课很好。老师很耐心，也很热情，我有什么问题她们都会帮助我。"

由于存在时差，在上第一节汉语课时，来自巴勒斯坦的 Ahmad 同学凌晨 4:00 起床，观看直播视频。他说："我很喜欢老师们的教学风格。这让我很兴奋。这一个月，我一直在看录课的回放，学习了很多知识。"

新型冠状病毒肺炎也许让万里之外的你暂时不能远行，但它必不能阻隔我们勇于前行的信念。在讲到抗击疫情的话题时，日本同学甲太郎写道："我看到了昨天的新闻！'青山一道同云雨，明月何曾是两乡。'日本加油！中国加油！"来自芬兰的夏栎告诉我："老师！在我的语言中，SISU 的意思就是'加油'！"一位来自意大利的同学说："谢谢中国的帮助！我觉得戴口罩是一件小的事情，但是所有人都在努力的时候，世界一定能赢。"

4 月 30 日，为期两个月的义务教学工作即将结束了，陪伴了我们整整 59 天的在线汉语课程终于要画上一个句号了，同学们心中充满了千万不舍，但早已将自己视作了 SISUer。"相知无远近，万里尚为邻"，说不定未来的哪一天，来自五湖四海的你可以和上外的美女老师在真实的物理世界中邂逅，你们可以用汉语聊聊记忆中的那段紧张的疫情时刻，聊聊那些 59 天里日夜为伴的汉语学习时光。

（作者系上海外国语大学国际文化交流学院索菲娅）

战"疫"不停教 齐聚"云"端思政育人

刘豪杰

为贯彻落实教育部有关通知、上海市有关会议精神，按照学校总体安排，实现推迟开学期间"停课不停学，停课不停教"，确保疫情防控期间教学进度和教学质量，马克思主义学院多措并举，扎实推进线上教学工作。2月初，学院制订了 2020 年春季学期本科生、研究生教学工作方案，落实课程建设、教师培训、质量监控、教学检查、毕业生工作等各项任务。

教研室集体备课，齐心协力筹备线上教学。在接到线上教学通知的第一时间，各个教研室开始集体筹备网络教学。首先，集体讨论选择了 E-learning 教学平台。其次，在教研室主任的带领下，确立方案，分工合作。最后，打磨细节，锤炼精品，静待线上开学。在材料全部完成之后，每位教师分别打磨自己的课程，从结构设计、课程公告、考核形式、实践安排等方面，反复思考，不断转换为学生的角度思考更加合理、更加容易消化、能够起到更好效果的"细枝末节"改良。线上教学三周以来，各个教研室遇到问题就在微信群里讨论，一起解决，力求将课程建设和教学效果达到最佳。

各门课程采用线上授课加线下辅导模式开展教学。这完全不同于往常以课堂教学为主、网络教学和实践教学为辅的教学模式，因而需要重构教学安排，其中涉及的细节问题非常之多，归纳起来主要有三个层面，一是线上教学课件、教学案例、学习材料、教学视频、测试题等上网材料的内容审定和格式统一；二是线上思考题的拟定、审阅、评分，实践教学选题方向指南的确定以及操作步骤和写作要求的规划；三是与学生线下讨论互动的有效开展。

思想政治理论课的核心在于育人，如何把握这一核心提升教学效果是教师考虑的首要问题。时代是最好的素材，如何使"宅"在家中的学生关心天下事，在各种自媒体信息中学会明辨，特殊时期也给了教师一个引导的好时机。例如，"毛泽东思想和中国特色社会主义理论体系概论"课程在开展线上教学时，第一周的导论内容是马克思主义中国化的两大理论成果。教师引导学生认识到"马克思主义之所以能够在中国大地闪耀真理光芒，正是因为其与中国具体实际相结合，实现了中国化"。马克思主义是"伟大的认识工具",是人们观察世界、分析问题的有力思想武器。正如青年教师王宝珠老师所说:知识性教育是必需的,但对于大学生而言,逻辑思维的训练更是重要的。如何才能真正感受并运用这种方法论呢?面对知识结构较为全面的大学生和研究生,我们不能够回避问题,而应该直面问题。

理论逻辑,"实践"结合。"纸上得来终觉浅,绝知此事要躬行。"知行合一,才能悟真知。在这一特殊时期,实地调查的实践课程难以顺利开展,经过学院一致商讨和学校支持,将"毛泽东思想和中国特色社会主义理论体系概论"课程中的实地调查实践课转变为结合现实热点问题的论文研究。对学生而言,这样不仅可以激发对疫情衍生效应的关注,也能够拓展理论架构、延伸逻辑思维、沉淀知识积累。正如所预期的效果,关于疫情的社会经济影响等选题备受同学们的青睐。得益于现代技术的发展,学生可以随时随地在网上查找数据并开展分析,与任课教师随时探究。

组织收看并热议"全国大学生同上一堂疫情防控思政课"。2020年3月9日,学校组织近万名师生收看了"全国大学生同上一堂疫情防控思政大课"的直播。观看结束后,学院全体教师通过在线教育平台与学生展开讨论。此次疫情防控思政大课,大家深受感动。师生在讨论中都认为教育效果非常好。之所以如此:一是这个教育主题选得好。在这场举国抗击疫情的战争中,将中华民族、新中国"一方有难,八方支援"的精神充分表现出来了,学生们能在同感、同理中接受深刻的教育;二是讲授老师水平高。有对年轻人的心灵鸡汤,有爱国主义的激情,有对未来的憧憬,值得每一位思政课老师学习;三是利用现代线上教育技术,全国几千万大学生同上思政课,本身就是中国磅礴力量与精神的体现。学生们的写得体会,充分展现了他们的感动和所受到的深刻教育。

如期开展线上教学,是非常时期的非常举措,是对思政课在线教育的一次推动。在全院教师的共同努力下,线上教学的各项工作得以顺利开展。不忘初心,牢记使命,立足本职,为抗"疫"贡献力量!

(作者系上海外国语大学马克思主义学院教师刘豪杰)

齐心协力解难题　集思广益谋教学

——思想道道修养与法律基础教研室在线教学体会

卞卓斐　等

疫情期间，思想道德修养与法律基础课程采用线上授课与线下辅导形式开展教学活动。从准备、测试到正式开展网络教学活动，主要体会有以下三个方面：一是集体备课、落实细节；二是及时沟通，做好教研室内部及师生互动；三是结合时事更新教学内容。

一、集体备课，落实细节

教研室于 2 月 12 日、2 月 15 日、2 月 24 日针对网络授课问题在线开会，会议主要内容是网络课程内容准备、网络授课技术问题及网络课堂管理等。除此之外，教研室通过微信对准备过程中遇到的问题进行讨论。

教研室主任牵头完成网络平台内容建设。教研室主任完成教学课件、教学案例和视频资料的上传工作；其余内容由老师们分工完成。内容建设围绕最新的教学大纲进行设置，主要包括网络教学要求、电子版教材、课程 PPT、案例资料、教学视频资源、课后作业等内容。课程网站容量大，可以提供很多的文献资料和视频，学生有更加充裕的时间阅读、观看，理解得更加深刻。

齐心协力解决网络平台技术问题。教研室主要采用 E-learning 平台进行授课。教研室老师采用同时在线实操的方式对平台运行情况进行演练，遇到问题时共同努力解决。数次操作下来，老师们对模块设置、内容添加与修改等环节已经非常熟悉。其他的一些细节问题也得到了很好的解决。

集思广益研究网络课堂管理问题。虽然是网络授课，但课堂管理问题不能忽视。教研室针对课堂管理的问题进行了讨论。在网络课堂管理中，我们首先解决的问题是把学生集中起来。我们首先以老师为单位建立微信群，等学生加入进来以后再建立班级群。再通过班级微信群发布课程相关内容，包括课程压力测试以及后面的教学通知。其次，通过 E-learning 平台进行学生考勤和作业发布及提交。第三，通过微信、邮件等与学生进行交流。在此过程中，老师们就如何尽快通知到所有学生、如何进行考勤、如何进行师生互动等问题进行了讨论，最终形成一致意见。

二、及时沟通做好教研室内部及师生互动

教研室内部互动。除了前期准备阶段的沟通，教研室在正式开始网络教学后保持密切联系。针对教学中遇到的课程内容、课堂管理及技术问题进行沟通，及时解决了问题，保证教学的顺利开展。

师生互动。主要通过微信与学生进行沟通，前期主要解决平台使用问题，例如视频无法播放等。教学过程中主要解决学生提出的教学内容和个别技术问题。针对教学内容方面的问题，给学生提供一定的思路和材料，让学生自己思考，然后得出答案。解决不了的技术问题则请教相关老师和学校技术部门帮忙解决。

三、结合时事更新教学内容

及时推送信息。3月9日，教育部和人民网联合组织了"全国大学生同上一堂疫情防控思政大课"。在相关通知下发后，我们教研室提前组织教师通过微信群、E-learning平台将相关信息通知学生。

针对直播过程中的卡顿、网络崩溃等问题，及时将能够观看的链接转发给学生。考虑到有些学生因为课程冲突、网络问题等原因无法观看的情况，直播结束后，将录播入口发送给学生。

引导学生积极思考。结合抗疫内容，我们教研室统一行动，让学生结合"全国大学生同上一堂疫情防控思政大课"的内容谈学习体会。除了专题学习，我们教研室还在平时的作业中融入中国抗疫的内容，深刻领会我们国家的制度优势，学习防疫抗疫情一线的先进典型。全体学生在线完成心得，每份心得都是学生深入思考后的用心表达。

（作者系上海外国语大学马克思主义学院教师卞卓斐、蒙象飞、徐小平、徐大慰、

王甲旬）

云端授课保质量　线下教学有实效

——中国近代史纲要教研室线上教学体会

郭慧超

　　特殊时期,守护好线上教学的"三尺讲台",就是守护好防疫工作的一方阵地。本着"教学不停歇,标准不降低"的原则,"中国近现代史纲要"课程组经过长时间的积极筹备和反复测试,通过云端线上授课保证教学秩序井然,师生互动积极。

认真准备，多次测试

　　为保障疫情期间"中国近现代史纲要"课程的线上开展,中国近现代史纲要课程组在第一时间开启线上课程筹备工作,以确保线上教学顺利推进。第一,课程组集体讨论后,对 E-learning 平台的学习资源进行再次整合,规范了阅读书目,上传了电子版教材以方便家中没有课本的同学。对作业布置、教学要求、课程进度都做出系统的方案,做到云端教学心中有数。第二,多次进行不同范围的平台教学测试,对学生签到、提问、提交作业等环节都进行多次测试,确保正式教学有序进行。第三,根据课程组教师上课时间的安排,正式上课后课程组每周周四定时召开微信会议,对当周教学的情况进行集中反馈,对出现的问题进行讨论解决,使线上教学渐入佳境。

严谨教学，耐心辅导

　　线上教学需要克服师生空间上的距离感,给教师教学流程和学生学习效率带来了挑战。我们秉持对教学严谨的态度,充分利用教学资源,从几个方面确保在线教学效果。第一,提前告知当周学习知识点和内容,使学生能够做到有的放矢,带着问题在学习过程中收获知识。第二,坚持全程讲授,引导学生特殊时期树立正确的历史观。我们借助学习平台和微信等,对每周需要掌握的知识点进行详细讲解。同时结合课程特点和特殊时期的热点,推出近代历史纪录片和近代疫情相关知识点供学生全方位了解学习内容。第三,我们在学习平台中专门设置提问区。学生就学习中遇到的问题实时发帖提问，及时解惑，对一些有普遍性的问题在下次课程中集中解答。

"学而不闲，闲而有趣，趣而有得"，疫情期间"中国近现代史纲要"线上课程教学工作在"教师教"和"学生思"的基础上，将继续改进教学方式，继续确保线上课程的顺利开展。

（作者系上海外国语大学马克思主义学院教师郭慧超）

战"疫"不停学　教学健身两不误

徐林　郁茵

为贯彻落实教育部有关通知、上海市有关会议精神，按照学校总体安排，实现推迟开学期间"停课不停学，停课不停教"，确保疫情防控期间教学进度和教学质量，体育教学部多措并举，扎实推进线上教学工作。

开展全面教学部署　积极筹划特殊时期教学方案

突如其来的新冠疫情对高校体育教学提出了全新挑战，根据校级教学要求指示，体育教学部从二月初开始积极筹备谋划本科生、研究生、高水平运动队新学期体育课程教学预案。为促进广大学生疫情防控期间身心健康发展，指导学生进行居家体育锻炼，体育教学部结合公共体育教学的实际，主动谋划，积极应对。迅速对公共体育课程的教学模式、教学内容、教学要求及教学考核等工作进行相应调整，全面部署新学期体育教学的相关工作。将教学安排列为重要工作，组织质量小组、核心课程组多次讨论，针对疫情的发展制订方案，录制居家锻炼的课件，采用网络教学平台进行线上授课。同时，开展教师网络教学培训，不断提升教学质量，每周进行教学检查，完善毕业生工作等各项任务。

发挥线上课程优势　提升学生体育理论素养

在疫情防控的特殊时期，各位老师以中国大学 MOOC、Blackboard、SPOC、腾讯直播等平台为渠道，以微信群为基础开展实时线上教学活动，积极开展线上教学工作，在线答疑，互动交流，保持课程进度，确保做到"停课不停学"。推出"棒球""基础气排球""塑身瑜伽""健康管理"四门中国大学慕课课程，其中"棒球""基础气排球"慕课课程被复旦大学、上海体育学院、北京工商大学、上海立信金融会计学院等全国十余所高校选用。"塑身瑜伽""健康管理"作为我校首批登录爱课程国际平台的慕课课程。

通识教育课程"体育欣赏"课程，利用 Blackboard 平台积极探索体育教育与信息技术深度融合改革，让学生在疫情防控期间，也要增强体质，培养学生对体育的热爱，树立终身体育意识。一支由体育欣赏课程教师团队成立的教学研讨小组，在疫情期间也不停歇，每天开展线上探讨如何将有限的场地变"无限"，将教学内容、教学资源进行充分挖掘，让学生在学习欣赏世界体育运动，享受体育魅力的同时，"宅家"也能动起来。针对外语类学生和部分选课的留学生学习，体育欣赏课程课件采用英语和中文等形式完成教学工作。

高水平运动队（围棋／棒球／女子排球）相继成立线上科学训练教学团队，利用线上教学平台，组织科学训练。原本宽敞的棒球场、田径场地转变为室内，哑铃、球类等体育器材变为室内可替代的物品，用橡筋、短绳、毛巾、矿泉水瓶、瑜伽垫、椅子、桌子等都作为练习器材等方法进行练习。受疫情的影响，上外校园虽然有些冷清，但是各种线上体育运动员学习群却分外火热。运动员们每天"线上打卡""线上弈棋"，教练们也由原来的面对面训练，转变为通过视频对运动员训练效果进行纠错与验收。同时要求学生以照片、视频等方式提交训练作业，积极引导运动员居家科学健身，强化健康体质，提升自身免疫力，加强运动员的体育精神教育，助力运动员健康成长。

实行教师专项负责制　确保每门课程正常教学

为保障教学的有序进行，按照学校部署，体教部先后制订了体育课教学要求、体育课网络课堂教学注意事项、体育部疫情防控期间本科（研究生）教学质量监控方案等规章。体育课实行专项专人管理，组织教学质量小组成员，每位任课教师负责部分教学班，建立课程微信群，参与指导在线教学，并配备小助手协助任课教师解决授课中的突发状况，保障教学质量，务求达到最佳教学效果。

在特殊时期，体育教学部积极响应国家和学校的号召，严防严控、精准施策，利用线上教学最大限度地降低疫情对课程开展的影响，在这场没有硝烟的战"疫"中，全体教师充分利用现代教学手段，立足疫情防控实际，运用丰富的教学方法和形式完善网络课堂教学，不断提高线上教学质量，为全校所有学生开设了一堂堂意义深远的"云端"体育课程。

每次课后，所有体育教师还为学生以"处方"式布置一周其他时间的锻炼作业，督促学生每天进行1小时左右的室内运动，指导学生开展日常居家体育活动，增强身体素质，保持良好的身心状态。在体育教学部各任课教师的共同努力下，线上教学模式得到了学生们的高度认可，体育课程受到学生的欢迎，网络教学得以顺利开展。

在体育战"疫"，体育防"疫"过程中，体育真正发挥了使人享受乐趣、增强体质、健全人格、锤炼意志的作用。战"疫"期间线上教学的全面普及，极大地丰富了在线课程资源，转变了教师教学理念，促进了教师综合素养和教学能力的提升，为今后的教育教学改革工作带来新机。

通过开展线上线下融合教学，使学生正确认识了体育的功能与价值，养成了自主学习锻炼的习惯，学习体育的兴趣得到激发，逐步形成体育健康和终身体育的观念。

（作者系上海外国语大学体育教学部副主任徐林、教师郁茜）